# Max habla sobre la vida

# Max habla sobre la vida

Respuestas e inspiración para las preguntas de hoy

## MAX LUCADO

GRUPO NELSON
Una división de Thomas Nelson Publishers
*Desde 1798*

NASHVILLE   DALLAS   MÉXICO DF.   RÍO DE JANEIRO

Editora General: *Graciela Lelli*
Traducción y adaptación del diseño al español: *Ediciones Noufront / www.produccioneditorial.com*

ISBN: 978-1-60255-540-2

Impreso en Estados Unidos de América
HB 06.22.2023

Para David y Cathy Moberg

Durante más de dos décadas han dirigido
con pulso firme este navío editorial.

Gracias por incontables oraciones, ánimos
e ideas (de las cuales este libro es una).

# Contenido

# Reconocimientos

Mi ayudante editorial desde hace mucho tiempo, Karen Hill, ha llevado realmente el peso de este esfuerzo. Gracias, Karen, por revisar pilas de cartas, sermones y correos electrónicos. Te mereces unas largas vacaciones.

Y también tú, Carol Bartley. Eres a los manuscritos lo que un lavado de coches a un automóvil. Gracias por pulir y sacar brillo: este manuscrito está mejor que lo que escribí yo.

Paula Major, aprecio especialmente tu disposición a emprender un proyecto tan gigantesco. ¡Gran trabajo!

Troy Schmidt, gracias por el esfuerzo de equipo. ¡La tarea ha sido mucho más sencilla gracias a ti!

Terry Gibbs, eres un pozo de sabiduría y una fuente de inspiración. ¡Te doy un fuerte aplauso!

Chicos de Ambassador Advertising, gracias por el trabajo previo de hacer disponibles los mensajes de audio.

Steve y Cheryl Green, Greg and Susan Ligon, Dave Schroeder y el resto del equipo, me quito el sombrero ante ustedes.

Una palabra especial para el equipo de UpWords: Tina Chisholm, Margaret Mechinus y Jennifer Bowman. Reciben cada llamada con amabilidad y responden cada pregunta con gentileza.

Desde 1988 la Iglesia Oak Hills me ha provisto de un invernadero para las ideas. Muchas de estas preguntas las hicieron por primera vez en este maravilloso rebaño. Gracias por tomar tiempo para pensar.

Y Denalyn, mi esposa, la única pregunta que no puedo contestar es: ¿cómo puede un mulo como yo casarse con una princesa como tú? Oh, la maravilla de los cuentos de hadas.

# Antes de empezar...

Tenemos preguntas. Preguntas reales, importantes y retadoras. Tú tienes las tuyas. Yo tengo las mías. Sazonamos nuestras preguntas con *por qués*, *cuándos*, *qués* y *cómo es que*.

Hemos creado un signo de interrogación para marcar nuestras preguntas. Es encorvado y está doblado, quizá porque las preguntas nos pueden dejar de la misma forma, cargados y cansados. Tenemos preguntas profundas y pesadas.

Ansiamos respuestas. Endereza ese signo y déjalo en pie. Sustituye el rizo encogido de miedo por un confiado signo de admiración.

Es más fácil decirlo que hacerlo.

Algunas preguntas desafían a las respuestas sencillas. Pero ya lo sabes. Has estado buscando. Lo sé. Yo también he estado buscando.

A lo largo de los años he recibido montones de cartas. Unas son profundas, otras te rompen el corazón. Algunas me hacen sonreír, como esta nota de un miembro de nuestra iglesia, mi buen amigo Sammy. Tenía siete años.

> QUERIDO MAX:
>
> SIENTO HABER TIRADO DE LA ALARMA DE INCENDIOS DESPUÉS DEL CULTO DE LAS 11:30. POR FAVOR, PERDÓNEME. MIS PADRES ME HAN CASTIGADO, PERO QUIERO ARREGLAR LAS COSAS CON USTED. POR FAVOR, DÍGAME QUÉ PUEDO HACER.
>
> EN EL AMOR DE CRISTO
> SAMMY

Los pastores reciben muchas cartas. A los escritores nos hacen muchas preguntas. Al ser tanto pastor como escritor he oído más de las que me tocaban. Y han moldeado mis pensamientos. Las preguntas genuinas han determinado mis mensajes radiofónicos, sermones y libros. Busca la ascendencia de mis lecciones hasta el principio y descubrirás un jorobado signo de interrogación: «Max, ¿puedo preguntarte algo?»

Como las hojas del otoño sobre la tierra, estas preguntas tienden a asentarse y hundirse hasta que la primavera emerge y tengo uno o dos pensamientos.

Este libro recopila algunos de esos pensamientos.

Muchas de estas respuestas han aparecido inicialmente en libros anteriores. Otras solo ahora son dignas de una página. Pero todas ellas, esta es mi oración, te ayudarán con tus preguntas.

Por cierto, gracias. Gracias por sus preguntas, cartas, correos electrónicos y llamadas telefónicas. Muchos de ustedes han abierto la puerta a sus penas y preocupaciones. Me han contado sus luchas y compartido sus alegrías. Me han invitado a sus vidas. Es un honor recorrer el camino con ustedes. Después de todo, ¿no estamos juntos en esto? (Otra buena pregunta.)

—Max Lucado
San Antonio
Otoño de 2010

# Esperanza

---

Dios, la gracia y
«¿Por qué estoy aquí?»

Querida Kelly:

La culpa no es lo que Dios quiere para sus hijos. Cuando se produce el arrepentimiento en el corazón del creyente, el Padre concede el perdón.

Piensa en ello de esta forma: cuando la gracia entra, la culpa sale. Dios nos ha perdonado. No hay razón para aferrarse a la culpa.

Max

# 1.

EL AMOR HUMANO ME HA DECEPCIONADO MUCHAS VECES, Y CREO QUE ESO ME HA HECHO TENER UNA VISIÓN INCORRECTA DEL AMOR DE DIOS. ¿PUEDES AYUDARME A ENTENDER EN QUÉ ES DIFERENTE SU AMOR DEL AMOR HUMANO?

El amor humano es práctico. Suple las necesidades de la persona momentáneamente y cuadra en sus planes.

El amor de Dios es eterno. Tú estás siempre en los planes de Dios. Ve y vuelve cuanto quieras, pero él siempre está ahí.

El amor humano es limitado. Puede amar solo en la medida en que quiera dar.

El amor de Dios es ilimitado. Tiene grandes cantidades de amor e incluso utiliza palabras como *abundante* cuando habla de derramar su amor sobre su pueblo.

El amor humano es emocional. Los sentimientos dominan el escenario del amor humano. Nos sentimos como si estuviéramos enamorados, o no nos sentimos así en absoluto. Las hormonas, el insomnio, la preocupación, las heridas del pasado, la comida mexicana: todo complica estas emociones.

El amor de Dios es comprometido. Aunque Dios tiene sentimientos por nosotros, sus sentimientos no determinan su amor. Su amor se basa en una decisión de amarnos. Tus acciones no aumentan ni disminuyen su compromiso. Su amor es más profundo y más seguro que la fluctuante noria del sentimiento.

El amor humano es egoísta. Debe satisfacer nuestras necesidades y estar ahí para nosotros. Para amar, debemos ser amados.

El amor de Dios es desinteresado. De hecho, si nunca amas a Dios, él aún te amará. Tu amor no tiene relación con la cantidad de amor con la que él te colma.

Algo que el amor humano tiene a su favor es que puedes verlo: en el brillo de los ojos de tu padre, en la sonrisa de un cónyuge, en la alegría en las voces de tus hijos.

El amor de Dios es igual de real, pero no es tan tangible. Lo veremos, a su tiempo y por la eternidad, al mirar el rostro de Dios y de su Hijo, Jesucristo, cuando estemos en su presencia en el cielo.

Nuestra meta como cristianos debería ser expresar el amor de Dios en nuestras relaciones humanas para que la gente no hiciera nunca la afirmación que has hecho tú. Todos deberíamos tener a alguien en nuestras vidas a quien pudiéramos recordar y decir: «Vi el amor de Dios en esa persona».

# 2.

**ALGUNOS DÍAS DUDO DE DIOS. DUDO DE SU BONDAD, DE SU CERCANÍA E INCLUSO DE QUE EXISTA. CUANDO DUDO DE ÉL, ¿ME ABANDONA?**

Cuando tenía siete años me escapé de casa. Estaba harto de las normas de mis padres y decidí que podía arreglármelas por mi cuenta, muchas gracias. Con mi ropa en una bolsa de papel, salí por la puerta trasera hecho una furia y eché a andar por el callejón. Como el hijo pródigo, decidí que no necesitaba un padre. Al contrario que el hijo pródigo, no llegué muy lejos. Llegué al final del callejón y recordé que tenía hambre, así que regresé a casa.

Aunque la rebelión fue breve, era rebelión. Si me hubieras detenido en ese camino pródigo y me hubieras preguntado quién era mi padre, simplemente habría dicho: «No necesito un padre. Soy demasiado grande para las normas de mi familia. Solo estamos yo, yo mismo y mi bolsa de papel». No recuerdo haberle dicho eso a nadie, pero recuerdo haberlo pensado. Y también recuerdo entrar avergonzado por la puerta trasera y sentarme a la mesa de la cena frente a ese mismo padre del que había, solo un momento antes, renegado.

¿Sabía papá lo de mi insurrección? Sospecho que sí. ¿Sabía lo de mi rechazo? Los padres normalmente lo saben. ¿Aún era su hijo? Aparentemente sí. (Nadie más estaba sentado en mi lugar a la mesa.) Supongamos que, después de hablar conmigo, hubieras ido a mi padre y preguntado: «Sr. Lucado, su hijo dice que no tiene necesidad de un padre. ¿Todavía lo considera su hijo?» ¿Qué crees que habría contestado mi padre?

No necesito adivinar esa respuesta. Él se llamó mi padre aun cuando yo no me llamé su hijo. Su compromiso conmigo era mayor que mi compromiso con él.

Y también lo es el de Dios.

Nuestro Dios no es un Padre para los buenos ratos. A él no le va eso de «ámalo y déjalo». Puedo contar con que estará a mi lado sin importar cómo actúe. Tú también puedes.

# 3. ¿QUIÉN ES DIOS? ¿CÓMO PUEDO SABER CÓMO ES ÉL? ¿CÓMO PUEDO CONFIAR EN QUE SEA LO BASTANTE PODEROSO COMO PARA CUIDAR DE MÍ?

¿Quién es Dios? ¿Cuánto tiempo tienes?

*Dios es inmutable.* El clima cambia. La moda cambia. Incluso el cambio cambia. Dios no ha cambiado y no puede hacerlo y nunca cambiará. Es el mismo siempre: ayer, hoy y mañana (Heb 6.17–18).

*Dios es incomparable.* Nadie alcanza su poder, creatividad, sabiduría o amor. Muchos creen con arrogancia que lo alcanzan, pero todos se quedan cortos. No hay nadie como él (Is 40.13–14)

*Dios es ingobernable.* Tú y yo tenemos policías, guardias de seguridad, políticos y miembros de la junta de la asociación de vecinos que nos dicen lo que hacer. Dios no. Él ocupa el puesto de Rey de reyes (1 Ti 6.15–16).

*Dios es increíble.* Los escritores (como yo) intentamos encapsular a Dios en un tesauro de adjetivos, pero se nos petrifican los dedos sobre el teclado (como a mí ahora). Él es tan... bueno... (Job 11.7–8)

*Dios está intacto.* Un estornudo caprichoso en mi dirección y estoy contaminado, enfermo con un resfriado y apartado una semana. Nada puede manchar ni ensuciar a Dios. Ningún brote de pecado puede contaminarlo. Dios es santo y justo sin importar lo enfermo que se ponga el mundo (1 S 2.2).

*Dios no tiene causa.* Dios no tiene pegatinas de «Hecho en...» en el lateral. Ni cumpleaños. Ni infancia. Ni influencias enumeradas en su currículo. Como nadie puso a Dios en el poder, nadie lo puede quitar (Sal 90.1–2).

*Dios es ilimitado.* Nosotros estamos limitados en capacidad mental, tiempo, sobrecarga relacional, responsabilidades (solo se puede estar en un entrenamiento de béisbol al mismo tiempo) y paciencia. Dios no tiene limitaciones de tiempo, poder, conocimiento y amor (Sal 147.4–5).

Entonces, ¿puede Dios cuidar de ti?

Dejaré que tú respondas a eso.

# 4.

ESTOY EMPEZANDO A DUDAR DE ALGUNAS QUE SIEMPRE HABÍA DADO POR SENTADO. COMO SI REALMENTE HAY UN DIOS. ¿CÓMO PODEMOS SABER SI DE VERDAD EXISTE? ¿PUEDO SABER QUE NO ES SOLO PRODUCTO DE MI IMAGINACIÓN?

La creencia en Dios no es una fe ciega. Una creencia significa tener una convicción firme («Creo que esto es verdad»), no esperar que sea verdad («Creo que los Cubs ganarán el Mundial»). Es el tipo de seguridad que tienes cuando estás sobre una enorme roca. Así que, ¿cómo puede la gente llegar a ese lugar en su creencia en Dios?

*El espacio.* Mira los cielos. Doscientos mil millones de estrellas solo en la Vía Láctea. Miles de millones de galaxias y expandiéndose. ¿Dónde acaba? ¿Cómo empezó todo?

*La Tierra.* Mira la creación. Tanta variedad. Tanta belleza. Un círculo de vida. ¿Cómo surgió todo? ¿Por qué funciona con una sincronización perfecta?

*La ética.* Mira nuestra moral. Un sentido común de lo bueno y lo malo compartido en diferentes países y diferentes momentos de la historia. El asesinato siempre está mal. El valor siempre está bien. ¿Quién nos ha programado?

*La Biblia.* Mira la Palabra de Dios. Examina la sabiduría. Experimenta las historias. Analiza su conservación a través del tiempo. ¿Cómo se mantuvo tan intacta a pesar de las guerras y la oposición?

*La tumba vacía.* Mira la resurrección. Muchos de los que afirmaron haber visto al Señor resucitado murieron con esa declaración en los labios. ¿Morirían por una mentira? ¿O creían que ellos también iban a resucitar?

*Jesús.* Míralo a él. Ningún otro hombre en la historia ha provocado tantas preguntas, ha conmovido tantos corazones, ha dado tantas respuestas. ¿Podría ser quien dijo que era?

Dios no es producto de tu imaginación. Es mucho más de lo que ninguno de nosotros podría imaginar, y es real.

# 5.

MI PROMETIDO Y YO NOS QUEDAMOS DESPIERTOS ANOCHE HASTA TARDE DISCUTIENDO SOBRE EL SIGNIFICADO DEL PECADO Y LA NECESIDAD DE SALVACIÓN. REALMENTE TENEMOS DOS PUNTOS DE VISTA DIFERENTES. ¿NO ES EL PECADO UNA VIOLACIÓN DE LA CONCIENCIA?

De hecho, es mucho más. Uno de los versículos más claros sobre esta cuestión es Romanos 3.23: «Por cuanto todos pecaron y no alcanzan la gloria de Dios» (BLA).

Fíjate en la expresión *no alcanzan*. Todos sabemos lo que significa no alcanzar algo. El saltador de pértiga no tiene fuerza para saltar sobre la barra, y no alcanza el objetivo. También pensamos en no alcanzar objetivos en términos económicos. Cuando nos queda mucho mes al final de nuestro dinero en vez de dinero a final de mes, decimos que no nos alcanza el dinero. Según la Biblia, hay otra cosa que no alcanzamos. No solo no alcanzamos las metas deportivas o económicas, sino que, mucho más importante, no alcanzamos las espirituales. No alcanzamos el listón alto. No tenemos suficiente bondad en nuestra cuenta moral. El cielo es un lugar santo y «sin santidad nadie verá al Señor» (Heb 12.14 NBD).

En pocas palabras: no somos lo bastante buenos para ir al cielo.

Entonces, ¿qué podemos hacer? Bueno, podemos empezar por hacer buenas obras. Quizá si hacemos suficientes buenas obras compensen nuestras malas obras. Entonces surge la pregunta: ¿cuántas buenas obras tenemos que hacer? Si pierdo los estribos en el tráfico, ¿puedo compensarlo saludando a los cuatro coches siguientes? Si soy avaro durante un año, ¿cuántos años debo ser generoso? Si no voy a la iglesia un domingo, ¿a cuántos cultos tengo que asistir para que quede igualado?

Nadie puede responder esas preguntas. Nadie sabe cuántas buenas obras hacen falta para compensar las malas. No se puede encontrar un papel con las instrucciones. No se ha descubierto un código. No se ha encontrado, sencillamente, porque no existe. Dios no actúa de esa forma.

¿Acaso no es Dios más que un agente comercial celestial que canjea paquetes de gracia? ¿Pasa su tiempo al teléfono con los pecadores diciendo: «Vale, perdono tu egoísmo si pones dos dólares en el plato de la ofrenda e invitas a tu suegra a cenar»? ¿Es esa la clase de Dios que tenemos? Desde luego no es la clase de Dios que leemos en la Biblia.

Dios ha sido muy bueno con nosotros. No tenemos forma de equilibrar la balanza. Lo único que podemos hacer es pedir misericordia. Y Dios, por su bondad, la da. Dios volcó nuestros pecados en su Hijo. Su Hijo, Jesucristo, murió por nuestros pecados. Él hizo lo que no podíamos hacer nosotros para que pudiéramos convertirnos en lo que no nos atrevíamos siquiera a soñar: ciudadanos del cielo.

# 6.
¿POR QUÉ CONTARLE A DIOS MIS PROBLEMAS? ÉL NO LOS PUEDE COMPRENDER.

Según la Biblia, sí puede: «Porque no tenemos un sumo sacerdote que no pueda compadecerse de nuestras debilidades, sino uno que fue tentado en todo según nuestra semejanza, pero sin pecado» (Heb 4.15).

El autor de Hebreos es categórico casi hasta llegar a la redundancia. Es como si anticipara nuestras objeciones. Es como si supiera qué íbamos a decir: «Dios, para ti es fácil estar ahí arriba. No sabes lo difícil que es aquí abajo». Así que, audazmente, proclama la capacidad de Jesús para comprender. Mira las palabras otra vez.

*Uno que ha sido tentado.* No un ángel. No un embajador. No un emisario. Sino Jesús mismo.

*En todo.* No parcialmente. No casi. No mucho. ¡Completamente! Jesús fue tentado en todo.

*De la misma manera que nosotros.* Cada herida. Cada dolor. Todo el estrés y toda la tensión. Nada de excepciones. Nada de sucedáneos. ¿Por qué? Para que pudiera simpatizar con nuestras debilidades.

Cada página de los Evangelios recalca este crucial principio: Dios sabe cómo te sientes. Desde el funeral hasta la fábrica, hasta la frustración de un calendario agotador. Jesús lo comprende. Cuando le dices a Dios que has llegado al límite, él sabe a lo que te refieres. Cuando sacudes la cabeza ante plazos imposibles, él la sacude también. Cuando tus planes los interrumpe gente con otros planes, él asiente con empatía.

Él ha estado ahí.

Él sabe cómo te sientes.

# 7.

MI PREGUNTA ES BASTANTE BÁSICA. ¿QUÉ HACEMOS AQUÍ? ES DECIR, ¿TIENE DIOS ALGÚN PLAN? SI ES ASÍ, ¿CUÁL? ¿NOS LLEVA A ALGUNA PARTE? SI ES ASÍ, ¿A DÓNDE?

Tienes razón. No existe una pregunta más básica.

Una palabra sirve como respuesta: *reino*. Dios está creando un reino. Está reuniendo un pueblo eterno que reinará con él en el nuevo cielo y la nueva tierra.

Los profetas del Antiguo Testamento previeron un tiempo en el que Dios afirmaría y establecería su reinado de una forma nueva: «¡Dominará de mar a mar, y desde el río hasta los confines de la tierra! [...] Todos los reyes se postrarán delante de él; todas las naciones lo servirán» (Sal 72.8, 11 RVR1995).

Prometieron la llegada a la tierra de un Rey ungido, un Mesías, alguien con una relación única con Dios para servir de instrumento de su reinado. «Tu rey vendrá a ti, justo y salvador, pero humilde, cabalgando sobre un asno» (Zac 9.9 RVR1995).

Todo tiene que ver con el Rey y su reino. «Cuando llegue el tiempo preciso, Dios reunirá todas las cosas —las que están en el cielo y en la tierra— bajo una cabeza, Cristo» (Ef 1.10 NBD).

Parece que esto cuadra así:

~ Dios creó el universo para que la humanidad lo habitara.
~ La humanidad existe para convertirse en ciudadanía de Jesús, el Rey.
~ Jesús, el Rey, vino a la tierra para comprar (pagar por los pecados de) su pueblo e invitarlos al cielo.
~ Aquellos que aceptan su regalo se convierten en parte de su familia y reciben el poder de su Espíritu.
~ Él volverá para reclamar a su pueblo y su creación, y para reinar sobre ella para siempre.

El Rey y su reino. Eso es por lo que estamos aquí. Allá es a dónde nos dirigimos. Será como una investidura, ¿no crees?

# 8.

**¿Cuál es el propósito de la confesión? ¿Acaso no sabe Dios ya lo que hemos hecho? ¿Por qué necesita que se lo diga?**

La palabra griega para *confesión* es el término compuesto *homologeo*: *homo*, que significa «lo mismo», y *logeo*, que significa «hablar». Confesar es decir lo mismo, estar de acuerdo. En este caso, estar de acuerdo con Dios.

Esta definición no solo nos dice lo que es la confesión; nos dice lo que no es. La confesión no es quejarse. Si simplemente recito mis problemas y te cuento lo dura que es mi vida, no estoy confesando.

La confesión no es culpar. Señalar con el dedo a otros sin señalarme a mí mismo puede sentar bien durante un tiempo, pero no hace nada para eliminar el conflicto dentro de mí.

La confesión es sincerarse ante Dios.

El Rey David lo hizo. Como si la aventura con Betsabé no fuera suficiente. Como si el asesinato de su esposo no fuera suficiente. De alguna forma David se andaba con rodeos. Negó su error durante al menos nueve meses hasta que nació el bebé. Se necesitó un profeta para sacar la verdad a la luz, pero cuando lo hizo, a David no le gustó lo que vio (2 S 11.1–12.13).

Ondeó la bandera blanca. No más lucha con Dios. No más discusión con el cielo. Confesó. Se sinceró ante Dios. ¿Cuál fue el resultado de tal honestidad?

> Pero un día reconocí ante ti todos mis pecados
>    y no traté de ocultarlos más.
> Dije para mí: «Se los voy a confesar al Señor»,
>    ¡Y tú me perdonaste! Toda mi culpa se esfumó. (Sal 32.5 NBD)

¿Quieres librarte de la culpa? Sincérate ante Dios.

# 9.

CUANDO MI MARIDO Y YO NOS CONVERTIMOS EN PADRES DE UNA NIÑITA EMPEZAMOS A ASISTIR A LA IGLESIA. EL PASTOR Y OTROS AQUÍ HABLAN DE SER SALVO, PERO EN REALIDAD NO ENTENDEMOS QUÉ QUIERE DECIR. ¿PUEDES AYUDARNOS?

La mejor respuesta a tu pregunta se encuentra en la escritura más conocida de la Biblia:

> Porque tanto amó Dios al mundo, que dio a su Hijo unigénito, para que todo el que cree en él no se pierda, sino que tenga vida eterna. (Juan 3.16 NVI)

*¿Por qué quiere Dios salvarnos?* «Tanto amó Dios...» ¿Qué padres pueden quedarse quietos mientras sus hijos sufren con agonía? ¿Quién vería a sus seres queridos caminar hacia una peligrosa fosa y no los detendría antes de que se hundieran en la oscuridad? Dios nos ama tanto que quiere salvarnos... del mundo, de Satanás, de nosotros mismos. La motivación que impulsa todos sus actos es el amor... amor... amor... amor. Y su amor está dirigido a ti.

*¿Cómo nos salva Dios?* «Dio a su Hijo unigénito...» Un pago salda una deuda. Un regalo aplaca la ira. Una víctima del sacrificio muere en el lugar del culpable. Dios nos salva ofreciendo su propia víctima, su propio hijo, para pagar nuestra enorme deuda de pecado, para satisfacer su inmensa ira por nuestra rebelión y para aliviar la carga de nuestra culpa. Solamente una víctima del sacrificio era lo bastante valiosa para morir por todos los pecados de todas las personas de todos los tiempos. Jesús. Él murió en la cruz como una víctima perfecta y sin pecado.

*¿Qué tenemos que hacer para ser salvos?* «Todo el que cree en él...» La deuda es demasiado grande para pagarla. Matarnos trabajando no sería suficiente. Así que Jesús, por amor, hizo todo el trabajo por nosotros hace dos mil años en una cruz fuera de las murallas de Jerusalén. ¿Qué debemos hacer nosotros? Creer. Creer que Jesús murió por ti y por mí. Saber que Dios está satisfecho y que la cuenta de nuestro pecado se ha saldado.

*¿Qué pasará como resultado de la salvación?* «Que tenga vida eterna». La muerte de Jesús en la cruz pagó por nuestros pecados. La resurrección de Jesús de la tumba promete nuestra vida eterna. Ya no estamos atrapados en

el corredor de la muerte. Seremos liberados para disfrutar de la vida eterna con nuestro Salvador.

Dios nos salva porque nos ama.

Dios nos salva a través de Jesucristo.

Dios nos salva cuando creemos.

Dios nos salva de la muerte.

La única pregunta que no responde Juan 3.16 es: ¿y tú? ¿Has sido salvado?

# 10.

CADA VEZ QUE LLEGA PASCUA NUESTRA FAMILIA TIENE LA MISMA DISCUSIÓN: ¿REGRESÓ JESÚS DE LA MUERTE? MI PAPÁ DICE QUE LA RESURRECCIÓN ES UNA FÁBULA. YO NO ESTOY DE ACUERDO. ¿CÓMO PODEMOS SABERLO?

Nadie cuestiona la existencia de Jesús. Históricamente, vivió; predicó; agitó a sus seguidores y después lo mataron. Nadie cuestiona estos hechos.

Y nadie cuestiona la existencia de una historia de resurrección. Puede que no se la traguen, pero no cuestionan que exista. Los escépticos pueden etiquetarla como leyenda o engaño, pero todo el mundo cree que los primeros seguidores proclamaron que Jesús resucitó de los muertos.

Así que la cuestión que queda es esta: «¿Está la tumba vacía?»

Los hay que dicen que nunca murió. En cambio, dicen que un soldado bajó su cuerpo de la cruz por error, y que aquellos que lo amaban lo metieron en la tumba por error. Sinceramente. Después de unos latigazos que podían haberlo matado, después de seis horas en la cruz, después de la lanza en el costado, ¿podría este Jesús golpeado y débil pasar dos noches en una tumba y, al tercer día, empujar la roca, vencer a los soldados y encontrarse con los discípulos con tanta energía que creyeron que había resucitado de los muertos? No lo creo.

Algunos enseñan que el cuerpo de Jesús lo robaron sus enemigos, los líderes religiosos de Jerusalén. Si fue así, ¿por qué no lo mostraron? ¡Podrían haber matado al cristianismo en su cuna! Pero no lo hicieron. Los hay que dicen que los discípulos se llevaron el cuerpo. Quizá los seguidores de Jesús escenificaron la resurrección. Solo hay un problema: los discípulos pasaron el resto de sus vidas proclamando la resurrección. Algunos murieron por sus creencias. Uno puede morir por una verdad, pero nunca moriría por una mentira.

¿Qué queda? Queda la tumba vacía.

No tienes que lanzar el sentido común por la puerta para aceptar la resurrección de Jesús. De hecho, es tan desafiante, o más, refutar la resurrección como demostrarla.

# 11.

HE ESTADO TENIENDO DUDAS TERRIBLES SOBRE MI SALVACIÓN, LO QUE ME CAUSA UNA GRAN ANSIEDAD. SÉ QUE LAS DUDAS VIENEN DE SATANÁS, Y HE ORADO Y PEDIDO A DIOS SEGURIDAD. PERO, ¿CÓMO PUEDO SABER SI DE VERDAD SOY SALVO?

Según la Biblia, es posible «que sepan que tienen vida eterna» (1 Jn 5.13).

¿Cómo lo sabemos? «Si confiesas con tu boca que Jesús es el Señor, y crees en tu corazón que Dios lo levantó de entre los muertos, serás salvo» (Ro 10.9).

Primero, *confiesa* que Jesús es el Señor. Dilo en voz alta o en silencio para ti mismo, de cualquier forma. Simplemente dilo de corazón.

Después *cree* que Jesús resucitó. No es un hombre en la tumba, sino Dios en la carne con el poder sobre la muerte.

Confiesa y cree... y tendrás salvación.

Capta lo que Romanos 10.9 no dice: vive perfectamente, sé bueno con todo el mundo, no lo eches todo a perder, no dudes, sonríe siempre... y serás salvo. Eso no se puede hacer. Imposible.

Solo confiesa y cree. La salvación vendrá.

Es tan fácil... pero tan difícil.

Dios quiere que sepamos que somos salvos, porque la gente salvada es peligrosa, dispuesta a enfrentarse al mundo, sin miedo a las consecuencias porque saben que, pase lo que pase, tendrán vida eterna.

«Ahora, pues, ninguna condenación hay para los que están en Cristo Jesús» (Ro 8.1). ¡Cuidado, mundo!

# 12.

PASÉ VARIOS AÑOS DE MI VIDA ALEJADO DE DIOS. ME CONVERTÍ DE PEQUEÑO, PERO CUANDO ERA ADOLESCENTE DEJÉ DE IR A LA IGLESIA Y DE LEER LA BIBLIA. DEJÉ DE ORAR A DIOS Y DE OBEDECERLE. DURANTE ESE TIEMPO, ¿ERA SALVO?

Una muy buena pregunta. Una que ha hecho que muchos buenos estudiantes de la Biblia se quedaran despiertos hasta tarde buscando respuestas. Aquí están las ideas que tienen más sentido para mí.

*Jesús garantiza la protección de sus ovejas.* No solo las conoce por su nombre, sino que dice: «Yo les doy vida eterna, y nunca perecerán, ni nadie podrá arrebatármelas de la mano» (Jn 10.28 NVI). «Nadie» significa *nadie*. Dios da a los que confían en él «una herencia indestructible, incontaminada e inmarchitable» (1 P 1.4 NVI). Están «guardados en Jesucristo» (Judas 1.1) y «guardados por el poder de Dios» (1 P 1.5 RVR1995). Dios puede «guardarlos para que no caigan, y establecerlos sin tacha y con gran alegría ante su gloriosa presencia» (Jud 1.24 NVI). Si puede guardarnos para que caigamos, ¿no lo va a hacer? Él «no quiere que nadie perezca» (2 P 3.9 NVI).

*La salvación es irrepetible.* La salvación no es un fenómeno repetido. La Escritura no contiene ningún ejemplo de alguien que fuera salvado, luego perdido, luego salvado de nuevo, luego perdido otra vez. La salvación intermitente nunca aparece en la Biblia.

*Los vínculos familiares nos sustentan.* Una vez que hemos creído, somos adoptados en la familia de Dios. «Somos hijos de Dios» (Ro 8.16). Después de convertimos en parte de una familia, siempre formaremos parte de ella. La comunión entre padre e hijo puede sufrir, pero el vínculo permanece. Al pecar puede que nos salgamos de la voluntad de Dios, pero nunca saldremos de su familia.

*El pecado persistente muestra una falta (no una pérdida) de conversión.* Juan enseñó que los que se apartaban de la comunidad nunca habían llegado a ser salvos. «Salieron de nosotros, pero no eran de nosotros; porque si hubiesen sido de nosotros, habrían permanecido con nosotros; pero salieron para que se manifestase que no todos son de nosotros» (1 Jn 2.19).

*Dios disciplina a sus hijos desobedientes, pero no los deshereda* (Heb 12.5). La presencia de pecado no implica la pérdida de la posición. Pablo afirmaba ser el mayor de los pecadores: «Cristo Jesús vino al mundo a salvar a los pecadores, de los cuales yo soy el primero» (1 Ti 1.15). No dijo: «Yo era». Pablo aún pecaba, pero nunca dudó de su salvación. Enseñó la diferencia entre «posición» y «práctica». Podemos estar seguros de nuestra posición aunque nuestra práctica refleje otra cosa. La iglesia de los corintios tenía la posición de una iglesia santificada, pero en la práctica sus miembros parecían gente del mundo (1 Co 3.1).

*Si las obras fueran necesarias para mantener la salvación, entonces la salvación se conseguiría por obras.* ¿Iba Dios a empezar la salvación y a pasárnosla para que la completáramos? No. Él es el «autor y consumador de la fe» (Heb 12.2 rvr1995). Decir que es otra cosa coloca una carga insoportable sobre el cristiano.

*Si la salvación se pudiera perder por el pecado, entonces todos estarían perdidos de vez en cuando, porque todos pecan.* La salvación, entonces, se convierte en una cuestión de fechas. Solo podemos esperar que Dios nos arrebate para ir al cielo durante una temporada en la que estemos salvados. Si la salvación es confiscable por culpa de la incredulidad, ¿no estamos todos perdidos? ¿Quién tiene una fe perfecta? Los ansiosos no. Los miedosos no. Si la fe perfecta clasifica a los salvos, ¿quién se clasifica?

Al final, el gran descubrimiento es este: lo que te salva inicialmente, te guarda eternamente. Durante tus años lejos de Dios perdiste mucho: perdiste gozo, paz y oportunidades de glorificar a Dios. Pero no perdiste tu lugar en el cielo.

# 13.

SÉ QUE DIOS ME HA PERDONADO POR MIS PECADOS PASADOS, PERO ME RESULTA DIFÍCIL PERDONARME A MÍ MISMA. HE INTERRUMPIDO DOS EMBARAZOS QUE TUVE FUERA DEL MATRIMONIO. TOMÉ DROGAS DURANTE AÑOS Y REALMENTE ECHÉ A PERDER MI VIDA. DIOS ME HA REDIMIDO, PERO AÚN ME SIENTO MUY AVERGONZADA POR MIS ACTOS.

Bienvenida al Tribunal de la Vergüenza. Mira a tu alrededor. ¿Ves a alguien conocido? ¿Reconoces a ese juez con la larga toga negra? Eres tú. De hecho, el fiscal parece bastante familiar. Tú otra vez, esta vez vistiendo un bonito traje italiano. Echa un vistazo al jurado. Sí. Doce como tú, todos mirándote mal y diciendo: «Culpable».

Cuando se trata de vergüenza, somos nuestros jueces más severos.

Algunas veces nuestra vergüenza es privada.

Algunas veces es pública.

Siempre es dolorosa.

Después de escuchar el corazón de la mujer adúltera, Jesús declaró: «Ni yo te condeno; vete, y no peques más» (Jn 8.11). Si Jesús la juzgó y no la halló culpable, ¿qué crees que dice de ti?

En momentos como este debes hacerte una pregunta: ¿quién es mejor juez, tú o Jesús?

Somos malos jueces. Enturbiados por el dolor y la humillación, no vemos la situación con claridad. Escuchamos demasiado a las voces que nos metieron en este lío. El abusador sigue abusando de nuestra autoestima. Dejamos que el acosador siga acosando nuestra alma. Nuestros juicios tienen limitaciones.

Jesús conoce la situación por dentro y por fuera. La ve desde todas las perspectivas y siente todo el dolor. Sabe cuándo se han cruzado líneas y cuándo los motivos eran justos. Jesús es el mejor juez.

Así que cuando dice: «No te hallo culpable», ese veredicto no se basa en un capricho, sino en un examen cuidadoso de todos los corazones, toda la culpa y todo el arrepentimiento genuino.

Jesús dice que ya no tiene nada contra ti.

Entonces, si Jesús te declara no culpable, ¿quién continúa susurrando culpa en tus oídos?

¿Tú quién crees?

# 14. ¿CÓMO PUEDO LIBRARME DEL TEMOR A QUE DIOS NO ME PERDONE? SIEMPRE TENGO MIEDO DE NO SER LO BASTANTE PERFECTO.

Poco tiempo después de llegar a San Antonio decidí que debía comprarme una chaqueta nueva para Pascua. En Brasil, donde servíamos, nadie llevaba americanas ni corbatas, así que no tenía muchas. Por tanto, fui a comprar una. En los estantes me di cuenta de que estaba junto a un famoso ciudadano, Red McCombs. Posee varios concesionarios y durante un tiempo fue dueño de un equipo de fútbol americano de la Liga Profesional de Fútbol Americano, la NFL, en Minnesota.

Intercambiamos saludos y minucias. Me habló de su hermano, que era pastor. Le dije lo contento que estaba de vivir en San Antonio. Después de un rato regresamos a nuestras compras. Elegí una chaqueta, fui a la caja registradora para pagarla y el vendedor me dijo estas palabras: «Su chaqueta ya ha sido pagada. El hombre con el que estaba hablando ha saldado su cuenta». Mi primer pensamiento fue: *Chico, ojalá me hubiera llevado unos pantalones también.*

Piensa en lo que me pasó. Tenía una deuda. Entonces, de pronto, me di cuenta de que mi deuda había sido pagada. Podía rechazar el regalo o aceptarlo. La decisión era fácil. El dador del regalo tenía recursos abundantes con los que pagar la chaqueta. No tenía razones para dudar de su sinceridad o su capacidad.

Ni tú tampoco. Dios tiene una abundante capacidad para amar y cuidar de ti.

Por supuesto, lo que hizo Jesús en la cruz fue mucho mas grande que lo que hizo el señor McCombs por mí en la tienda. Jesús ocupó nuestro lugar. ¿Y si mi benefactor me hubiera ofrecido cambiar su lugar por el mío? ¿Intercambiar cuentas anuales conmigo? ¿Trocar fortunas conmigo? Él habría heredado mi deuda y yo habría heredado su abundancia.

A través de Jesucristo heredamos misericordia en abundancia. Suficiente para cubrir toda una vida de errores. Jesús, en cambio, asumió una pobreza extrema. Cuando estaba en la cruz se lo habían arrebatado todo: su salud, su dignidad, sus amigos, su fuerza y, sobre todo, su Dios.

De una vez y para siempre, demostró su amor.

# 15.

SÉ QUE LA BIBLIA DICE QUE ESTOY PERDONADO. PERO MI CONCIENCIA ME DICE QUE NO.

Jesús nos ama demasiado como para dejarnos con dudas sobre su gracia. Su «perfecto amor elimina cualquier temor» (1 Jn 4.18 NBD). Si Dios amara con un amor imperfecto, tendríamos muchas razones para preocuparnos. El amor imperfecto lleva una lista de pecados y la consulta a menudo. Dios no lleva una lista de nuestras malas acciones. ¡Su amor echa fuera el temor porque él echa fuera nuestro pecado!

Ata tu corazón a esta promesa y aprieta el nudo. «Aunque nuestro corazón nos condene, Dios es más grande que nuestro corazón y lo sabe todo» (1 Jn 3.20 NVI). Cuando no te sientas perdonado expulsa esos sentimientos. Las emociones no tienen voto. Vuelve a la Escritura. La Palabra de Dios está por encima de la autocrítica y la inseguridad.

Como le dijo Pablo a Tito: «Dios ha mostrado su bondad, al ofrecer la salvación a toda la humanidad. [...] Esto es lo que tienes que enseñar, *animando*» (Tit 2.11, 15 DHH, cursivas mías). ¿Conoces la gracia de Dios? Entonces puedes amar con valor, vivir con vigor. Puedes oscilar de trapecio en trapecio; su red de seguridad detendrá tu caída.

Nada alimenta el valor como aferrarse bien a la gracia.

Y nada alimenta el miedo como ignorar la misericordia. ¿Puedo hablar con franqueza? Si no has aceptado el perdón de Dios, estás condenado a vivir con miedo. Nada puede librarte de la comprensión atormentadora de que has despreciado a tu Creador y desobedecido su enseñanza. Ninguna pastilla, charla motivacional, psiquiatra o posesión puede calmar el corazón del pecador. Puede que atenúes el miedo, pero no lo puedes eliminar. Solo la gracia de Dios puede.

¿Has aceptado el perdón de Dios? Si no, hazlo. «Si confesamos nuestros pecados, él es fiel y justo para perdonar nuestros pecados y limpiarnos de toda maldad» (1 Jn 1.9 RVR1995). Tu oración puede ser tan simple como esto: *Querido Padre, necesito perdón. Admito que me he apartado de ti. Por favor, perdóname. Pongo mi alma en tus manos y mi confianza en tu gracia. En el nombre de Jesús, amén.*

Al haber recibido el perdón de Dios, ¡vive perdonado!

# 16.

SI DIOS SABÍA DE ANTEMANO QUE DESPUÉS DE DEJAR EL CIELO DURANTE UN TIEMPO JESÚS SE VOLVERÍA A REUNIR CON ÉL Y QUE SU MUERTE SALVARÍA A LA HUMANIDAD, REALMENTE NO ME PARECE UN SACRIFICIO. ¿A QUÉ RENUNCIÓ DIOS?

He reflexionado sobre esta cuestión, no solo desde tu pregunta sino durante buena parte de mi vida. ¿A qué renunció Dios exactamente cuando le dio su Hijo al mundo?

He decidido que no lo puedo saber. ¿Por qué? Porque nunca he estado en el cielo. Cuando Dios nos dio a su Hijo, su Hijo renunció al cielo. Intenta imaginar ese sacrificio. ¿Y si fueras a dejar tu hogar y convertirte en un sin techo o a dejar la raza humana y convertirte en un mosquito o una avispa? ¿Sería eso comparable a que Dios se convierta en humano? Jesús, cuya dirección en el cielo era Todo Lugar, se limitó a sí mismo a un cuerpo humano en un pueblo perdido en el mapa en la periferia del Imperio Romano.

Por supuesto, como has dicho, lo hizo «durante un tiempo». Quizá eso es parte del sacrificio. Dios es intemporal, no está sujeto a relojes ni calendarios. Y durante un tiempo entró en el tiempo.

Pero, como he dicho, nunca he vivido en el cielo y nunca he sido eterno, así que no puedo comprender a lo que renunció.

Tampoco he estado libre de pecado, así que no puedo imaginar lo que es convertirse en pecado. Ese es el corazón del evangelio cristiano. Que aquel que no cometió pecado cargó con el pecado (2 Co 5.21). Que Cristo en la cruz se hizo pecador a los ojos del cielo. Que experimentó el dolor y el castigo de cada violador, ladrón, asesino en masa y déspota.

Pagó el precio del pecado convirtiéndose en pecador. Como yo siempre he sido pecador no puedo apreciar este sacrificio.

Y yo nunca he entregado a mi hijo por gente malvada. Puede que me entregue a mi mismo o parte de mí mismo para ayudar a gente malvada. Pero, ¿sacrificar a una de mis hijas? De eso nada. Aunque supiera que la iba a volver a ver, no lo haría. Pero Dios lo hizo.

A mí me parece que Dios dio más de lo que podríamos pedir.

# 17.

MI TÍO VIVIÓ COMO EL DIABLO Y LES AMARGÓ LA VIDA A MIS PADRES, QUE SON GENTE DEVOTA, HUMILDE. MI PADRE ME DICE QUE MI TÍO FUE SALVO UNAS HORAS ANTES DE MORIR. ¿PUEDE UNA PERSONA TAN HORRIBLE SALVARSE EN SU LECHO DE MUERTE DESPUÉS DE HACER TANTAS COSAS TERRIBLES?

Jesús contó una parábola sobre unos trabajadores en una viña (Mt 20). Algunos fueron contratados al despuntar el día. Otros, a media mañana. Otros más, sobre el mediodía, a media tarde y, después, al atardecer. Todos ellos recibieron el salario de un día.

A los madrugadores no les hizo gracia. Querían que el jefe les pagara menos a los tardones o que les pagara más a los madrugadores. No todos los trabajadores merecen llevarse la misma paga, ¿no? El propietario les contestó:

> Amigo, no te hago agravio; ¿no conviniste conmigo en un denario?[1] Toma lo que es tuyo, y vete; pero quiero dar a este postrero, como a ti. ¿No me es lícito hacer lo que quiero con lo mío? ¿O tienes tú envidia, porque yo soy bueno? (Mateo 20.13–15)

Cuando aceptamos la salvación de Jesucristo todos aceptamos el mismo acuerdo: vida eterna con el Salvador de nuestra alma.

Así que si alguien acepta a Cristo a los diez años o a los ochenta y cinco, tumbado en el lecho de muerte... ¿cuál es la diferencia?

Dios tiene derecho a dar la salvación completa a quien él quiera.

¿Nos da envidia de su generosidad? ¡No! De entrada, su generosidad nos dio la salvación. Nos encanta su generosidad. ¡No cambies eso nunca, Dios!

El ladrón en la cruz es el mejor ejemplo práctico de esa generosidad.

> Lo mismo le injuriaban también los ladrones que estaban crucificados con él. (Mateo 27.44)

Ambos ladrones se burlaron de Jesús, lanzándole insultos.

Sin embargo, al aproximarse la muerte Lucas 23 registra un cambio. Mientras un ladrón aún maldecía, el otro defendía a Cristo. ¿Qué pasó? En solo unas pocas horas el segundo ladrón pasó de ateo enojado a pecador arrepentido. ¿No estaba Jesús ofendido, con esas palabras soeces aún resonando en sus oídos?

Y dijo a Jesús: «Acuérdate de mí cuando vengas en tu Reino». Entonces Jesús le dijo: «De cierto te digo que hoy estarás conmigo en el paraíso». (vv. 42–43)

Jesús lo perdonó al final.

El momento del arrepentimiento no importa. Cualquier momento es el mejor para recibir a Cristo y la recompensa de toda una vida.

# 18.
NO ENCUENTRO DESCANSO EN LA RELIGIÓN. LA GENTE HABLA DE LA IGLESIA Y DE LA ESPIRITUALIDAD COMO SI FUERAN UN OASIS. EN MI VIDA, LA IGLESIA HA SIDO UN DESIERTO.

Puede que estés confundiendo cristianismo con legalismo. En el legalismo no hay alegría porque el legalismo no tiene fin. Siempre hay otra clase a la que asistir, otra persona a la que enseñar, otra boca que alimentar. Los presos encarcelados en la búsqueda de la autosalvación encuentran trabajo, pero nunca alegría. ¿Cómo podrían hacerlo? Nunca saben cuándo han terminado. El legalismo disuelve la alegría.

La gracia, sin embargo, dispensa paz. El cristiano confía en un trabajo acabado. Me gusta esta cita:

> Se acabaron los esfuerzos para guardar la ley, se acabaron las disciplinas y los ascetismos del legalismo, se acabó la ansiedad por que habiendo hecho todo puede que no hayamos hecho suficiente. Alcanzamos la meta no por las escaleras sino por el ascensor... Dios garantiza su prometida justicia a aquellos que dejen de intentar salvarse a sí mismos.[1]

La gracia ofrece descanso. El legalismo, nunca.

# 19.

HONESTAMENTE, NO CREO QUE DIOS PUEDA USARME. CREO QUE ME PERDONÓ Y ME SALVÓ, PERO NO TENGO NADA QUE OFRECERLE.

No dejes que Satanás te convenza de eso. Lo intentará. Te dirá que Dios pone un requisito de coeficiente intelectual o una tarifa de entrada. Que solo emplea especialistas y expertos, gobiernos y personalidades muy poderosas. Cuando Satanás susurra tales mentiras, deséchalas con esta verdad: Dios provocó una estampida en la sociedad del siglo primero con rocines, no con purasangres. Antes de que Jesús apareciera, los discípulos estaban cargando camiones, entrenando equipos de fútbol y vendiendo granizados en el supermercado. No eran más que simples peones que tenían las manos callosas, y no hay evidencia de que Jesús los escogiera porque eran más listos o más agradables que el chico de al lado. La única cosa que tenían a su favor era la disposición a dar un paso cuando Jesús dijo: «Sígueme» (Mc 1.16–20).

¿Eres más una lancha de plástico que un barco de crucero? ¿Más un doble que una estrella de cine? ¿Más un fontanero que un ejecutivo? ¿Más unos vaqueros azules que de sangre azul? Enhorabuena. Dios cambia el mundo con gente como tú.

20. AHORA MISMO MI VIDA ESTÁ LLENA DE MÁS CAMBIOS DE LOS QUE PUEDO MANEJAR. ME ACABO DE GRADUAR EN LA ESCUELA SECUNDARIA, ME VOY A MUDAR PARA IR A LA UNIVERSIDAD, MI NOVIO ME HA DEJADO ¡Y MIS PADRES SE ESTÁN DIVORCIANDO! SIENTO COMO SI ME ESTUVIERA HUNDIENDO EN UN MAR DE CAMBIO.

A nadie le gustan los cambios... excepto a los bebés. Ellos lloran para que les cambien.

Al resto de nosotros nos gustan cambios a pequeña escala, pero nunca los cambios trascendentales de pautas y rutinas.

Con el cambio viene el miedo, la inseguridad, la tristeza y el estrés. ¿Cuál es la mejor solución? ¿Esconderse y esperar que pase todo? Nunca funciona. El cambio te encuentra.

Tu queja de hundirte bajo un mar de cambio me recuerda a Pedro. Él y sus compañeros estaban navegando sobre aguas tranquilas cuando, de repente, se desató una tormenta. Los vientos cambiaron. Las olas se levantaron. No es la clase de cambio que desea un pescador.

En la madrugada, Jesús se acercó a ellos caminando sobre el lago. Cuando los discípulos lo vieron caminando sobre el agua, quedaron aterrados.

—¡Es un fantasma! —gritaron de miedo.

Pero Jesús les dijo en seguida:

—¡Cálmense! Soy yo. No tengan miedo.

—Señor, si eres tú —respondió Pedro—, mándame que vaya a ti sobre el agua. (Mateo 14.25–28 NVI)

Cuando vio a Jesús caminar sobre el agua, Pedro decidió buscar un pequeño cambio de paisaje, abandonar la barca y andar por fe sobre el agua.

El cambió funcionó.

—Ven —dijo Jesús.

Pedro bajó de la barca y caminó sobre el agua en dirección a Jesús. (v. 29)

Es posible caminar por encima de las tormentas del cambio. ¡Pedro lo demostró!

Desafortunadamente, otra cosa cambió. La fe de Pedro.

Pero al sentir el viento fuerte, tuvo miedo y comenzó a hundirse. Entonces gritó:

—¡Señor, sálvame!

En seguida Jesús le tendió la mano y, sujetándolo, lo reprendió:

—¡Hombre de poca fe! ¿Por qué dudaste? (vv. 30–31)

En realidad no se puede culpar a Pedro del momentáneo lapso de seguridad. El viento y las olas daban miedo.

Si Pedro se hubiera apoyado en la fuerza de Jesús... *No tengan miedo.*

Si Pedro hubiera confiado en el mandato de Jesús... *Ven.*

Si Pedro hubiera permanecido en la fe... *¿Por qué dudaste?*

Pedro podría haber atravesado ese mar de cambio.

Algo para recordar: cuando Pedro se hundía gritó «¡Señor, sálvame!» Sabía dónde encontrar ayuda.

Y Jesús extendió su mano para agarrar a Pedro.

Esa es otra cosa que nunca cambia. Jesús siempre está ahí para ponernos a salvo.

# 21.

Mi papá era un hombre muy impaciente. Podía amargarle la vida a todos los de su alrededor. Creo que cada vez me parezco más y más a él, porque a menudo soy impaciente con los demás. No quiero ser así. ¿Qué puedo hacer?

Existe el refrán «La olla vigilada nunca hierve». Bueno, sí que hierve, la vigiles o no. Simplemente no parece hervir lo bastante rápido si la estás vigilando. El refrán debería decir así: «La olla vigilada te hace hervir de rabia mientras esperas a que hierva».

¡La impaciencia quiere el agua hervida *ahora*! Maldices al fabricante de la cacerola, agitas el puño contra esos burócratas de los fogones, desafías furiosamente a la llama, ¡y atacas las propiedades del agua! Pero lo único que puedes hacer es avivar la llama. Más llama significa una ebullición más rápida. ¡Arde, nena, arde!

La paciencia es una ebullición a fuego lento. No aviva la llama. Espera a que el quemador caliente la cacerola, que calienta el agua a cien grados. Esto lleva su tiempo y lo aceptas. No puedes cambiar la ley de transferencia de calor. Así que te cruzas de brazos y dejas que pase.

Las dos situaciones quieren lo mismo: agua hervida. Una está dispuesta a esperar. La otra usará todos los medios necesarios para que se haga ahora, incluyendo la combustión espontánea.

La impaciencia es egoísmo con el tiempo. No nos gusta desperdiciarlo. La gente se cruza en nuestro camino y ralentizan las cosas, ¡así que los quemamos con impaciencia!

La palabra griega para *paciencia* significa «tardar mucho en hervir». La paciencia reconoce que compartimos el tiempo con otros: no es solo nuestro tiempo. La paciencia sabe que hay otros factores en funcionamiento en este mundo y que tenemos que adaptarnos a sus horarios también. Algunas cosas se pueden acelerar (con ánimo, no con llamas de castigo). Otras cosas no.

La mejor manera de apagar la llama es con amor.

«El amor es paciente» (1 Co 13.4 nvi).

El amor perdona la pereza. El amor comprende las debilidades de la gente. El amor quiere lo mejor para todos. El amor es una relación, no un medio para un fin.

El amor es un fruto que cuelga del árbol de Gálatas 5.22. Es el primer fruto y algunos dicen que el más importante. Las semillas del amor producen la cosecha de todos los otros frutos: gozo, paz, paciencia...

Si tienes el Espíritu Santo, entonces tienes el potencial para hacer de la paciencia parte de tu vida. Afortunadamente, Dios es paciente mientras encuentras esa paciencia.

# 22.

TENGO QUE ADMITIR QUE NO ESTOY DESEANDO HACERME VIEJO. HE TRABAJADO EN UN ASILO DURANTE AÑOS Y ESO SOLO ME HA HECHO TENERLE TERROR A LA VEJEZ. ESTA ACTITUD NO ME PARECE RACIONAL, PERO PARECE QUE NO PUEDO ACEPTAR LO INEVITABLE.

> Y estos fueron los días que vivió Abraham: ciento setenta y cinco años. Y exhaló el espíritu, y murió Abraham en buena vejez, anciano y lleno de años, y fue unido a su pueblo. (Génesis 25.7–8)

Hay una expresión en la Biblia que siempre me ha fascinado. Cuando se refiere a la muerte de alguien dice que murió «lleno de años».

Se usa para describir a Abraham, Isaac y Job.

«Lleno de años» podría significar montones de años. Abraham e Isaac vivieron como dos de nuestras vidas. Eso es un montón de años.

También podría expresar la idea de que los años de sus vidas estuvieron llenos, ocupados con la apretada agenda de Dios. Quizá signifique que murieron habiendo cumplido todo lo que se habían propuesto.

No sé si querría vivir ciento ochenta años, pero sé que quiero vivir todos los años de mi vida como si fueran los últimos y hacer todo lo que pueda para asegurarme de que cumplen con todo lo que Dios quiere que haga.

Quiero morir realizado, habiendo hecho todo lo que podía con el tiempo que tuve. Si estoy en un asilo, quiero dirigir estudios bíblicos, karaokes de los Beatles y bailes en línea, y asegurarme de que cada residente allí tiene una relación personal con Cristo mientras las sinapsis de mi cerebro se continúen produciendo y los huesos de mi cadera estén fuertes.

Hacerse viejos es inevitable. Pero, ¿vas a cojear y gruñir en tu camino a la tumba o vas a hacer rodar tu destartalada y vieja silla de ruedas cuesta abajo hasta tu funeral? Todos vamos a acabar igual, ¡pero podemos divertirnos por el camino!

# 23.

**¿PUEDEN CONTAR NUESTRAS VIDAS PARA CRISTO SI NO TENEMOS EL LLAMADO A SER MINISTROS? INTENTO SER FIEL EN HABLAR A LOS DEMÁS SOBRE LA SALVACIÓN, ESPECIALMENTE A MIS NIETOS. ¿CREE QUE ESO IMPORTA A LA LARGA?**

Eso suena a que estás haciendo exactamente lo que hace un ministro. Pablo dice en Romanos 15.15–20 (NVI):

> ... por causa de la gracia que Dios me dio para ser ministro de Cristo Jesús a los gentiles. Yo tengo el deber sacerdotal de proclamar el evangelio de Dios, a fin de que los gentiles lleguen a ser una ofrenda aceptable a Dios, santificada por el Espíritu Santo.
>
> Por tanto, mi servicio a Dios es para mí motivo de orgullo en Cristo Jesús. No me atreveré a hablar de nada sino de lo que Cristo ha hecho por medio de mí para que los gentiles lleguen a obedecer a Dios. Lo ha hecho con palabras y obras, mediante poderosas señales y milagros, por el poder del Espíritu de Dios. Así que, habiendo comenzado en Jerusalén, he completado la proclamación del evangelio de Cristo por todas partes, hasta la región de Iliria. En efecto, mi propósito ha sido predicar el evangelio donde Cristo no sea conocido.

No necesitas llevar alzacuellos, comer en todos los refrigerios que haya, ni predicar sermones largos y aburridos para ser un ministro.

Según Pablo, los ministros:

~ proclaman el evangelio allá donde van y
~ dan testimonio de la obra de Dios en sus vidas.

Pablo marcó una diferencia. Parece que tú también.

¿Importará?

Cuando llegues al cielo me pregunto si Cristo te diría estas palabras: «Estoy muy orgulloso de que me dejaras usarte. Gracias a ti otros están aquí hoy. ¿Te gustaría conocerlos?»

Vecinos, compañeros de trabajo, amigos, extraños y miembros de la familia (padres, cónyuge, hijos, nietos), todos dan un paso adelante.

Incluso biznietos, a quienes nunca conociste, están allí porque ministraste a tus hijos y a tus nietos.

¿Ministrar hace una diferencia? Sí.

¿Eres tú un ministro? Puedes apostar que sí.

¿Estás haciendo una diferencia? Absolutamente.

Y, mientras estás en ello, come en todos los refrigerios que puedas.

# 24.

**SUFRO CON LAS ORACIONES NO CONTESTADAS. LO QUE LE PIDO A DIOS QUE HAGA Y LO QUE ÉL HACE SON DOS COSAS DIFERENTES.**

Piensa por un momento en la prioridad de Dios. *Dios existe para lucir a Dios.*

¿Por qué existen los cielos? Los cielos existen para «contar la gloria de Dios» (Sal 19.1).

¿Por qué escogió Dios a los israelitas? A través de Isaías convocó a «todos los llamados de mi nombre; para gloria mía los he creado» (Is 43.7).

¿Por qué sufre la gente? Dios responde: «Te he escogido en horno de aflicción. Por mí, por amor de mí mismo lo haré» (Is 48.10–11). «Confía en mí en tus tribulaciones para que yo te libre y puedas darme la gloria» (Sal 50.15 NBD).

Dios tiene una meta: Dios. Proclamar su gloria.

Dios no tiene un problema de ego. *Él no revela su gloria para su propio bien. Nosotros necesitamos ser testigos de ella por nuestro propio bien.*

Responde a nuestras oraciones con este objetivo en mente. Si dice no a nuestras peticiones, es porque su gloria importa más que nuestras preferencias.

# 25.

AYER SOLICITÉ UN TRABAJO QUE PARECÍA SER EL PLAN DE DIOS PARA MÍ. HOY ME PREGUNTO SI UNAS PRÁCTICAS EN EL EXTRANJERO SERÁN SU PLAN EN VEZ DE ESO. ¿CÓMO SÉ QUÉ ES LO CORRECTO?

No somos más que siervos de Dios por medio de los cuales ustedes creyeron, y eso según lo que el Señor le asignó a cada uno. (1 Corintios 3.5 NBD)

Como un piloto antes de despegar, siempre reviso mi lista de verificación de vuelo antes de embarcarme hacia lo desconocido. Me pregunto:

*¿A dónde me ha llevado Dios antes?* Miro mi pasaporte, recordando todos los lugares emocionantes y llenos de aventura a los que Dios me envió en el pasado. Recuerdo las experiencias que enfrenté, las culturas que abracé, los estilos de vida que encontré. Entonces pienso en la frecuencia con la que Dios desarraigó a la gente en la Escritura. ¿Quién mejor para enfrentarse al Faraón que un judío criado por egipcios? ¿Quién mejor para guiar a Israel que un guerrero con formación de pastor? ¿Quién mejor para tender puentes entre grandes pensadores y grandes creyentes que un ex fariseo con formación romana? Dios usa experiencias pasadas para superar problemas presentes.

Pregúntate: ¿a dónde me ha llevado Dios antes?

*¿Qué viajes me apasionan?* Algunos se emocionan con ir a Hawái. Otros, con Toledo. Algunos piensan que en Alaska hace demasiado frío. Otros sienten que en las Bahamas hace demasiado calor. Todos tenemos pasiones y cargas diferentes. A algunos les gusta predicar en países extranjeros. A otros les gusta ayudar a sus vecinos. Algunos se duelen por los miembros de bandas callejeras y los vendedores de droga. Otros lloran por Wall Street y el Capitolio.

Pregúntate: ¿qué lugares y personas me apasionan más?

*¿Soy un piloto, un auxiliar de vuelo, un mecánico o un maletero?* No veo nunca al piloto hacer café o al auxiliar con un destornillador bajo el capó del avión. ¿Por qué? Porque todos somos buenos en algo y se espera que hagamos eso bien. Los pilotos llevan a la gente a lugares. Los auxiliares sirven. Los mecánicos se aseguran de que todo funcione bien entre bastidores. Los maleteros llevan las cargas de la gente.

Piénsalo: ¿cuál es tu propósito?

Una vez que hayas revisado:

~ los lugares previos,
~ las pasiones presentes,
~ el propósito profesional...

... ¡estás preparado para volar!

# 26.

QUIERO SER MÉDICO Y TRABAJAR CON LOS POBRES, PERO PARECE UN SUEÑO IMPOSIBLE. EL CORAZÓN ME DICE QUE ESTE SUEÑO ES DE DIOS, PERO MIS PADRES CREEN QUE SOY UN ILUSO. ¿CÓMO EVITO QUE SUS DUDAS DESTRUYAN MI SUEÑO?

Seamos sinceros: hay muchas cosas en la vida que no tienen sentido.

El colegio. Los amigos. Las noticias. Los políticos. Wall Street. Ni siquiera el historial de Dios en la Biblia tiene mucho sentido:

- ~ Transportar cerca de un millón de personas a través del desierto durante cuarenta años a una misteriosa tierra prometida (Éxodo y Deuteronomio).
- ~ Reducir un ejército de treinta y dos mil hombres a trescientos para atacar a los guerreros más temidos del lugar, y entonces armar a los trescientos hombres con trompetas, cántaros y antorchas (Jue 7.1–16).
- ~ Salvar el mundo con un bebé nacido en un establo (Lc 2.1–7).
- ~ Extender el evangelio por el mundo con doce hombres imperfectos: un tesorero que aceptaba sobornos, un confidente que negó a Jesús, y otros dos que prefirieron huir desnudos a ser capturados (Mt 26.14–16; Jn 12.4–6; Mt 26.69–75; Mc 14.51–52).

Así que si alguien tiene un sueño que tiene perfecto sentido realmente no puede ser de Dios. ¡Así no es como él sueña!

Olvidamos que *imposible* es una de las palabras favoritas de Dios. Él sueña sueños imposibles. ¿Por qué?

Si alcanzas un sueño posible, entonces te llevas toda la gloria.

Pero si alcanzas un sueño imposible, entonces Dios se lleva toda la gloria.

El propósito de los sueños imposibles es mostrarle al mundo que aún existe un Dios increíble e inconcebible, y que trabaja en las vidas de la gente.

Y todo empieza con sueños como el tuyo de alcanzar al pobre y al indigente.

Aunque parezca que tus padres están apagando tu pasión con la duda, puede que estén inyectando algo de una sabiduría muy necesaria en tus planes para cumplir tu sueño. Tus padres te aman y quieren asegurarse de que tomes la mejor decisión. Así que escúchales. El pragmatismo y la lógica no son del todo malos. La duda puede ser prudencia disfrazada.

Al final debes preguntarte: ¿qué sueño voy a perseguir, el mío, el de mis padres o el de Dios? Los sueños de Dios son siempre más grandes, mejores y más increíbles. Sus sueños se parecen a esto:

~ Tus vecinos..., tu comunidad..., tu escuela viniendo a Cristo.
~ Las iglesias de tu región reuniéndose para orar por un avivamiento.
~ El fin de la pobreza y la enfermedad en un país.
~ Paz en la tierra.

Atrévete a soñar como Dios.

# 27. ¿Está dispuesto Dios a usar a cualquiera para cambiar el mundo? ¿Incluso gente que ha vivido vidas impías?

Eso espero. Si Dios escogiera solo a gente justa para cambiar el mundo, podrías contarlos a todos con un dedo: Jesús. En vez de eso, incluyó a otros en su plan: los pecadores, los impíos, los imperfectos, los miedosos, los orgullosos, los manipuladores de la verdad. Hay muchos más de nosotros para escoger.

Gente como:

~ Abraham: mentiroso
~ Jacob: impostor
~ Moisés: asesino, inventor de excusas
~ David: adúltero, asesino
~ Salomón: mundano, adúltero
~ Elías: profeta quejica
~ Gomer y Rajab: prostitutas
~ Mateo: cobrador de impuestos
~ Pedro: negador con problemas de ira

La lección tranquilizadora es clara. Dios usó (¡y usa!) a personas para cambiar el mundo. ¡Personas! No santos, superhumanos ni genios, sino personas. Sinvergüenzas, asquerosos, amantes y mentirosos: los utiliza a todos. Y lo que les falta de perfección Dios lo compensa con amor.

Si alguna vez te preguntas cómo puede Dios usarte para marcar una diferencia en tu mundo, simplemente mira a aquellos que ya ha usado y anímate. No importa quién seas o lo que hayas hecho, Dios puede usarte.

Porque eres imperfecto puedes hablar de cometer errores.

Porque eres pecador puedes hablar de perdón.

Dios restaura al quebrado y al frágil, y después hace alarde de ellos ante el mundo como trofeos de su amor y fuerza. El mundo ve al impío volverse pío, y saben que Dios debe de amarlos a ellos también.

# 28.

¿PUEDE DIOS USAR A SUS SEGUIDORES HOY COMO LO HIZO CON LOS PRIMEROS? ESCUCHO CONTINUAMENTE QUE ESO ES LO QUE DEBERÍA DISTINGUIRNOS DE LOS NO CRISTIANOS, PERO CREO QUE NI SIQUIERA EMPEZAMOS A PARECERNOS A ESOS CREYENTES TEMPRANOS. ¿POR QUÉ NO?

La nuestra es la generación más rica de cristianos que ha habido nunca. Somos brillantes, formados y experimentados. Podemos viajar alrededor del mundo en veinticuatro horas o enviar un mensaje en un milisegundo. Tenemos las investigaciones y las medicinas más sofisticadas al alcance de la mano. Tenemos recursos abundantes. Un sencillo dos por ciento de la cosecha de cereal en el mundo sería suficiente, si se compartiera, para eliminar los problemas de hambre y malnutrición en el mundo.[2] Hay suficiente comida en el planeta para darle a cada persona dos mil quinientas calorías de alimento al día.[3] Tenemos suficiente comida para alimentar al hambriento.

Y tenemos suficientes camas para hospedar a los huérfanos. Ahí van las cuentas. Hay 145 millones de huérfanos en todo el mundo.[4] Casi 236 millones de personas en Estados Unidos se definen como cristianos.[5] Desde un punto de vista puramente estadístico, los cristianos estadounidenses por sí solos tienen los medios para hospedar a todos los huérfanos del mundo.

No pretendo simplificar demasiado estos problemas terriblemente complicados. No podemos sencillamente chascar los dedos y esperar que el cereal fluya a través de las fronteras o que los gobiernos permitan adopciones extranjeras. Las políticas estancan los mejores esfuerzos. Las relaciones internacionales son tensas. Los funcionarios corruptos trampean el sistema. Lo entiendo.

Pero hasta aquí está claro: el almacén está repleto. El problema no está en el suministro; el problema está en la distribución. Dios le ha dado a esta generación, nuestra generación, todo lo que necesitamos para alterar el curso del sufrimiento humano.

El problema no es la información; el problema es la diseminación. Tenemos una Biblia completa con toda la escritura necesaria para enseñar al mundo y los medios para distribuir ese mensaje verbalmente, electrónicamente y en 3-D.

El cambio tiene que comenzar en los cristianos hoy, tal y como empezó hace dos mil años con la trasformación de los apóstoles, quienes renunciaron a todo para llevar el evangelio a todas partes.

Nosotros podemos ser dos mil veces más eficaces, solo con que lo intentemos.

# 29.
¿CÓMO DEBERÍA REACCIONAR ANTE LA POBREZA? PARECE UN PROBLEMA ENORME.

Algunas personas son pobres porque son perezosas. Tienen que mover el trasero. Otros, sin embargo, son pobres porque los parásitos debilitan sus cuerpos, o pasan seis horas al día recogiendo agua, o los ejércitos rebeldes saquean sus granjas, o el sida se llevó a sus padres.

¿Le vendría bien un poco de ayuda a esa gente?

Por supuesto que sí. Así que...

*Que la iglesia actúe a favor de los pobres.* Los apóstoles lo hicieron. «Los doce convocaron a todos los creyentes a una reunión» (Hch 6.2 NBD). Reunieron a la iglesia entera. El problema de la injusticia justificaba una conversación de toda la iglesia. Los líderes querían que cada miembro supiera que esta iglesia se tomaba la pobreza en serio. La solución definitiva a la pobreza se encuentra en la compasión del pueblo de Dios. La Escritura no aboga por un comunismo forzoso, sino por una acción voluntaria guiada por el Espíritu en el pueblo de Dios.

*Que los más brillantes entre nosotros nos dirijan.* «Por lo tanto, hermanos, seleccionen de entre ustedes a siete hombre sabios, llenos del Espíritu Santo y que gocen de buena reputación, y pongámoslos al frente de este trabajo» (v. 3 NBD).

La primera reunión de iglesia acabó con el primer equipo de trabajo. Los apóstoles lanzaron a su mejor gente sobre su mayor problema. El reto lo requería. «La pobreza», como Rich Stearns, presidente de World Vision en Estados Unidos, me dijo, «*es tan compleja como la ingeniería aeroespacial*». Las soluciones simples sencillamente no existen. La mayoría de nosotros no sabemos qué hacer con la avalancha de deuda nacional, la retención de medicinas que salvan vidas, la corrupción en los puertos y el secuestro de niños. La mayoría de nosotros no sabemos qué hacer, ¡pero alguien lo sabe!

Y otra idea. *Moléstate.* Irrítate lo bastante como para responder. La ira justa haría un bien infinito. La pobreza no es la falta de caridad, sino la falta de justicia. ¿Por qué mil millones de personas se van a la cama hambrientas cada noche?[6] ¿Por qué casi treinta mil niños mueren cada día, uno cada tres segundos, de hambre y enfermedades prevenibles?[7] No es justo. ¿Por qué no hacer algo?

Nadie puede hacerlo todo, pero todos pueden hacer algo.

# 30. ¿EL ARREPENTIMIENTO OCURRE CUANDO SE CONOCE A CRISTO O AL CRECER EN CRISTO?

La respuesta es sí.

Cuando conocemos a Cristo nos apartamos de la vieja vida. Si vivimos en adulterio, salimos de él. Si defraudamos con nuestros impuestos, dejamos de hacerlo. Si presumimos de nosotros mismos, empezamos a presumir de Cristo. Todo lo que sabemos hacer lo intentamos hacer.

El problema, sin embargo, es que no sabemos todo lo que hay que hacer. Cuanto más tiempo pasamos con Jesús, más vemos lo que tiene que cambiar. El arrepentimiento se convierte en más que un evento. Se convierte en un estilo de vida.

Mi compañero de habitación en la universidad, Steve Green, era cuidadoso. No solo en el sentido de educado, sino en el sentido de no descuidado. Yo, por otro lado, tendía a ser descuidado. ¿Por qué hacer la cama si te vas a acostar por la noche?

Antes de ir a la universidad le prometí a mi madre que sería más pulcro. Y cumplí mi promesa. Me arrepentí de mis modos descuidados. Pero cuando vi cómo vivía Steve me di cuenta de que a mi arrepentimiento le quedaba un largo camino por delante. Con un vistazo a nuestra habitación se veía el contraste. En su lado de la habitación se podía comer en el suelo. En mi lado de la habitación no se podía ver el suelo.

Ahora bien, Steve era muy misericordioso. No me exigía que cambiara, sino que poco a poco me ayudó a cambiar. Cada pocos días aprendía algo nuevo. Aprendí el propósito de las perchas. La razón de los tapones en la pasta de dientes. Aprendí que la ropa interior debe llevarse una sola vez entre lavados. Nuestros cuatro años de compartir habitación fueron cuatro años de arrepentimiento regular. Entonces me traspasó a Denalyn, y ella aún está trabajando conmigo.

Lo mismo le sucede al cristiano. Cuando conoce a Cristo se arrepiente. Pero según Cristo se muda y se instala en su vida, ve lo descuidado que es. Y, con el tiempo, su lenguaje cambia. Sus hábitos cambian. Su gestión del dinero cambia. Vive un estilo de vida de arrepentimiento.

Estamos siempre limpiando nuestro comportamiento.

# Dolor

---

## Conflictos, calamidades y
## «¿Por qué a mí?»

Querida Amy:

Dios debe de amarte mucho.
Te ha confiado a Madison, una
niña especial. Ella necesitaba
una madre con un corazón
profundo y una fe sólida como
una roca. Durante el tiempo
que Madison tenga en la tierra verá a Jesús en ti. Puedes
ser Jesús en su vida. ¡Qué regalo
le puedes dar!

Que Dios les dé sanidad,
fuerza y paz.

Max

# 31.

TRABAJO EN UN HOSPITAL PARA ENFERMOS DE CÁNCER. VEO PACIENTES, ESPECIALMENTE NIÑOS, QUE ORAN TODOS LOS DÍAS PIDIENDO MILAGROS. SUFREN MUCHO. ¿QUÉ LES PUEDO DECIR?

Diles que Dios usa los sufrimientos para su gloria. Los últimos tres años de la vida de mi papá estuvieron marcados por la ELA, esclerosis lateral amiotrófica. La enfermedad lo llevó de ser un mecánico sano a ser un paralítico atado a una cama. Perdió la voz y los músculos, pero nunca perdió la fe. Los visitantes lo notaban. No tanto por lo que decía sino más bien por lo que no decía. Nunca aparentemente enfadado o amargado, Jack Lucado sufrió con dignidad.

Su fe llevó a un hombre a buscar una fe así. Después del funeral de mi papá este hombre me buscó y me lo dijo. Por el ejemplo de mi papá se convirtió en un seguidor de Jesús. ¿Organizó Dios la enfermedad de mi padre precisamente por esa razón?

Sabiendo el valor que le da a una sola alma, no me sorprendería. He imaginando el esplendor del cielo, sé que mi padre no está quejándose.

Una temporada de sufrimiento es una tarea pequeña cuando se compara con la recompensa.

# 32.

ACABO DE PASAR LA TARDE JUNTO A LA CAMA DE HOSPITAL DE UNA AMIGA QUERIDA. ACABA DE DAR A LUZ Y SU BEBÉ HA NACIDO CON UN SOLO PIE. ¿A QUÉ PROPÓSITO SIRVE ESTO? ¿CÓMO PUEDE UN DIOS BUENO PERMITIR TALES DEFORMIDADES?

Algunas épocas no tienen sentido. ¿Quién puede encontrar un lugar en el puzle de la vida para la deformidad de un niño o la inmensidad de la devastación de un terremoto? ¿Sirven tales sucesos para algún propósito?

Ayuda verlos desde una perspectiva eterna. Lo que no tiene ningún sentido en esta vida tendrá un sentido completo en la próxima. Tengo la prueba: tú en la matriz.

Sé que no recuerdas esta época prenatal, así que déjame recordarte lo que pasó. Cada día de gestación te preparó para tu vida terrenal. Tus huesos se solidificaron, tus ojos se desarrollaron, el cordón umbilical trasportaba nutrientes a tu cuerpo en crecimiento... ¿Por qué razón? ¿Para que continuaras en la matriz? Más bien al contrario. El tiempo en la matriz te preparó para el tiempo en la tierra, te adaptó para tu existencia postparto.

Algunos rasgos prenatales estaban sin estrenar antes del nacimiento. Te creció la nariz, pero no respirabas. Se desarrollaron los ojos, pero, ¿podías ver? La lengua, las uñas de los pies y la mata de pelo no tenían ninguna función en el vientre de tu madre. Pero, ¿no te alegras de tenerlos ahora?

Algunos capítulos de esta vida parecen tan innecesarios como los orificios nasales en el nonato. Sufrimiento. Soledad. Enfermedad. Holocaustos. Martirio. Si asumimos que este mundo existe solo para la felicidad previa a la tumba, estas atrocidades lo incapacitan para conseguirla. Pero, ¿y si esta tierra es la matriz? ¿Puede que estos retos, graves como son, sirvan para prepararnos, equiparnos para el mundo que vendrá? Como escribió Pablo: «Pues nuestros pequeños y pasajeros sufrimientos *producen* una gloria eterna más grande y abundante» (2 Co 4.17 NBD, cursivas mías).

# 33. Mi pastor se ofrece para visitar a los enfermos y ungirlos con aceite. A mí eso me suena a vudú. ¿Tú qué piensas?

A mí me suena a que tu pastor lee la Biblia.

> ¿Está afligido alguno entre ustedes? Que ore. ¿Está alguno de buen ánimo? Que cante alabanzas. ¿Está enfermo alguno de ustedes? Haga llamar a los ancianos de la iglesia para que oren por él y lo unjan con aceite en el nombre del Señor. La oración de fe sanará al enfermo y el Señor lo levantará. Y si ha pecado, su pecado se le perdonará. Por eso, confiésense unos a otros sus pecados, y oren unos por otros, para que sean sanados. La oración del justo es poderosa y eficaz. (Santiago 5.13–16 NVI)

Santiago visualiza una persona con necesidad de ayuda. Un cuerpo dolorido, una mente atormentada, incluso un corazón roto. ¿Su prescripción? Las oraciones, el toque y las lágrimas de un anciano. A la persona que sufre no se le dice que llame a un amigo, un diácono, un evangelista y un hacedor de milagros; se le dice que llame a un anciano. No se le dice que asista a una gira o a un seminario o a una cruzada; se le dice que busque a sus pastores espirituales. Santiago exhorta al miembro que sufre a que llame a los ancianos. Es un paso voluntario. No hay coerción. No hay persuasión. Una oveja herida llama a sus pastores y ellos vienen a orar.

Este versículo es la mención más antigua de los ancianos en la iglesia cristiana. No es casualidad que la mención más antigua de los ancianos tenga que ver con la oración. La oración es su función principal. Así como los apóstoles se entregaban intensamente a orar y enseñar la Palabra de Dios (Hch 6.4), los ancianos han de hacer lo mismo hoy. No una oración poco convincente ni una oración memorizada, sino una oración de fe. Una oración enraizada en la fe en que Dios es bueno y hará lo que es correcto.

Como parte de su tiempo con el enfermo los ancianos escuchan sus confesiones sinceras. La sanidad del alma y la del cuerpo están interrelacionadas. Santiago entendía que los culpables de muchas condiciones físicas son problemas espirituales sin resolver. ¿Cuántas camas de hospital están ocupadas por la culpa, la preocupación, la ira, el odio, el fanatismo? Muchos están enfermos no por una infección, sino por carencia del Espíritu.

¡Piensa en el poder de este momento! Un miembro dispuesto en confesión sincera se somete al rayo de unos ancianos en oración.

Mientras los ancianos oran por el enfermo lo ungen con aceite. En el Antiguo Testamento el aceite representa la presencia del Espíritu Santo. Cuando se toca a la persona con aceite ocurren dos cosas maravillosas. Primero, el poder del Espíritu Santo es buscado, y segundo, la persona enferma es tocada.

Si alguna vez has soportado una enfermedad larga conocerás la importancia del contacto humano. Si has estudiado la Biblia conocerás la preeminencia de la imposición de manos. Jesús a menudo asociaba la imposición de manos con la sanidad. Le impuso las manos al hombre en Betsaida dos veces antes de que recuperara completamente la vista (Mc 8.22–25). En la isla de Malta el apóstol Pablo les impuso las manos a los enfermos y fueron sanados (Hch 28.7–10). Jesús dijo de sus seguidores que tocarían a los enfermos y estos serían sanados (Mc 16.18).

La oración sanadora no debería ser ni ensalzada ni negada, ni alabada ni despreciada. La oración sanadora debería ser una parte normal de vivir cada día en el reino de Dios.

# 34.

ESTOY CANSADO DE ESCUCHAR A LA GENTE DESDEÑAR LOS PROBLEMAS CON EL TÓPICO «TODAS LAS COSAS SON PARA BIEN». ME PARECE CRUEL, ESPECIALMENTE CUANDO ALGUNAS PERSONAS SUFREN TRAGEDIAS TERRIBLES. ¿CREES QUE DECIR COSAS ASÍ ES CRUEL O DE AYUDA?

Te estás refiriendo a Romanos 8.28: «Y sabemos que a los que aman a Dios, todas las cosas les ayudan a bien». Y creo que es uno de los versículos que más ayudan y confortan en toda la Biblia, al anunciar la soberanía de Dios en cualquier situación dolorosa o trágica que enfrentemos.

*Dios obra.* La palabra de Pablo para esto es *sunergeo.* El verbo es el tatarabuelo del término actual *sinergia.* Pablo dice que Dios puede hacer que todas las cosas *sunergeo* para el bien. Dios es activo y creativo, mezclando el pimentón con el perejil, la fe con los errores, los triunfos con las lágrimas y las zancadas con los tropiezos. Individualmente los ingredientes pueden repeler. Pero juntos atraen. ¿Por qué?

Porque sabemos que Dios trabaja *para bien.*

Dios usa nuestras luchas para construir el carácter. Santiago apunta a lo mismo en su carta. «Hermanos míos, considérense muy dichosos cuando tengan que enfrentarse con diversas pruebas, pues ya saben que la prueba de su fe produce constancia. Y la constancia debe llevar a feliz término la obra, para que sean perfectos e íntegros, sin que les falte nada» (Stg 1.2–4 NVI).

La prueba de hoy nos lleva a la madurez de mañana. ¿No nos ha enseñado la ostra este principio? El grano de arena invade la comodidad de la concha y, ¿cómo responde la ostra? ¿Cómo lidia con la molestia? ¿Se va al bar de las ostras a tomar unas copas? ¿Se deprime y guarda silencio? ¿Va a darse un atracón de compras y a desembolsar un montón de dinero para superar el dolor? No. Despide la sustancia que no solo vence la molestia, sino que transforma la molestia en una perla. Cada perla es, sencillamente, una victoria sobre las molestias.

Entonces, ¿qué hacemos mientras? Confiamos. Confiamos totalmente y recordamos: «Dios está trabajando... Dios está trabajando para bien... Dios utiliza todas las cosas».

Cualquier versículo puede utilizarse mal, pero eso no lo convierte en inútil. Romanos 8.28 no estaba destinado a ser un tópico sin sentido, sino una de las garantías más significativas de la soberanía de Dios para los que están cansados y con el corazón roto.

# 35.

**MI JEFE TIENE LA COSTUMBRE DE HACER COMENTARIOS SARCÁSTICOS SOBRE MÍ QUE ME HACEN MUCHO DAÑO. ME GUSTA MI TRABAJO, PERO ESTA PERSONA ESTÁ DESTROZANDO MI AUTOESTIMA Y HACIÉNDOME LA VIDA MUY DIFÍCIL. ¿QUÉ PUEDO HACER?**

> Cuando le maldecían [a Jesús], no respondía con maldición; cuando padecía, no amenazaba, sino encomendaba la causa al que juzga justamente. (1 Pedro 2.23)

Jesús, después de horas de desprecios, burlas y parodias, no dijo nada. No devolvió el golpe con una bomba atómica de sarcasmo. Y se tendría que pensar que, con su maestría del lenguaje y la cantidad de inteligentes ataques verbales que había oído en su vida, podía haberles hecho decir palabrotas.

Entonces, ¿qué se supone que debemos hacer cuando el jefe nos lanza insultos?

¿Has visto lo que Jesús no hizo cuando las multitudes y los guardias lo insultaron? No contraatacó. No se los devolvió. No dijo: «¡Daré contigo!» No, estas frases no se hallaron en labios de Cristo.

¿Has visto lo que Jesús sí hizo? Oró. Se entregó «al que juzga justamente». O, dicho más simplemente, le dejó el juicio a Dios. No se encargó de la tarea de buscar venganza. No exigió una disculpa. No contrató a un cazarecompensas.

Nunca, nunca he visto un amor así. Si alguna vez alguien mereció un disparo para vengarse y tuvo el poder de causar un grave daño sobrenatural en el proceso, ese fue Jesús. Pero no invocó a los ejércitos. Invocó a la gracia. Murió por ellos.

¿Cómo pudo hacerlo? No lo sé. Pero sé que de repente mis heridas parecen indoloras. Mis rencores y resentimientos son bastante insignificantes.

Días después Jesús resucitó, victorioso, para vida eterna, mientras los burladores se despertaron aún cociéndose en sus vidas miserables: enojados, doloridos, sin ser perdonados, carentes de gracia. Al final, la verdad venció. Siempre lo hace.

## 36.

**SOY MUY IRASCIBLE Y ME ENFADO POR LAS COSAS MÁS NIMIAS. SÉ QUE ESTO CAUSA FRICCIÓN EN MIS RELACIONES Y HACE DAÑO. ¿CÓMO PUEDO SALIR DE ESTE HOYO?**

Me pregunto qué formó el Gran Cañón.

Quizá unos cuantos goteos aquí y allá. Una gotera bajo tierra o una lluvia suave en una noche tranquila. Despacio, se acumula más y más agua. Tormentas eléctricas. Relámpagos. Expresiones airadas del cielo escupiendo en el río rabioso llamado el Colorado.

Pronto este río empieza a romper la tierra, comiéndosela, erosionando su pasado. Arañando y rasgando. Esta corriente, inocente una vez, ahora está llena de poder y propósito. Al pasar los años la grieta está excavada.

Nuestra ira se construye como el Colorado. Despacio, despacio, las cosas pequeñas gotean, gotean, gotean, fastidiando, irritando, finalmente encolerizando.

¡Eso era mío! Una gota.

¡Apártate de mi camino! Una gota.

¡Siempre haces eso! Una gota.

¡Por qué no puedo conseguir algo por una vez! Una gota.

¡No me digas lo que tengo que hacer! Una gota.

La presión y la acumulación explotan, desatando un frenesí de ira, derramándose en nuestras palabras, arrastrando a nuestros seres queridos, nuestros hogares y nuestra paz.

No esperes hasta tener una boca de incendios a punto de reventar. Ve por los pequeños goteos. Trata cada pequeño fastidio con perdón y oración. Despacio la presión se relaja y el indicador baja de diez a cuatro, a tres, después a dos y uno.

Hazlo antes de que tu ira cave un cañón en tu vida... contigo en un lado y todos tus conocidos en el otro.

# 37.

TENGO MIEDO A DISFRUTAR DE LA VIDA Y A PROBAR COSAS NUEVAS; SIENTO QUE SE RÍEN DE MÍ. TAMBIÉN TENGO MIEDO DE IR A SITIOS PORQUE ME PREOCUPA TENER UN ACCIDENTE. ASÍ QUE PASO EL TIEMPO EN MI CASA, EN MI PEQUEÑO PUEBLO, Y NUNCA ME AVENTURO DEMASIADO LEJOS DE MI ZONA DE CONFORT. REALMENTE NO QUIERO VIVIR ASÍ.

En mi libro *Sin temor* escribí:

> Cuando el temor moldea nuestras vidas la seguridad se convierte en nuestro dios. Cuando la seguridad se convierte en nuestro dios adoramos la vida libre de riesgos. ¿Puede el amante seguro hacer algo grande? ¿Puede el que tiene aversión al riesgo realizar actos nobles? ¿Por Dios? ¿Por los demás? No. El temeroso no puede amar profundamente. El amor es arriesgado. No puede darle a los pobres. La benevolencia no tiene garantía de devolución. El temeroso no puede tener grandes sueños. ¿Y si sus sueños explotan y se caen de las nubes? La adoración de la seguridad anula la grandeza. Con razón Jesús presentó tal batalla contra el temor.

Los evangelios se enfrentan al miedo cara a cara. ¿El consenso? No tengas miedo.

¿Miedo a la muerte y a los poderes satánicos que operan? «No teman a los que matan el cuerpo pero no pueden matar el alma» (Mt 10.28 NVI).

¿Miedo a que Dios te llame a una vida completamente nueva? «No tengas miedo, María; Dios te ha concedido su favor» (Lc 1.30 NVI).

¿Miedo al mundo? «La paz les dejo; mi paz les doy. Yo no se la doy a ustedes como la da el mundo. No se angustien ni se acobarden» (Jn 14.27 NVI).

¿Miedo a perder el trabajo, a una ejecución hipotecaria, a la bancarrota? «No tengan miedo, mi rebaño pequeño, porque es la buena voluntad del Padre darles el reino» (Lc 12.32 NVI).

¿Miedo a lo que la gente dice a tus espaldas? «Así que no les tengan miedo; porque no hay nada encubierto que no llegue a revelarse, ni nada escondido que no llegue a conocerse» (Mt 10.26 NVI).

¿Miedo a que Jesús te haya dejado? «Dios ha dicho: "Nunca te dejaré; jamás te abandonaré"». (Heb 13.5 NVI)

La meta principal del miedo es mantenerte alejado del plan de Dios para tu vida, así que no permitas que gane.

Si algo debe ser temido, es el miedo mismo.

# 38.
MI JEFE ME PROMETIÓ UN ASCENSO CADA VEZ QUE NECESITABA QUE TRABAJASE HORAS EXTRA. HE TRABAJADO SESENTA HORAS SEMANALES DURANTE AÑOS. PERO CUANDO SURGIÓ UN BUEN ASCENSO (ADIVINA) ME PASÓ POR ALTO PARA DÁRSELO A UNA PERSONA NUEVA EN LA EMPRESA. TENGO QUE SEGUIR TRABAJANDO CON ESTE JEFE, PERO EL RESENTIMIENTO HACE MUY DIFÍCIL PARA MÍ INCLUSO EL SER EDUCADO CON ÉL.

El jefe que prometió ascensos se ha olvidado de ti. Y estás dolido.

Una parte de ti está rota y la otra parte está amargada. Una parte de ti quiere llorar y una parte de ti quiere luchar. Las lágrimas que derramas están calientes porque salen de tu corazón, donde hay un fuego que arde. Es el fuego de la ira. Está ardiendo. Está consumiendo. Sus llamas brincan bajo un humeante caldero de venganza.

Y enfrentas una decisión. «¿Apago el fuego o lo avivo? ¿Paso página o ajusto las cuentas? ¿Lo dejo pasar o me lo guardo? ¿Dejo que mis heridas sanen o dejo que la herida se convierta en odio?»

Esa es una buena definición de resentimiento: resentimiento es cuando dejas que tu herida se convierta en odio. Resentimiento es cuando permites que lo que te come por dentro te coma del todo. Resentimiento es cuando atizas, echas leña, alimentas y avivas el fuego, agitando las llamas y reavivando el dolor.

La venganza es el fuego arrasador que consume al pirómano. La amargura es la trampa que atrapa al cazador.

Y la misericordia es la elección que puede liberarlos a todos.

«Bienaventurados los misericordiosos», dijo Jesús en la montaña. Los que son misericordiosos con los demás son los verdaderamente bienaventurados. ¿Por qué? Jesús respondió a la pregunta: «Porque alcanzarán misericordia» (Mt 5.7 RVR1995).

Los misericordiosos, dice Jesús, alcanzarán misericordia. Son testigos de la gracia. Son bienaventurados porque son testimonios de una bondad mayor. Perdonar a otros nos permite ver cómo Dios nos ha perdonado. La dinámica de dar gracia es la clave para entender la gracia, porque es al perdonar a otros cuando empezamos a sentir lo que Dios siente.

Como Dios te ha perdonado más de lo que jamás se te pedirá que perdones a otro, deja a tu enemigo, y a ti mismo, en libertad.

# 39.

Mi ex esposa y yo tenemos la custodia compartida de nuestros hijos. Ella les dice continuamente cosas negativas sobre mí a nuestros hijos y parece que intenta destruir mi relación con ellos. Quiero mantener una relación positiva con ella por el bien de nuestros hijos, pero es muy difícil continuar perdonándola.

Perdonamos a los que nos ofenden una vez. Dejamos pasar a los que nos quitan la plaza de aparcamiento, a los que faltan a las citas, incluso a los carteristas.

Podemos pasar de largo ante las faltas menores, ¿pero los delitos graves? ¿Los infractores reincidentes?

La venganza enfoca tu atención en los momentos más desagradables de la vida. Ajustar las cuentas te congela la mirada sobre hechos crueles de tu pasado. ¿Es ahí donde quieres mirar? ¿Repasar y revivir el pasado te hará mejor persona? De ninguna manera. Te destruirá.

Tus enemigos aún están en el plan de Dios. Su pulso es una prueba: Dios no los ha dado por perdidos. Puede que estén fuera de la voluntad de Dios, pero no fuera de su alcance. Honras a Dios cuando los ves no como sus errores, sino como sus proyectos.

Dios ocupa el único asiento en la corte suprema del cielo. Lleva la toga y se niega a compartir el mazo. Por esta razón Pablo escribió: «No tomen venganza ustedes mismos, sino dejen que Dios sea quien castigue; porque la Escritura dice: "A mí me corresponde hacer justicia; yo pagaré, dice el Señor"» (Ro 12.19 DHH).

La venganza deja a Dios de lado. Los vigilantes desplazan y reemplazan a Dios. «No estoy seguro de que puedas manejarlo, Señor. Puede que castigues demasiado poco o demasiado despacio. Pondré este tema en mis propias manos, gracias».

Solo Dios establece juicios exactos. Nosotros imponemos castigos demasiado leves o demasiados severos. Dios administra una justicia perfecta. La venganza es tarea suya. Deja a tus enemigos en manos de Dios. No estás aprobando su mal comportamiento al hacerlo. Puedes odiar lo que ha hecho alguien sin dejar que el odio te consuma. Perdonar no es excusar.

Tienes la oportunidad de enseñarle a tus hijos, durante vuestro limitado tiempo juntos, una valiosa lección sobre el perdón. La venganza y las represalias no son suyas. Modela para tus hijos la misma actitud que Jesús mostró en su vida y en la cruz.

# 40.
UNA AMIGA MÍA CRISTIANA TIENDE A SER GROSERA CON LA GENTE DEL SECTOR SERVICIOS CON SUS COMENTARIOS Y ACCIONES. ME OFENDE Y ME AVERGÜENZO DE SU COMPORTAMIENTO. ¿ESTÁ MAL QUE ME MOLESTE?

Vemos a Jesús comer fuera unas cuantas veces en la Biblia. ¿Qué hacía él?

En la alimentación de los cuatro y de los cinco mil Jesús hizo de chef y les pidió a los discípulos que fueran camareros (Mt 15.29–38; 14.13–21).

Al tomar la comunión con los apóstoles en la Pascua, hizo de anfitrión y les lavó los pies. El anfitrión se convirtió en el siervo (Jn 13.1–17).

Mientras Jesús comía con los fariseos una mujer con un pasado pecaminoso lo ungió con un aceite de valor incalculable. Jesús le permitió amablemente interrumpir su comida y adorarlo (Lc 7.36–38).

Jesús fue grosero solo con un grupo de gente mientras comía: los fariseos, que le estropearon la comida con su desagradable trato a los demás (Lc 7.39–50).

Entonces, ¿qué le ofrecería Jesús a un camarero?

*Ánimo* para ayudarle a soportar las luchas de su trabajo.

*Perdón* a pesar de los pedidos equivocados y la cuchara sucia.

*Eternidad* con una palabra dicha o una invitación a oír más.

*Gracias* comunicadas claramente a través de una propina de entre el quince y el veinte por ciento.

Jesús comprendía lo que significaba ser un siervo y seguro que serviría a los siervos con amabilidad y respeto.

# 41.

ABUSARON SEXUALMENTE DE MÍ CUANDO ERA NIÑO Y HE INTENTADO SINCERAMENTE PERDONAR A ESTA PERSONA. PERO SIGO SUFRIENDO LOS EFECTOS DEL ABUSO, TANTO MENTAL COMO FÍSICAMENTE, ASÍ QUE EL DOLOR Y LA ANGUSTIA ME MANTIENEN EN UN CICLO DE LOCURA. UN DÍA SIENTO QUE PUEDO PERDONAR Y AL SIGUIENTE SIENTO QUE NO PUEDO.

Tu dolor es real. Ninguna perorata de tarjeta de felicitación va a resolver todos tus problemas. Pero quédate conmigo un momento mientras te sugiero un cambio de perspectiva.

La gente herida hiere a la gente. La persona que abusó de ti sexualmente lo hizo porque fue herida en algún momento. Esa persona se negó a perdonar a su abusador y decidió descargar sus agresiones sobre ti.

El perdón rompe la cadena de abusos. El perdón resuelve el pasado y protege el futuro.

Sin él estás condenado a continuar con el abuso. No necesariamente sexual, sino a través de la ira o de la falta de compromiso en las relaciones. En algún lugar, en algún momento, con alguna víctima involuntaria, la herida sale inesperadamente de la caja y destruye a la otra parte.

Jesús perdona a la gente en el pasado, el presente y el futuro. Imagino perdonar una herida que ni siquiera te han hecho aún. No tienes razones para odiar a alguien, pero lo perdonas antes de que te dé una. Una persona no se arrepiente de algo que no ha hecho aún, pero Jesús ya le ha perdonado.

Antes de que quedes atrapado en el ciclo de locura del dolor y la falta de perdón, intenta apartar tu mirada de aquel que te hirió y pon tus ojos en Aquel que te ha salvado.

Todos necesitamos perdón. Especialmente la persona que te hirió.

# 42.

YO CREÍA EN EL PERDÓN HASTA QUE NUESTRO EX YERNO LE ROMPIÓ EL CORAZÓN A NUESTRA HIJA. LE FUE INFIEL, LA ABANDONÓ, Y AHORA ESTÁ SOLICITANDO LA CUSTODIA DE NUESTRO NIETO. ¿PERDÓN? NO ES PROBABLE.

Hace tiempo estaba hablando sobre la ira en un encuentro de hombres. Describí el resentimiento como una prisión y expliqué que cuando metemos algo en nuestra celda de odio nos quedamos atrapados vigilando la puerta. Después del mensaje un hombre se presentó como un ex presidiario. Describió cómo el guardia de la puerta de la prisión está aún más confinado que un prisionero. El guardia pasa el día en una caseta de un metro por uno y medio. El prisionero tiene una celda de tres por cuatro metros. El guardia no se puede ir; el prisionero puede darse una vuelta. El prisionero se puede relajar, pero el guardia tiene que estar constantemente alerta. Puedes objetar y decir: «Sí, pero el guardia de la prisión se puede ir a casa por la noche». Cierto, pero el guardia de la prisión del resentimiento no.

Si vas a ajustar las cuentas, nunca descansarás. ¿Cómo podrías hacerlo? Por un lado, puede que tu deudor nunca pague. Por más que creas que mereces una disculpa puede que tu enemigo no esté de acuerdo. Puede que el racista nunca se arrepienta. Puede que el machista nunca cambie. Por justificado que estés en tu búsqueda de venganza, puede que nunca consigas ni un gramo de justicia. Y si consigues algo de justicia, ¿será suficiente?

Pensemos bien en esto. ¿Cuánta justicia es suficiente? Visualiza a tu enemigo un momento. Visualízalo atado al poste de los latigazos. El fornido hombre del látigo se vuelve hacia ti y pregunta: «¿Cuántos azotes?» Y le das un número. El látigo cruje y la sangre fluye, y el castigo es infligido. Tu enemigo se desploma en el suelo y tú te alejas caminando.

¿Estás contento ahora? ¿Te sientes mejor? ¿Tienes paz? Quizá durante un tiempo, pero pronto otro recuerdo saldrá a la luz, y se necesitará otro azote, y... ¿Cuándo acabará todo esto?

Acaba cuando empezamos a perdonar.

# 43. ¿Está bien que despida a un trabajador improductivo? Soy cristiano, pero también soy supervisor. ¿Cómo puedo mostrarle amor a un empleado perezoso?

Cuando miramos el amor de Cristo hacemos un maravilloso descubrimiento. El amor es más una decisión que una emoción. ¿No se te pone la piel de gallina ni tienes sentimientos dulces cuando ves a tu empleado? ¡Tampoco Cristo! De hecho, había momentos en los que sentía de todo menos la piel de gallina. Hubo al menos una vez en la que preguntó: «¿Hasta cuándo tendré que soportarlos?» (Mc 9.19 NVI)

Amar como Cristo amó no es una cuestión de emoción, sino una cuestión de determinación de hacer lo que sea mejor por el bien de la persona.

Eso puede significar aplaudir el buen comportamiento. Jesús aplaudió la fe del centurión y el sacrificio de la mujer con el frasco de alabastro (Mt 8.5–10; 26.6–13). Un amor como el de Cristo aplaude el buen comportamiento.

Al mismo tiempo, un amor como el de Cristo rehúsa aprobar el mal comportamiento. Jesús amaba a la mujer sorprendida en adulterio, pero no desestimó su pecado (Jn 8.2–11). Jesús amaba a sus discípulos, pero no se calló cuando les faltó la fe (Mt 8.23–26). Jesús amaba a la gente del templo, pero no guardó silencio cuando fueron hipócritas (Jn 2.14–16). El amor hace lo que sea mejor por el bien de una persona.

El adolescente le dice a sus padres: «Si me amaran me dejarían regresar tan tarde como quisiera». Eso es mentira. El amor hace lo que sea mejor por el bien de una persona. El amor establece toques de queda.

El marido infiel le dice a su mujer: «Si me amaras, perdonarías lo que ha pasado y me dejarías volver a casa». Puede que no sea cierto. El amor hace lo que sea mejor por el bien de la persona. El amor pone límites y busca consejo.

La persona necesitada dice: «Si la iglesia me amara pagaría todas mis facturas». Puede que no sea cierto. Puede que sea más amoroso proveer de un trabajo para esa persona que darle dinero.

El amor de Cristo no es un dulce sentimiento, sino una sentida determinación a hacer lo que sea mejor por el bien de otra persona. Algunas veces eso significa limpiar un templo. Otras veces significa morir en una cruz.

# 44.

ACABO DE DESCUBRIR ALGUNAS COSAS SOBRE UN AMIGO. HA ESTADO HACIENDO COMENTARIOS MALOS SOBRE MÍ A OTROS. ESTOY INTENTANDO PERDONARLE, PERO NO ES FÁCIL.

Una vez hubo una persona en nuestro mundo que nos causó a Denalyn y a mí mucho estrés. Llamaba en mitad de la noche. Era exigente e inflexible. Nos gritaba en público. Cuando quería algo, lo quería inmediatamente, y lo quería exclusivamente de nosotros.

Pero nunca le pedimos que nos dejara en paz. Nunca le dijimos que fuera a molestar a otro. Nunca intentamos ponernos a su nivel.

Después de todo, solo tenía unos meses de edad.

Era fácil para nosotros perdonar a nuestra pequeña hija porque sabíamos que no sabía hacerlo mejor.

Cierto, hay un abismo entre un niño inocente y un destructor deliberado. Pero mi historia sigue teniendo un sentido: la forma de manejar el comportamiento de una persona es entender su causa. Una forma de tratar con las peculiaridades de la gente es intentar comprender por qué son peculiares.

Jesús sabía que Judas había sido tentado por un enemigo poderoso. Estaba al tanto de las tretas de los susurros de Satanás (él mismo los había oído). Sabía lo difícil que era para Judas hacer lo que era correcto.

No justificó lo que hizo Judas. No minimizó el hecho. No libró a Judas de su elección. Pero miró a los ojos a su traidor e intentó comprender.

Mientras odies a tu enemigo, la puerta de una cárcel se cierra y se captura a un prisionero. Pero cuando intentas comprender y liberar al enemigo de tu odio, entonces el prisionero es liberado, y ese prisionero eres tú.

# 45.

CUANDO LA SALUD DE MI MADRE SE DETERIORÓ TUVIMOS QUE INGRESARLA EN UN GERIÁTRICO. MAMÁ HA ACEPTADO LA SITUACIÓN, PERO A MÍ ME DEPRIME TANTO QUE TENGO QUE FORZARME A IR A VISITARLA. ¿CUÁL ES MI PROBLEMA?

Durante muchos años mi madre estuvo en una residencia de ancianos no lejos de mi casa. Los primeros meses se me hizo difícil ver el color en medio de las arrugas, los andadores, las sillas de ruedas y las dentaduras postizas. Cada visita era un recordatorio deprimente de la salud deficiente y la memoria decreciente de mi madre.

Entonces empecé a descubrir la belleza de Dios entre la gente.

La lealtad de Elaine, también de ochenta y siete años, que se sentaba con mamá en el almuerzo. Le cortaba la comida a mi madre para que pudiera comérsela.

El entusiasmo inagotable de Lois, de casi ochenta años, quien, a pesar de la artritis en ambas rodillas, se ofrecía voluntaria para servir el café matutino cada día.

Al principio vi edad, enfermedad y vigor marchito. Con el tiempo vi amor, valor y entrega imperturbable.

Pídele a Dios que te muestre su trabajo. Estará encantado de hacerlo.

# 46.

En los últimos seis meses he sido el único cuidador de mi mamá durante múltiples cirugías. La intensidad física y emocional de esto me deja tan exhausto que no tengo fuerzas para orar. ¿Significa eso que estoy decepcionando a Dios o que no me ayudará en esta prueba?

Abogado tenemos para con el Padre, a Jesucristo el justo. (1 Juan 2.1)

¿Sabes que no siempre tienes que estar presente en un juicio? A veces tu abogado puede hablar por ti. Él entiende la situación cuando tú no lo haces, y él habla la jerga legal mientras que tú te trabas con las palabras.

También tienes un intercesor permanente ante el Padre. Cuando tú eres débil, él es fuerte. Cuando tú eres tímido, él habla.

Jesús comprende todas nuestras debilidades. ¡Vivió en uno de estos cuerpos cansados y destartalados! Así que puede ponerse en nuestro lugar, rogar por nosotros, cuando no podamos hablar por nosotros mismos.

También tenemos el apoyo del Espíritu Santo.

Así mismo, en nuestra debilidad el Espíritu acude a ayudarnos. No sabemos qué pedir, pero el Espíritu mismo intercede por nosotros con gemidos que no pueden expresarse con palabras. Y Dios, que examina los corazones, sabe cuál es la intención del Espíritu, porque el Espíritu intercede por los creyentes conforme a la voluntad de Dios. (Romanos 8.26–27 NVI)

¿Esos sonidos salen de tu alma cansada? ¿Indescifrables? Difícilmente. El Espíritu Santo habla el *gemidés*. Nuestros gemidos valen más que mil palabras.

«Aaaayyyyy» (Ayúdame, Señor. Sácame de esta miseria).

«Aaaaahhhh» (No sé qué hacer. El dolor es demasiado).

«Oooo00hhh» (¿Dónde están todos?).

Dios no está decepcionado porque estés tan cargado que no puedas orar. Es comprensivo y lo toma donde nosotros lo dejamos. Con Jesús como intercesor y el Espíritu Santo como compañero de oración, apuesto a que has estado orando más de lo que crees.

# 47.

**A MENUDO ME DESPIERTO EN PLENA NOCHE Y NO PUEDO VOLVER A DORMIRME. HAY TANTO QUE HACER. TANTAS COSAS QUE PODRÍAN SALIR MAL. ¿CÓMO PUEDO CALMAR MI MENTE?**

La palabra griega para *preocuparse, merimnao,* viene del verbo *merizo* (dividir) y *nous* (mente). La preocupación saja la mente, dividiendo los pensamientos entre el hoy y el mañana. El hoy no puede luchar contra eso. Inquietarse por los problemas de mañana desvía la fuerza que necesitas para hoy, y te deja anémico y débil.

Cuando no puedas dormir no cuentes ovejitas, lee la Escritura. Distingue la voz de Dios de la voz del miedo.

La preocupación echa un vistazo a las catástrofes y gime: «¡Todo se está desmoronando!»

Dios dice: «A los que aman a Dios, todas las cosas los ayudan a bien» (Ro 8.28 RVR1995).

La preocupación afirma: «El mundo se ha vuelto loco».

La Palabra de Dios está en desacuerdo: «[Jesús] todo lo hace bien» (Mc 7.37 NVI).

La preocupación se pregunta si alguien tiene el control.

La Palabra de Dios dice que Dios es «el único que gobierna sobre todos» (1 Ti 6.15 TLA).

La preocupación susurra esta mentira: «Dios no sabe lo que necesito».

La Palabra de Dios declara: «Dios les proveerá de todo lo que necesiten» (Fil 4.19 NVI).

La preocupación nunca duerme.

Los hijos de Dios sí.

# 48. Mi ansiedad está afectando mi salud, familia y trabajo. ¿A quién acudo?

Te animo a compartir tus temores con los demás. Abre las cortinas. Expón tus temores, todos y cada uno. Como los vampiros, no pueden soportar la luz del sol. Temores económicos, temores afectivos, temores profesionales, temores de seguridad: hazlos venir en oración. Arrástralos afuera con la mano de tu mente y hazlos permanecer delante de Dios, ¡y deja que se lleven su merecido!

Jesús hizo públicos sus temores. «Ofreció oraciones y súplicas con fuerte clamor y lágrimas al que podía salvarlo de la muerte» (Heb 5.7 NVI). Oró lo bastante alto como para ser oído y escrito, y suplicó a su comunidad de amigos que oraran con él.

Su oración en el huerto de Getsemaní se convierte, para los cristianos, en una imagen de la iglesia en acción, un lugar donde los temores pueden ser verbalizados, pronunciados, desnudados y denunciados; una huida de la oscuridad sin palabras de los miedos reprimidos. Una iglesia sana es a donde nuestros temores van a morir. Los atravesamos con la Escritura, con salmos de celebración y lamento. Los derretimos a la luz de la confesión. Los extinguimos con la catarata de la alabanza, decidiendo mirar a Dios, no a nuestros terrores.

Verbaliza tu angustia ante un círculo de seguidores de Dios en quienes confíes. Lo importante (y la buena noticia) es esto: no tienes que vivir solo con tu miedo.

# 49.

MI HERMANO HA ESTADO DEPRIMIDO DURANTE SEMANAS.
PERDIÓ EL TRABAJO Y, APARENTEMENTE, SU MOTIVACIÓN.
¿QUÉ ESTÁ PASANDO?

La Biblia habla de los tiempos en el desierto. Puede que tu hermano esté enfrentando uno de ellos. Jesús lo hizo.

Jesús estuvo en el «desierto por cuarenta días, y era tentado por el diablo» (Lc 4.1–2 RVR1995). Jesús pasó un mes y diez días a tortas con Satanás. El desierto es un invierno largo y solitario.

Doctor tras doctor. Currículo tras currículo. Pañal tras pañal. Antidepresivo tras antidepresivo. Pena tras pena. El calendario se ha atascado en febrero, y tú estás atascado en Dakota del Sur, y ni siquiera puedes recordar a qué huele la primavera.

En el desierto se piensa lo impensable. Jesús lo hizo. Posibilidades descabelladas le pasaron por la mente. ¿Formar equipo con Satanás? ¿Optar por ser un dictador y no un Salvador? ¿Quemar la tierra y empezar de nuevo en Plutón? No sabemos lo que pensó. Solo sabemos esto: fue tentado. Y «uno es tentado cuando sus propios malos deseos lo arrastran y seducen» (Stg 1.14 NVI). La tentación te arrastra y te seduce. Lo que era inimaginable antes del desierto se vuelve posible en él. Un matrimonio difícil puede hacer que un hombre bueno mire dos veces a la mujer equivocada. La enfermedad prolongada hace que incluso el alma más firme considere el suicidio. El estrés hace que la discoteca más llena de humo huela bien. En el desierto se piensa lo impensable.

Por esa razón el desierto es la sala de maternidad de las adicciones. Atracones de comida, apuestas destroza-presupuestos, bebida en exceso, pornografía, todo tipo de soluciones a corto plazo a problemas profundamente enraizados. Normalmente no tienen atractivo, pero en el desierto se piensa lo impensable.

Exhorta a tu hermano a que se apoye en la Escritura. Duda de las dudas antes de dudar de las creencias. Jesús le dijo a Satanás: «No solo de pan vivirá el hombre, sino de toda palabra que sale de la boca de Dios» (Mt 4.4). El verbo *sale* significa literalmente «vertiendo». Ese tiempo verbal sugiere que Dios está comunicándose constante y enérgicamente con el mundo a través de su Palabra. ¡Guau! ¡Dios está hablando aún!

El tiempo de tu hermano en el desierto pasará. El de Jesús pasó. «El diablo lo dejó, y unos ángeles acudieron a servirle» (v. 11 NVI).

# 50.

HE INTENTADO HACERME AMIGO DE UN CHICO NUEVO EN NUESTRA ESCUELA. ES DE OTRA CULTURA Y LA MAYORÍA DE LOS CHICOS DE LA ESCUELA LO TRATAN COMO BASURA. AHORA SE BURLAN DE MÍ POR SER AMIGO SUYO. ESO ME DUELE MUCHO, PERO SIENTO PENA POR ÉL. SOY SU ÚNICO AMIGO AHORA MISMO. ¿QUÉ DEBO HACER?

Los judíos y los griegos estaban lo más alejados que se puede estar en lo filosófico y lo religioso. Los judíos creían en un Dios, una verdad, una Escritura. Perseguían la pureza y la rectitud. Los griegos creían en muchos dioses, muchas verdades y muchos escritos de sabiduría. Vivían sensualmente: si te hacía sentir bien debía de estar bien.

Los dos grupos se miraban mutuamente con desprecio. Se menospreciaban. Nunca almorzaban juntos.

Entonces llegó el cristianismo y un hombre llamado Pablo, quien trató de alcanzar ambas partes y reconciliarlas a través de su ministerio.

> Porque por un solo Espíritu fuimos todos bautizados en un cuerpo, tanto judíos como griegos, tanto esclavos como libres; y a todos se nos dio a beber de un mismo Espíritu. (1 Corintios 12.13 RVR1995)

> Ya no hay judío ni griego; no hay esclavo ni libre; no hay hombre ni mujer, porque todos vosotros sois uno en Cristo Jesús. (Gálatas 3.28 RVR1995)

> Donde no hay griego ni judío, circuncisión ni incircuncisión, bárbaro ni escita, siervo ni libre, sino que Cristo es el todo, y en todos. (Colosenses 3.11)

La causa del prejuicio es la ignorancia. La gente no entiende, así que ataca y divide.

Cuando quitamos el color de la piel, el atuendo cultural y el acento, nos damos cuenta de que todos somos iguales.

Todos queremos ser amados.

Todos queremos sobrevivir.

Yo seguiría siendo amigo del chico nuevo sin importar lo que digan. El chico nuevo es un desconocido, pero tú lo estás haciendo conocido. Las primeras bromas siempre molestan, pero con el tiempo el prejuicio se desvanece, los chistes se hacen viejos, y la gente ve que su burla no hará ninguna diferencia. Otros miran solo la superficie y ven diferencias. Tú, obviamente, miras más profundamente a este amigo y ves parecidos.

El cielo no está dividido en barrios. Los judíos por aquí. Los griegos aquí. Los iraníes por allí. Los peruanos en el medio. De hecho, cuando se mencionan los colores del cielo, siempre se expresan como un arcoíris (Ap 4.3; 10.1).

Deberíamos integrarnos unos con otros aquí en la tierra porque será así en el cielo... donde nadie come solo.

# 51.

SOY CRISTIANO RECIÉN CONVERTIDO. A LO LARGO DE LOS AÑOS HE ADQUIRIDO UN MONTÓN DE MALOS HÁBITOS. ¿CÓMO PUEDO LIBRARME DE ELLOS AHORA?

Adquiriendo algunos buenos. Aquí hay cuatro para empezar:

Primero, el hábito de la oración: «Alégrense en la esperanza, muestren paciencia en el sufrimiento, *perseveren* en la oración» (Ro 12.12 NVI, cursivas mías). La postura, el tono y el lugar son cuestiones personales. Elige la forma que te funcione. Pero no pienses demasiado en ello. Mejor orar de forma extraña que de ninguna forma.

Segundo, el hábito del estudio: «Quien se fija atentamente en la ley perfecta que da libertad, y *persevera* en ella, no olvidando lo que ha oído sino haciéndolo, recibirá bendición al practicarla» (Stg 1.25 NVI, cursivas mías).

Tercero, el hábito de dar: «*Cada domingo*, cada uno de ustedes debe apartar y guardar algo de dinero, según lo que haya ganado» (1 Co 16.2 TLA, cursivas mías). No das por el bien de Dios. Das por tu bien. «El propósito de los diezmos es que aprendas a poner a Dios siempre en el primer lugar de tu vida» (Dt 14.23 NBD).

Y por último, el hábito de la comunión: «No dejemos de congregarnos, como *acostumbran* hacerlo algunos, sino animémonos unos a otros» (Heb 10.25 NVI, cursivas mías). Necesitas apoyo. Necesitas lo que la Biblia llama *comunión*. Y lo necesitas cada semana.

Cuatro hábitos que vale la pena tener. ¿No es bueno saber que algunos hábitos son buenos para ti?

# 52.

¿POR QUÉ LAS MUJERES DECIDEN ABORTAR?
SENCILLAMENTE NO PUEDO ENTENDER CÓMO PUEDEN
ACEPTAR MATAR A SU HIJO NO NACIDO. ME PARECE MUY INHUMANO.

Sería difícil conocer y resumir todas las razones por las que las mujeres deciden abortar, pero creo que la mayoría se pueden encontrar en unas pocas áreas.

*Los accidentes ocurren.* Una mujer ve el embarazo como un error. No es el momento adecuado. No es el padre adecuado.

*Diagnóstico clínico.* El feto se describe en términos médicos, no en términos humanos. Ven al niño como simples células, no como un ser humano.

*Derecho legal.* La ley dice que podemos, así que lo hacemos. Ya que el aborto no está penalizado como asesinato, debe ser admisible.

*Prioridades egoístas.* Los sueños y planes para el futuro de la mujer (y/o del hombre) no incluyen un hijo. Sobrevive el más fuerte.

*Preocupaciones de salud.* A la madre o al bebé le diagnostican problemas físicos.

No podemos sobrestimar la dificultad de esta decisión. Como hombre no pretendo entender el peso o la carga de un embarazo no deseado. Al mismo tiempo, no podemos sobrestimar el valor inherente de un ser humano y la soberanía de Dios. Salvo en los casos en los que el aborto salva la vida de la madre, debemos proteger al niño.

Y en todas las situaciones debemos brindar misericordia. Muchas mujeres que escogen el aborto están perdidas, asustadas, humilladas, atormentadas por la culpa, enfadadas consigo mismas y solas. En algunos casos fueron violadas o deshonradas. No necesitan más condenación, solo esclarecimiento y compasión.

Busca maneras de ser una fuente de bondad. Dios está en el negocio de convertir nuestros errores en momentos de gracia.

# 53.

¿QUÉ PASA SI LA TEMPERATURA GLOBAL SUBE UNOS GRADOS MÁS? ¿QUÉ PASA SI UN TERRORISTA SE SUBE AL AVIÓN EN EL QUE YO VIAJO? ¿QUÉ PASA SI LAS COSAS SOLO VAN A PEOR EN EL MUNDO? ¿CÓMO PUEDO VER TODAS ESTAS MALAS NOTICIAS EN SU VERDADERA DIMENSIÓN?

El paraíso no está prometido hasta que Jesús regrese. La paz, el gozo y la ausencia de dolor son promesas para el futuro, no el presente. El pecado es todavía una epidemia. Pero la cura está a punto de llegar.

Recuerda que *Cristo predijo las malas noticias*. Cristo nos previno sobre las deserciones espirituales, el torbellino ecológico y la persecución mundial. Nos dijo que las cosas iban a ponerse mal, realmente mal, antes de ponerse mejor. Y cuando las condiciones empeoren «procuren no alarmarse» (Mt 24.6 NVI). Jesús eligió un término fuerte para *alarmarse* que no usó en ninguna otra ocasión. Significa «gemir, llorar en voz alta», como si Jesús aconsejara a los discípulos: «No pierdan los estribos cuando pasen cosas malas».

El único momento en el que deberíamos asustarnos es cuando algo sorprenda a Dios. Si algo toma por sorpresa a Dios, estamos perdidos. Como Dios sabe todas las cosas, estamos calmados.

*Si Cristo puede predecir el problema, puede resolverlo.* El mismo Dios que tiene el poder de la omnisciencia (saber todo en todo momento) también tiene el poder de la omnipresencia (estar presente en todas partes) y la omnipotencia (tener todo el poder). Ese trío trinitario perfecto es imparable. Todos los problemas son demasiado pequeños bajo la sombra de Dios.

Consuélate; *este es el comienzo del fin y el comienzo del nuevo comienzo.* En Mateo 24.8 Jesús llama a estos retos dolores de parto. Los dolores de parto tienen que ocurrir antes de un nuevo nacimiento. Durante este tiempo la madre se mantiene enfocada en el resultado final, el momento en el que pueda abrazar a ese hermoso bebé en sus brazos. Sabe que los dolores de parto no duran eternamente y señalan un nuevo comienzo en su vida. Las calamidades y las catástrofes son los dolores terrenales que tienen que ocurrir antes del nacimiento del nuevo mundo. Aguanta. Aprieta los dientes. El próximo empujón podría ser el último.

# 54.
CUANDO LAS ORACIONES NO SON CONTESTADAS Y LAS
CALAMIDADES SUCEDEN, ¿ESTÁ DIOS DE BRAZOS CRUZADOS?
¿POR QUÉ OPTA DIOS A VECES POR EL SILENCIO INCLUSO CUANDO
GRITO LO MÁS ALTO QUE PUEDO?

Tu pregunta propone dos respuestas de Dios en tiempos difíciles:

*Dios no puede hacerlo.*

*Dios no va a hacerlo.*

¿Puede Dios hacer cualquier cosa ante los desastres y las calamidades? El libro de Daniel afirma: «Hace lo que le parece mejor tanto en el cielo como entre los habitantes de la tierra. Nadie puede oponerse a su poder» (4.35 NBD).

La Biblia afirma claramente que Dios puede. Como escribió Pablo: «Dios es el único que gobierna sobre todos; Dios es el más grande de los reyes y el más poderoso de los gobernantes» (1 Ti 6.15 TLA).

Jesús también puede. «El Hijo [...] sostiene todas las cosas con su palabra poderosa» (Heb 1.3 NVI). Dios lo hizo todo. Tiene los manuales de instrucciones de todas las cosas. Sabe cómo funcionan todas. Dios es ilimitado en su poder.

Puede responder, y puedes confiar en su fuerza.

Ahora sí, ¿hará Dios cualquier cosa cuando necesitemos que la haga? Una cuestión más espinosa. No puedo responderla. Sería Dios. Esa respuesta debe confiar en su amor y sabiduría. Dios rescata a aquellos a los que desea rescatar. Sana a aquellos a los que quiere sanar. «Te he probado en el horno de la aflicción. Y lo he hecho por mí, por mí mismo» (Is 48.10–11 NVI).

Puede que responda, y debes confiar en su soberanía.

A veces el silencio de Dios puede ser la mejor respuesta. Cuando le gritas a Dios, ¿de verdad quieres que te devuelva los gritos? Las montañas tiemblan ante el Señor. Cuando alguien me grita creo que la mejor respuesta es el silencio. La paz engendra paz. La ira genera ira. Alégrate de que Dios guarde silencio en momentos como ese.

Así que recuerda siempre:

Dios puede hacerlo, y la voluntad de Dios *será* cumplida.

# 55.

DIARIAMENTE SE NOS BOMBARDEA CON TITULARES DE LOS PEORES CASOS POSIBLES DE ENFERMEDADES, TERRORISMO O COLAPSO ECONÓMICO. SON PREOCUPACIONES MUY REALES. PERO NO PODEMOS ESTAR TODO EL DÍA ESCONDIÉNDONOS DE LA VIDA. ¿QUÉ CLASE DE CONSEJO NOS DARÍAS?

Evitemos los dos extremos.

Un extremo es el Pollito Pito que corre por ahí diciendo: «El cielo se va a caer, el cielo se va a caer». Eso se llama pánico.

El otro extremo es Pollyanna. Pollyanna es quien dice: «Oh, no pasa nada malo, no pasa nada malo. No es malo. Todo va bien». Eso se llama ignorancia.

A veces este mundo apesta. Hay cáncer y muerte en este mundo. Hay tristeza en este mundo. Hay huérfanos en este mundo. Hay hambre en este mundo. Y a veces orarás por cosas, y la oración no será contestada de la forma que deseas. ¡Es difícil ser Pollyanna cuando el cielo se está cayendo!

Pero en algún punto entre el Pollito Pito y Pollyanna están los sobrios y honestos discípulos de Cristo que no pierden los estribos ante la presencia de problemas. Que no pierden la fe cuando vienen los problemas. Saben que todos esos problemas son el desarrollo natural de las cosas.

Porque al final todos los creyentes brincarán rumbo a las alturas, al abrazo del cielo, donde nunca más ocurrirá nada malo.

# 56.

Si Dios cuida de su pueblo, ¿por qué sufren los cristianos persecución y violencia? Parece contradictorio.

Realmente quiero encontrar ese versículo en la Biblia que promete nada de persecución y violencia hacia los cristianos. Quiero reclamarlo y ponérselo delante a Dios para que los cristianos nunca vuelvan a morir por su fe.

Por desgracia, no puedo encontrarlo. Encuentro justamente lo contrario. Hebreos 11, la breve biografía en la Biblia de los mejores entre los mejores de Dios, es duro de leer: «Otros fueron atormentados, no aceptando el rescate, a fin de obtener mejor resurrección. Otros experimentaron vituperios y azotes, y a más de esto prisiones y cárceles. Fueron apedreados, aserrados, puestos a prueba, muertos a filo de espada; anduvieron de acá para allá cubiertos de pieles de ovejas y de cabras, pobres, angustiados, maltratados» (vv. 35–37). Así es como Dios trata a sus amigos.

Jesús envió a los Doce a un avivamiento por todo Israel, prometiendo sanidades y milagros... ah, y persecución. En Mateo 10 (NVI), Jesús, en uno de los discursos motivadores más desalentadores, dijo: «Tengan cuidado con la gente; los entregarán a los tribunales y los azotarán en las sinagogas» (v. 17), «cuando los arresten» (v. 19), «harán que los maten» (v. 21), «todo el mundo los odiará» (v. 22), «cuando los persigan» (v. 23), «no teman a los que matan el cuerpo pero no pueden matar el alma» (v. 28). Gracias, Jesús. No puedo esperar.

A algunos de esos amigos les gustaba la persecución. Como a Pablo: «Por lo cual, por amor a Cristo me gozo en las debilidades, en afrentas, en necesidades, en persecuciones, en angustias; porque cuando soy débil, entonces soy fuerte» (2 Co 12.10). Pablo creía que fortalece el carácter. Quizá tenga razón.

La persecución es inevitable. Ni siquiera Jesús pudo librarse de ella. De hecho, se convirtió en el icono de la persecución, el eslogan de otros que morirían por su fe. Apocalipsis habla de almas mártires que gritan por justicia ahora y en el futuro (6.9–11).

La persecución es necesaria para la extensión del evangelio. La muerte de Esteban en Hechos 7 causó que el evangelio se extendiera a tierras distantes. Actualmente en China, donde la persecución de cristianos es grande, en la iglesia se está disparando el crecimiento cuando aquellos fuera de la fe ven a creyentes que sacrifican sus vidas y sus cuerpos.

Pero no te preocupes, la persecución no es un problema.

¿Quién nos separará del amor de Cristo? ¿Tribulación, o angustia, o persecución, o hambre, o desnudez, o peligro, o espada? [...]
Ni lo alto, ni lo profundo, ni ninguna otra cosa creada nos podrá separar del amor de Dios, que es en Cristo Jesús Señor nuestro. (Romanos 8.35, 39)

El pecado es el problema, y estamos aquí para ayudar a la gente a superarlo, aunque eso implique arriesgar nuestras propias vidas.

# 57.

¿POR QUÉ HAY TANTO CAOS Y MALDAD EN EL MUNDO?
PARECE QUE A NADIE LE IMPORTA LO QUE DIOS QUIERA, Y LA
HUMANIDAD ESTÁ IMPLOSIONANDO.

¿Alguna vez has hecho girar una peonza? El impulso inicial la hace girar con fuerza, derribando los obstáculos mientras se abre paso sobre la mesa. Entonces empieza a ocurrir algo. El impulso se debilita; la peonza se tambalea. Ahora, cuando rebota contra algo, se balancea y da tumbos. Finalmente la peonza hace una espiral mortal completa, hasta que, bum... se estrella y para.

Esa peonza es un ejemplo de la segunda ley de la termodinámica, que explica por qué las cosas, con el tiempo, van lentamente del orden al caos.

La ley se aplica directamente al mundo físico de los planetas, las pelotas de béisbol y las peonzas, pero indirectamente también tiene sentido con respecto al tejido espiritual y moral de nuestra sociedad.

Según pasa el tiempo, las cosas parecen girar completamente fuera de control.

El pecado causó el primer tambaleo en el jardín. Desde entonces el mundo ha gemido en busca de auxilio (Ro 8.22). Pero, ¿hay un lento declive?

Jesús, ciertamente, nos advirtió en Mateo 24 acerca de guerras, persecuciones y terremotos, y muchas de esas cosas han sucedido y aún suceden.

Personas de todos los tiempos han pensado que el mal estaba creciendo desenfrenadamente:

~ la persecución romana
~ las cruzadas
~ Hitler y la Segunda Guerra Mundial
~ el terrorismo de Oriente Medio

El pecado funciona de forma proporcional al número de oportunidades que se le da. Al crecer la comunicación y la tecnología, el pecado se extiende con ellas. Así que aunque el mundo parece estar girando descontroladamente, solo se está comportando como era de esperar.

Desde nuestra perspectiva, el mundo parece un caos. Desde la de Dios, todo marcha según el programa. Desde nuestra perspectiva, el mal es el centro del escenario. Desde la de Dios, el mal es una reverencia egoísta durante su último acto.

# 58.

**ESTOY PREOCUPADO POR LOS VESTIGIOS DE RACISMO EN LA IGLESIA. NUESTRA CONGREGACIÓN PARECE AJENA A TODO ESE TEMA. NUNCA SE MENCIONA. ¿NO LO TRATÓ JESÚS?**

Ciertamente, lo hizo.

Contó la historia de un acaudalado hombre blanco que iba conduciendo hacia su casa desde su oficina del centro. Como era tarde y estaba cansado tomó la ruta directa, que pasaba por la parte más peligrosa de la ciudad. Y adivina... se quedó sin gasolina. Mientras caminaba hacia la tienda de conveniencia lo atracaron y lo dieron por muerto sobre la acera.

Unos minutos después un predicador pasó conduciendo por allí de camino al culto de la tarde. Vio al hombre en la acera y empezó a ayudar, pero entonces se dio cuenta de que sería demasiado peligroso parar.

Un poco más tarde un respetable profesor de seminario pasó por allí y vio al hombre, pero decidió que lo mejor era no entrometerse.

Finalmente, un viejo inmigrante hispano que conducía un camión destartalado vio al hombre, paró y lo llevó al hospital. Pagó la factura del hospital y siguió su camino.

He cambiado los personajes pero no la pregunta de Jesús: «¿Quién [...] fue el prójimo del que cayó en manos de los ladrones?» (Lucas 10.36 RVR1995) ¿La respuesta? El hombre que reaccionó con benevolencia. La vecindad, entonces, no está definida por dónde vives, sino por cómo amas. Tu prójimo no es solo la persona de la casa de al lado, sino aquel que necesita tu ayuda. Tu prójimo puede ser la persona que te han enseñado a no amar. Para los judíos en los días de Jesús, era un samaritano.

Hoy, para un israelí es un palestino.

Para un árabe, un judío.

Para un hombre negro, ¿qué tal un granjero blanco, conductor de camioneta, pistolero, mascador de tabaco, con gorra de béisbol?

Para el hispano pobre, ¿qué tal el hispano acaudalado? Para cualquier hispano, ¿qué tal la persona que te llamó «espalda mojada»?

Para el blanco, aquel que te llamó «gringo».

Y para el negro, aquel que te llamó «chico».

Amar a tu prójimo es amar a la persona que solías odiar.

Un cristiano no tiene ninguna excusa para el prejuicio. El prejuicio de los paganos se puede explicar, pero en el caso de un cristiano no hay explicación.

No hay justificación. Nunca cruzaremos una barrera cultural mayor que la que cruzó Jesús. Aprendió nuestro idioma, vivió en nuestro mundo, comió nuestra comida... pero sobre todo llevó nuestros pecados. ¿Cómo podemos nosotros, que hemos sido tan amados, no hacer lo mismo por otros? Aquellos a los que les parezca difícil superar las diferencias raciales deberían pensarlo dos veces. A no ser que sean judíos, un extranjero murió en la cruz por sus pecados.

# 59.
¿PERMITE DIOS LA GUERRA? SI ES ASÍ, ¿CÓMO LO CONCILIAMOS CON SU MANDAMIENTO DE AMAR A NUESTROS ENEMIGOS?

«¿De dónde surgen las guerras y los conflictos entre ustedes? ¿No es precisamente de las pasiones que luchan dentro de ustedes mismos?» (Stg 4.1 NVI) La guerra es el resultado del pecado. Pedirle a Dios que prohíba la guerra, entonces, es pedirle que prohíba la consecuencia del comportamiento humano. Algo que no está acostumbrado a hacer. Mientras haya pecado, habrá guerra.

De hecho, Dios ha utilizado la guerra para erradicar el pecado. Cuando convocó a los israelitas a la batalla, Moisés les mandaba:

> Cuando el SEÑOR haya realizado todo esto, no te atrevas a decir que todo
> esto lo hizo por tu rectitud. La realidad es otra. El SEÑOR lo hará por la
> impiedad de las otras naciones. (Deuteronomio 9.4 NBD)

¿Pueden las personas volverse tan malvadas, tan paganas, tan viles que Dios los destruya justificadamente? ¿Pueden los líderes ser tan malvados y crueles que Dios, conociendo la dureza de sus corazones, los elimine de la tierra justamente? Aparentemente sí. Lo hizo con Sodoma y Gomorra (Gn 19.24–25). Lo hizo con los hititas, los amorreos, los cananeos, los heveos y los jebuseos (Ex 23.23).

> En las ciudades que están dentro de los límites de la tierra que el SEÑOR
> tu Dios te da, no perdonarás a nadie; destruirás a todo ser viviente. [...]
> El propósito de este mandamiento es evitar que el pueblo de la tierra te
> induzca a adorar sus ídolos y a participar en sus costumbres abominables,
> haciéndote pecar gravemente contra el SEÑOR tu Dios. (Deuteronomio
> 20.16, 18 NBD)

La prioridad de Dios es la salvación de las almas. Cuando un grupo de personas bloquea ese plan, ¿no tiene derecho a eliminarlas? Él es el Dios que conoce «el fin desde el principio» (Is 46.10). Él conoce los corazones de todo el mundo y protege a su pueblo castigando el mal de sus vecinos perversos. ¿No tiene Dios derecho a castigar el mal? ¿No es apropiado que Aquel que nos manda odiar lo que es malo castigue aquello que es malo? Por supuesto que lo es.

Me gustan las palabras de C. S. Lewis aquí:

> ¿Amar a nuestros enemigos significa no castigarlos? No, porque amarme a mí mismo no significa que no deba someterme a mí mismo a castigo, incluso a la muerte. Si uno hubiera cometido un asesinato, lo correcto, lo cristiano, sería entregarse a la policía y ser ahorcado. Por lo tanto, en mi opinión, es perfectamente lícito que un juez cristiano sentencie a muerte a un hombre, o que un soldado cristiano mate a un enemigo. Siempre lo he pensado, desde que me convertí al cristianismo, y mucho antes de la guerra, y sigo pensándolo ahora que estamos en paz. De nada sirve citar el «No matarás». Hay dos palabras griegas: la palabra matar y la palabra asesinar. Y cuando Cristo cita ese mandamiento utiliza la palabra equivalente a asesinar en los tres Evangelios, el de Mateo, el de Marcos y el de Lucas. Y me dicen que la misma distinción se hace en la versión hebrea. No toda muerte es un asesinato del mismo modo que no toda relación sexual es un adulterio. Cuando los soldados acudieron a San Juan el Bautista preguntándole qué debían hacer, este ni remotamente les sugirió que debían dejar el ejército; ni Cristo cuando se encontró con un sargento romano —a los que llamaban centuriones—. La idea del caballero —el cristiano armado para defender una causa noble— es una de las grandes ideas cristianas. La guerra es algo terrible y yo respeto a todos los pacifistas sinceros, aunque pienso que están totalmente equivocados.[1]

# 60.

FRANCAMENTE, ME CUESTA TRABAJO SENTIR AFECTO POR LA GENTE DE OTRAS CULTURAS CUANDO ESCUCHO LAS ATROCIDADES QUE PERPETRAN CONTRA SU PROPIA GENTE O INCLUSO CONTRA NACIONES CRISTIANAS. ¿SIENTE DIOS MÁS AFECTO POR UNA NACIÓN O CULTURA QUE POR OTRA?

¿Has visto alguna vez un tapiz? Los mejores artistas tejen juntos muchos colores y diseños para crear una hermosa gama. Si fuera de un solo color, se confundiría con un trapo o una alfombra. Pero al echar un vistazo a este mosaico quieres ponerlo en un lugar muy especial.

Dios ama el tapiz de las naciones. Ama a los iraquíes, somalís, israelís, neozelandeses y hondureños. Siente una pasión ardiente por cosechar a sus hijos de cada selva, barrio, pueblo y chabola. «*Toda la tierra* será llena de la gloria del Señor» (Nm 14.21 BLA, cursivas mías). Durante los días de Josué Dios llevó a su pueblo a Canaán «para que *todas las naciones de la tierra* comprendan que el SEÑOR es el Dios Todopoderoso» (Jos 4.24 NBD, cursivas mías). David nos mandó: «Cantad al Señor, *toda la tierra*. [...] Contad su gloria entre las naciones, sus maravillas entre *todos los pueblos*» (Sal 96.1, 3 BLA, cursivas mías). Dios nos habló a través de Isaías: «Yo te pongo ahora como luz para las naciones, a fin de que lleves mi salvación hasta los *confines de la tierra*» (Is 49.6, cursivas mías). Su visión del final de la historia incluye «para Dios gente de *toda* raza, lengua, pueblo y nación» (Ap 5.9, cursivas mías).

Dios desea proclamar su grandeza en todas las 6,909 lenguas que existen en el mundo hoy.[2] Ama las subculturas: los gitanos de Turquía, los *hippies* de California, los vaqueros y los campesinos del oeste de Texas. Siente pasión por los motociclistas y los excursionistas, los ecologistas y los académicos. Las madres solteras. Los ejecutivos de traje gris. Ama a todos los grupos de personas y nos equipa para ser su voz. Les encarga a simples galileos, estadounidenses, brasileños y coreanos hablar las lenguas de los pueblos del mundo. Nos enseña el vocabulario de tierras lejanas, el dialecto del vecino desanimado, la lengua vernácula del corazón solitario, y el lenguaje del estudiante joven.

Jesús mismo viajó hasta los olvidados en Belén, los extranjeros en Egipto, los irrisorios inútiles en Nazaret, los excéntricos en Jerusalén, los samaritanos mestizos, y los gadarenos comedores de cerdo y adoradores de ídolos (Mt 2.1; 2.13–23; 20.17; Jn 4.5; Mt 8.28). Su campo misionero eran las ovejas perdidas de Israel, pero no podía evitar llevar su sanidad y su esperanza a cualquiera que respondiera.

Y antes de marcharse Jesús les encargó a sus seguidores (eso nos incluye a nosotros) ir a todo el mundo... todo... cada recoveco y ranura de cada nación... para poner fin a esas mismas atrocidades de las que hablas y llevar esperanza a los que sufren bajo opresión.

Cada creyente de cada nación resalta el color y la diversidad del tapiz del cielo.

# Ayuda

La oración, la Escritura y
«¿Por qué la iglesia?»

Kevin:

Conocer a Dios es como el montañismo. Algunos días el camino es abrupto. Otros, el sendero es fácil. Puede que las nubes eclipsen la vista. Puede que el sol ilumine la cima. Sobre todo, lleva su tiempo.

Recuerda esto: Dios te ayudará.

Max

# 61.

¿POR QUÉ DEBERÍAMOS ORAR POR AYUDA CUANDO DIOS YA TIENE UN PLAN? VA A HACER SU VOLUNTAD EN CUALQUIER CASO, ASÍ QUE, ¿QUÉ DIFERENCIA HAY CUANDO PEDIMOS SANIDAD PARA UN AMIGO, UN FAMILIAR O UNA MASCOTA? ¿CAMBIA DE VERDAD ALGO LA ORACIÓN, O YA ESTABA EL RESULTADO EN LOS PLANES DE DIOS?

Tengo una historia que ayuda a responder esta pregunta.

Cuando mi hija Sara estaba en segundo curso nos la llevamos de compras a buscar un escritorio a una tienda especializada en muebles en crudo. Le hacía ilusión tener su propio escritorio. Cuando se enteró de que no íbamos a llevar el escritorio a casa ese mismo día se disgustó. «Pero, papi, yo quería llevármelo a casa hoy».

Muy a su favor, no pateó el suelo ni exigió las cosas a su manera. Sí ocurrió que, en cambio, puso en marcha un procedimiento urgente para hacer que su padre cambiara de idea. Cada vez que doblaba en una esquina ella me estaba esperando.

«Papi, ¿no crees que podríamos pintarlo nosotros mismos?»

«Papi, solo quiero pintar algunos dibujos en mi escritorio nuevo».

«Papi, por favor, vamos a llevárnoslo a casa hoy».

Después de un rato desapareció, solo para regresar, con los brazos bien abiertos, rebosando de emoción por un descubrimiento. «Adivina qué, papi. ¡Cabe en el maletero del coche!»

Tú y yo sabemos que una niña de siete años no tiene ni idea de lo que cabe o no cabe en un vehículo, pero el hecho de que hubiera medido el maletero con sus brazos me ablandó el corazón. El remate, sin embargo, fue cómo me llamó: papi.

La familia Lucado se llevó un escritorio a casa ese día.

Ella me hizo cambiar de idea. Modificó mi programa. Influyó en los detalles de mis acciones.

La oración hace lo mismo.

¿Recuerdas la oración de Moisés en el Monte Sinaí? Le suplicó a Dios que no destruyera al pueblo y «el SEÑOR tuvo compasión de ellos y no los destruyó» (Ex 32.14 NBD).

La oración de Moisés influyó en los planes de Dios.

La oración no lo cambia todo. No puede convencer a Dios de que deje de amar a las personas, de preparar el cielo o de salvar almas. No podemos cambiar el carácter de Dios ni sus planes eternos.

Pero podemos influir en los detalles. «La oración eficaz del justo puede mucho» (Stg 5.16). La oración no es vencer a un Dios reticente. La oración es instar a Dios a hacer lo que quiere hacer (sanar, ayudar, darle a su hija un escritorio), pero a hacerlo más pronto, más fuerte o más claramente.

Por cierto, pedí un escritorio para mi oficina también ese día. Cuando Sara se enteró de que tardarían seis semanas en entregármelo me dijo: «Supongo que no suplicaste, ¿no, papi?»

# 62.

SOY UN CRISTIANO RECIÉN CONVERTIDO QUE ESTÁ INTENTANDO AVERIGUAR CÓMO CRECER ACERCÁNDOME MÁS A DIOS. MIS AMIGOS ME DICEN QUE TENGO QUE PASAR UN TIEMPO DEVOCIONAL CON DIOS CADA DÍA, PERO NO CONSIGO AVERIGUAR QUÉ HACER EXACTAMENTE.

A Denalyn y a mí nos gusta ir a los mismos restaurantes una y otra vez. Puedes tachar nuestras citas de predecibles, pero para nosotros son especiales. Nos gusta la comida. Nos gusta el servicio. Nos gusta el ambiente. Cuando estamos allí recordamos los momentos especiales que hemos compartido antes. Nuestros corazones se abren... perdemos la noción del tiempo... porque estamos cómodos en ese lugar. Hablamos el uno con el otro, nos escuchamos mutuamente, reímos, y lloramos. ¡Me encantan esos ratos!

Un tiempo devocional con Dios es muy parecido a una cita. Aquí tienes algunas herramientas para ayudarte a mantener tu cita muy especial con Dios.

Decide un *momento y un lugar habituales*. Elige un hueco en tu calendario y un rincón de tu mundo, y reclámalo para Dios. Un lugar familiar te traerá sentimientos parecidos a los que experimentaste antes con Dios. Tienes que ponerte cómodo.

¿Cuánto tiempo debes dedicarle? Tanto como necesites. Valora la calidad más que la cantidad. Tu tiempo con Dios debe durar lo suficiente como para que tú digas lo que quieras y para que Dios diga lo que quiera.

Debes llevar a la cita *una Biblia abierta*, la Palabra de Dios, su carta de amor para ti. No escucharás necesariamente a Dios hablar en voz alta, pero puedes oír lo que tiene que decir a través de su eterno diálogo con la humanidad.

También necesitas *un corazón atento*. No olvides la advertencia de Santiago: «Mas el que mira atentamente en la perfecta ley, la de la libertad, y persevera en ella, no siendo oidor olvidadizo, sino hacedor de la obra, éste será bienaventurado en lo que hace» (Stg 1.25). Escucha al amante de tu alma. No asientas con la cabeza, fingiendo escuchar. Tu cita sabe cuándo estás comprometido. Dios también.

De igual manera que no te perderías la cita con tu amado, alegando que estás demasiado ocupado, asegúrate de que tu cita con Dios esté en el calendario, y haz todo lo que esté en tu mano para hacer que sea especial.

# 63.

ESTOY PASANDO UNA RACHA MUY MALA AHORA, A NIVEL ECONÓMICO Y PERSONAL. NO PARECE QUE TENGA LAS RESPUESTAS O LAS SOLUCIONES. ¿PUEDE LA ORACIÓN REALMENTE AYUDARME A ENCONTRAR RESPUESTAS Y SALIR DE ESTE HOYO?

*La oración te recuerda quién está al mando.* No le presentas tus solicitudes a alguien con menos autoridad. Se las presentas a alguien con un cargo mayor al tuyo en el departamento de las soluciones. La oración te hace menguar a ti y hace crecer a Dios.

*La oración le da permiso a Dios para completar la solicitud según su voluntad.* Esperemos que no ores solo para decirle a Dios lo que pasa. Él va muy por delante de ti en eso. Estás orando para pasar de «sea hecha mi voluntad» a «sea hecha la voluntad de Dios». Como él está al mando, conoce la mejor solución. La oración ejercita tu fuerza de voluntad y le da a Dios la autoridad para trabajar en tu vida.

*La oración alivia el estrés de la inactividad percibida.* Ahora que se le ha dado a Dios la tarea ya no tienes que preocuparte. Dios tiene a su gente en ello. Con menos estrés viene más fuerza. La oración transfiere la carga a Dios y aligera tu peso.

Las personas sufren en la vida cuando no tienen respuestas. Los valles más oscuros están ennegrecidos por las sombras de los signos de interrogación. Entonces, ¿qué haces? ¿Pensar con más intensidad? ¿Intentarlo con más energía? ¿Mantener conversaciones más largas contigo mismo? ¿Por qué no orar a Aquel con todas las respuestas y dejar que él se encargue?

La oración nos empuja a través los hoyos de la vida, nos propulsa sobre los montículos, y nos saca de los vertederos. La oración es el empuje que necesitamos para conseguir las respuestas que buscamos.

# 64.

LE HE PEDIDO A DIOS QUE ME SANE EL CÁNCER. SANÓ A MI AMIGA DEL CÁNCER, PERO POR AHORA NO ME HA AYUDADO A MÍ. MI AMIGA DICE QUE DEBERÍA ORAR CON MÁS FE. ¿TIENE RAZÓN?

Déjame compartir contigo dos nociones falsas que tiene la gente sobre la sanidad celestial.

Primero, *la muerte siempre es mala.* Vemos un coche fúnebre; pensamos en la tristeza. Vemos una tumba; pensamos en la desesperación. Oímos sobre la muerte; pensamos en una pérdida. No es así en el cielo. Cuando el cielo ve el cuerpo sin aliento, ve el capullo desocupado y la mariposa liberada. Desde que el pecado entró en el mundo el cuerpo ha estado condenado a morir. La muerte no es solo inevitable; la muerte es necesaria para que heredemos la nueva vida que vamos a disfrutar en Cristo. «Ningún cuerpo de carne y hueso podrá entrar en el reino de Dios. [...] Es imprescindible que este cuerpo corruptible se convierta en un cuerpo incorruptible, y que lo mortal sea inmortal» (1 Co 15.50, 53 NBD).

Mientras veamos la muerte como un fracaso, percibiremos a Dios como si fuera sordo a nuestras oraciones. Pregunta a los que están en el cielo si sus oraciones por sanidad fueron respondidas y puede que consigas una perspectiva diferente.

Segundo, *la oración sana.* Dios sana, no la oración. ¿Una cuestión de semántica? No. Si crees que el poder está en la oración y no en Aquel que oye la oración, criticas la oración por no ser respondida. ¿Cuánta gente ha tenido que luchar con una falsa culpa por una oración inadecuada? «Si hubiera orado más, si hubiera orado mejor, si hubiera orado de forma distinta, si hubiera orado en la capilla o con un sacerdote o con las cuentas de un rosario o con otras palabras». Afirmar que la oración sana es colocar la oración en la esfera de los cantos mágicos y las danzas del curandero. Aún peor, otorgarle el poder a la oración reduce a Dios a la personalidad de un ordenador. Si pulso las teclas correctas o meto el código correcto, puede que responda.

No, el poder de la oración está en Aquel que la oye, no en aquel que la hace.

No creas que los fieles nunca sufrirán. Si el fiel nunca sufre, ¿cómo explicamos la enfermedad de Pablo (Gl 4.13), la mala salud del amigo de Pablo, Trófimo (2 Ti 4.20), y la casi muerte de su amado Epafrodito (Fil 2.27)?

Hebreos 11 describe la difícil situación de los fieles a Dios: algunos derrotaron reinos, apagaron fuegos y se salvaron de que los mataran. Otros fueron encadenados y encarcelados. Fueron lapidados, cortados por la mitad y asesinados con espadas. Algunos se vistieron con la piel de ovejas y cabras. Fueron pobres, abusados y maltratados... Todas esas personas son conocidas por su fe (Heb 11.33–39).

Si los fieles nunca sufren, ¿cómo explicamos la agonía de Getsemaní y la muerte de Cristo en la cruz?

El mismo Jesús oró para que se le liberase del dolor terrenal (Mt 26.39), y su petición fue denegada. ¿Acaso tenía que ver con su falta de fe? Por supuesto que no. Dios dijo que no a la oración terrenal por una razón celestial. El plan de salvación valía el dolor del Salvador. Hay ocasiones en las que Dios elige decir que no a una petición terrenal para poder decir que sí a una celestial.

¿Aún hace eso hoy día? ¿No usa el desafío del cuerpo para fortalecer el alma? Necesitamos recordar que Pedro se encontró en una tormenta antes de caminar sobre las aguas, que Lázaro estuvo en la tumba antes de salir de ella, que el endemoniado estuvo poseído antes de ser un predicador, y que el paralítico estuvo en una camilla antes de estar en tu Biblia (Mt 14.23-29; Jn 11.1-44; Mc 5.1-20; Lc 5.17-25). Sabemos que Dios trabaja para el bien de aquellos a los que ama (Ro 8.28).

Por favor, no interpretes la presencia de tu enfermedad como la ausencia del amor de Dios. Estoy orando para que él te sane. Y lo hará, al final.

## 65. He leído el versículo de la Biblia que habla de orar sin cesar. ¿Hay alguien que de verdad haga eso?

La oración incesante puede sonar complicada, pero no tiene que ser así.

Haz esto. Cambia tu definición de oración. Piensa en las oraciones menos como una actividad para Dios y más como una percepción de Dios. Busca vivir en una percepción ininterrumpida. Reconoce su presencia allá donde vayas. Mientras hagas cola para registrar tu coche piensa: *Gracias, Señor, por estar aquí.* En el supermercado mientras compres piensa: *Tu presencia, mi Rey, recibo.* Mientras laves los platos alaba a tu Creador. El Hermano Lorenzo lo hacía. Este famoso santo se llamó a sí mismo el «señor de todas las ollas y cacerolas». En su libro *La práctica de la presencia de Dios* escribió:

> El tiempo de trabajo no me resulta diferente al tiempo de oración. Y en el ruido y en el desorden de mi cocina, mientras varias personas me demandan al mismo tiempo cosas diferentes, tengo una gran tranquilidad en Dios, como si estuviera de rodillas en el momento de la oración.[1]

Además, tiene más sentido hablar con Dios que farfullar contigo mismo.

# 66.

ME PRESENTÉ PARA UN TRABAJO Y ME RECHAZARON. LE PEDÍ UN PRÉSTAMO A MI ABUELA; ELLA ME LO NEGÓ. MI NOVIO DICE QUE DEBERÍAMOS SEPARARNOS. ESTOY TENIENDO UNA SEMANA DURA, DURA. ¿ACASO DIOS ME ESTÁ ESCUCHANDO?

Sí, lo hace. Y ahí va lo que necesitas saber: Dios sabe más de la vida que nosotros.

Cuando mi hija mayor tenía unos seis años teníamos una discusión sobre mi trabajo. Parece que no estaba muy contenta con la profesión que había escogido. Quería que dejara el ministerio. «Me gustas como predicador», explicó. «Solo que realmente querría que vendieras granizados».

Una petición honesta de un corazón puro. Tenía sentido para ella que las personas más felices del mundo fueran los hombres que conducían el camión de los helados. Pones música. Vendes cosas ricas. Haces felices a los niños. ¿Qué más se podría pedir? (Ahora que lo pienso, puede que tuviera razón. Podría pedir un préstamo, comprar un camión y... no, comería demasiado.)

Oí su petición, pero no la acepté. ¿Por qué? Porque sabía más cosas. Sé a lo que estoy llamado y lo que debo hacer. El hecho es que sabía más de la vida que ella. Es así con Dios.

Dios oye nuestras peticiones. Pero su respuesta no es siempre la que nos gustaría. ¿Por qué? Porque Dios sabe más de la vida que nosotros.

La próxima vez que te decepcionen, no te dejes llevar por el pánico. No te eches atrás. No te rindas. Solo sé paciente. Habla con Dios de tus retos. Entonces deja que tu Padre celestial te recuerde que aún está al control.

# 67.

EN MI CLASE DE LA FACULTAD DE MEDICINA DEBATIMOS SOBRE EL LUGAR DE LA ORACIÓN EN EL HOSPITAL. COMO TE PUEDES IMAGINAR, OÍMOS OPINIONES FIRMES EN AMBOS BANDOS. ¿CUÁLES SON TUS IDEAS? ¿CUÁL ES EL PROPÓSITO DE LA ORACIÓN POR SANIDAD?

Tendemos a uno de los dos extremos en este tema: fanatismo o cinismo. Los fanáticos ven la sanidad del cuerpo como el objetivo de Dios y la medida de la fe. Los cínicos consideran cualquier conexión entre la oración y la sanidad fortuita en el mejor de los casos y engañosa en el peor. Un fanático buscará la oración al excluir la medicina; un cínico buscará la medicina al excluir la oración.

Se puede hallar un equilibrio sano. El médico es el amigo de Dios. La oración es la amiga del médico.

El ejemplo de Jesús es importante.

Se le acercó mucha gente que traía consigo a cojos, ciegos, mudos, mancos, y otros muchos enfermos; y los pusieron a los pies de Jesús, y los sanó; de manera que la multitud se maravillaba, viendo a los mudos hablar, a los mancos sanados, a los cojos andar, y a los ciegos ver; y glorificaban al Dios de Israel. (Mateo 15.30–31)

¿Qué hacía la gente con los enfermos? Los ponían a los pies de Jesús. Ese es el propósito de orar por los enfermos. Los ponemos a los pies del Médico y le pedimos que los toque. Este pasaje también nos da el resultado de la oración por sanidad. «Y glorificaban al Dios de Israel». El objetivo definitivo de la sanidad no es solo un cuerpo sano, sino un reino mayor. Si el objetivo de Dios es garantizar una salud perfecta a sus hijos, ha fallado, porque nadie disfruta de una salud perfecta y todo el mundo muere. Pero si el objetivo de Dios es extender las fronteras de su reino, entonces ha tenido éxito. Porque cada vez que sana se predican mil sermones.

Hablando de sermones, ¿has notado lo que falta en este texto? Predicación. Jesús se quedó con estas cuatro mil personas durante tres días y, hasta donde sabemos, nunca predicó un sermón. Ni una vez dijo: «¿Pueden escucharme?» Pero miles de veces preguntó: «¿Puedo ayudarle?» Qué compasión tenía por ellos. ¿Puedes imaginarte la fila de gente? Con muletas, llevando vendas de ciego, cargados por amigos, sostenidos por padres. Durante setenta y dos horas Jesús miró fijamente un rosto herido tras otro, y entonces dijo: «Siento compasión por esta gente» (v. 32). La inagotable compasión de Jesús. Toma nota. El dolor en la tierra causa dolor en el cielo. Y él permanecerá y recibirá a los enfermos siempre y cuando los enfermos se acerquen a él con fe.

Y hará lo que sea bueno en cada momento. «¿No creen ustedes que Dios hará justicia a los que él ha escogido y que claman a él día y noche? ¿Se tardará él en responderles?» (Lc 18.7 NBD)

La oración por sanidad le ruega a Dios que haga lo correcto. Mi amigo Dennis, un capellán, hace esta oración por los pacientes: «Dios, ¿te puedes poner los guantes quirúrgicos primero?»

Me gusta.

# 68.

**Si Dios no nos tienta, ¿por qué nos dice que oremos: «No nos metas en tentación»?**

Por culpa de la traducción muchos piensan que esta afirmación está diciendo: «No me tientes, Señor» o «No me metas en pecado». Esa no es la intención. Dios no nos tienta ni nos mete en tentación. La frase se traduce mejor como un grito de ayuda: «Líbrame de caer en la trampa de la tentación».

Le estamos pidiendo a Dios que nos saque del bar, que distraiga nuestra atención cuando la chica guapa pasa por ahí, que nos dé sabiduría cuando encontramos esa billetera, que nos haga salir cuando nos encontramos solos con el cónyuge de otra persona.

Al Padre le gusta sostener las manos de sus hijos. «Los pasos de los buenos son guiados por el Señor. Él se deleita en cada paso que dan. Si se tropiezan, no caen, porque el Señor los sostiene con su mano» (Sal 37.23–24 NBD).

La tentación viene de un solo lugar: el infierno. Satanás ha tentado a todo el mundo, empezando por Adán e incluyendo al mismo Jesús. Al primero con fruta. Al segundo con pan. Dios no tienta. Dios no nos tiende una trampa para que fallemos.

Dios no nos pone a prueba. Job no fue tentado por Dios. Su fe fue puesta a prueba. Satanás (y los amigos y la esposa de Job) tentaron a Job para que maldijera a Dios (Job 1.8–12; 2.9; 42.7). La fe de Pedro fue puesta a prueba al caminar sobre el agua (Mt 14.25–31). Pedro fue tentado cuando le pidió a Jesús que no tuviera esos pensamientos morbosos sobre la muerte. Jesús contraatacó: «¡Aléjate de mí, Satanás!» (ver Mt 16.21–23)

Así que nuestras oraciones le piden a Dios, como el guía definitivo para el camino, que vigile la senda por delante de nosotros y nos advierta de los lugares en los que podríamos tropezar.

# 69.

A NUESTRO HIJO (DE DIECISÉIS AÑOS) LE DIAGNOSTICARON UNA ENFERMEDAD MENTAL HACE TRES. SIN CESAR HEMOS ORADO POR LA SANIDAD DE DIOS. PERO LA SANIDAD NO HA LLEGADO Y EL AMBIENTE EN NUESTRO HOGAR SE ESTÁ VOLVIENDO CADA VEZ MÁS TENSO. ¿DEBERÍAMOS SEGUIR ORANDO POR SU SANIDAD O SIMPLEMENTE ACEPTAR QUE NUNCA SE SANARÁ?

Siempre está bien orar. La Escritura nos habla de muchos padres que abogaron por sus hijos ante Dios. Tu hijo es igual de importante para Dios que esos hijos de hace tanto tiempo.

Si me concedes un momento, vamos a acercarnos a esto desde una perspectiva distinta. Me parece fascinante que la cantidad de hilos en las sábanas pueda variar entre los ochenta y los mil quinientos en cada centímetro cuadrado. Cuanta mayor sea la cantidad, mejor la calidad de la sábana. Cientos de hilos se entretejen dentro y fuera, por encima y por debajo, para crear una tela.

Pienso en los cerca de siete mil millones de hilos de vida que se entretejen con los de los demás y crean este tapiz en la tierra.[2] Todos ellos colocados ahí por el Creador, sujetándolos juntos.

Tu hijo es uno de esos hilos. Su vida se enrolla alrededor de las vidas de los otros, manteniéndolas unidas así como ellas lo mantienen unido a él, entretejido ahí por Dios mismo. Puede que creamos que es un hilo débil que necesita que lo arreglen, pero puede que Dios lo vea como el hilo más fuerte de los que le rodean.

Quizá la enfermedad de tu hijo sea el hilo que los mantiene enfocados en Dios. Quizá la enfermedad de tu hijo sea la clave para que un vecino llegue a aceptar a Cristo. Quizá la enfermedad de tu hijo se convierta en un testimonio que bendiga a la gente en los años venideros. No tenemos ni idea de cómo nuestras vidas se entretejen en la obra que Dios está haciendo en los demás.

Entonces, ¿tu hijo puede ser sanado? Sí. Jesús sanó la enfermedad mental en los tiempos bíblicos (Lc 9.37–42) y, como Dios nunca cambia, puede sanar a tu hijo hoy.

¿Será sanado tu hijo? No lo podemos saber. No es tu decisión ni la mía, ni siquiera la de tu hijo. Es la decisión del Tejedor. Nosotros vemos solo un hilo, pero Dios los ve todos.

La verdadera sanidad que tiene que ocurrir, y un problema importante que parecen estar enfrentando, es la tensión en la casa. Las relaciones se están deshaciendo. La fe de tu familia está pendiente de un hilo.

Dios puede llevar esa sanidad a tu familia ahora si se acercan a él con sus cansadas y desgastadas vidas y le piden un armario nuevo. Oren por sanidad, pero oren por algo más que la mera sanidad física.

# 70.

ME DA VERGÜENZA ADMITIRLO, PERO PARA MÍ ES UNA LUCHA ORAR. QUIERO ORAR MÁS, PERO PARECE COMO SI NO PUDIERA ORAR MÁS DE UNOS POCOS MINUTOS SIN DISTRAERME. ¿POR QUÉ ME PASA ESTO? ¿SIGNIFICA QUE SOY UN CRISTIANO DÉBIL?

Cuando oramos, Satanás juega con nosotros.

Su juego favorito es hacer girar la mente. Mantener los pensamientos dando vueltas y más vueltas en una desorientada vorágine de actividad para que la persona que ora crea que está demasiado ocupada para terminar.

Entonces Satanás saca el juego de ponerle el rabo al burro. Es entonces cuando el tiempo de oración se convierte el concurso de la culpa. En vez de orar por las personas empezamos a acusarlas. «Si solamente hicieran esto...» o «Dios, diles que hagan aquello...» En vez de confesar nuestro pecado, colocamos nuestro peso sobre las mulas de carga de nuestras vidas.

Normalmente Satanás termina con el juego del escondite, en el que nos perdemos en nuestros pensamientos, vagando por senderos vacíos y persiguiendo sombras, y entonces intentamos encontrar el camino de vuelta solo para descubrir que el juego ha terminado.

Orar no es un juego. De hecho, es un tema serio, tan serio que Satanás juega con nuestras mentes para mantenernos lejos de la oración.

¿Por qué? Porque Dios nos manda «orar sin cesar» (1 Ts 5.17). Ve la iglesia como una «casa de oración» (Mt 21.13). Ninguna otra actividad garantiza tales resultados: «Si dos de ustedes en la tierra se ponen de acuerdo sobre cualquier cosa que pidan, les será concedida por mi Padre que está en el cielo» (Mt 18.19 NVI). Cuando las personas oran, las cosas cambian. «La oración eficaz del justo puede mucho» (Stg 5.16).

Si Satanás puede detener la oración, puede hace ineficaces a los cristianos.

La mejor manera de mantenerse enfocado es recordar el propósito de la oración. Dale bastante tiempo a cada una de estas partes de tu esquema de oración, de cinco a diez minutos. Forman el acrónimo ACGS.

*Adoración*: da alabanza a Dios.

*Confesión*: confiesa tus pecados (no los pecados de los demás).

*Gracias*: muestra aprecio por todo lo que Dios te ha dado.

*Súplica*: presenta peticiones de oración por ti y por otros.

No me sorprende que Satanás quiera convencernos de que somos débiles, porque una vez que un creyente encuentra la fuerza en la oración, el juego se ha acabado para Satanás.

# 71.

NO ME CUESTA CONFIAR EN DIOS PARA QUE CONTESTE MIS ORACIONES Y PETICIONES COTIDIANAS, PERO CUANDO UNA SITUACIÓN REALMENTE IMPOSIBLE APARECE EN MI VIDA, MI FE EN EL PODER DE DIOS PARECE SALIR VOLANDO POR LA VENTANA. ¿CÓMO PUEDO AUMENTAR LA FE EN QUE MIS ORACIONES SERÁN CONTESTADAS?

Revisa su currículo.

¿Quieres conocer su poder? Echa un vistazo a la creación. ¿Tienes curiosidad sobre su fuerza? Hazle una visita a la dirección de su casa: Avenida del Cielo del Billón de Estrellas. ¿Quieres saber su tamaño? Sal en la noche y observa la luz estelar emitida hace un millón de años, y entonces lee 2 Crónicas 2.6: «¿Quién podrá alguna vez edificarle un templo tan grande, si ni los más altos cielos poseen suficiente grandeza para contenerlo?» (NBD)

No está contaminado por el ambiente del pecado, ni frenado por la línea temporal de la historia, ni estorbado por la fatiga del cuerpo.

Lo que te controla a ti no lo controla a él. Lo que te molesta a ti no le molesta a él. Lo que te fatiga a ti no le fatiga a él. ¿Le molesta el tráfico a un águila? No, vuela por arriba. ¿Perturba un huracán a la ballena? Por supuesto que no. Está sumergida por debajo. ¿Se pone nervioso el león por el ratón que está parado en medio de su camino? No, pasa por encima de él.

¡Cuánto más puede Dios elevarse por arriba, sumergirse por debajo y pasar por encima de los problemas de la tierra! «Para Dios todo es posible» (Mt 19.26). Nuestras preguntas delatan nuestra falta de entendimiento:

¿Cómo puede Dios estar en todas partes al mismo tiempo? (¿Quién dice que Dios esté atado a un cuerpo?)

¿Cómo puede Dios oír todas las oraciones que le llegan? (Quizá sus oídos son distintos a los nuestros.)

¿Cómo puede Dios ser el Padre, el Hijo y el Espíritu Santo? (¿Podría ser que el cielo tuviera una física diferente a la de la tierra?)

Si la gente aquí abajo no me perdona, ¿cuánto más culpable seré ante un Dios santo? (Oh, justo al contrario. Dios siempre es capaz de dar gracia cuando los humanos no pueden, él la inventó.)

Qué vitalizador es orar armados con el conocimiento de que Dios está en el cielo. Ora con una convicción poco menor y tus oraciones serán tímidas, superficiales y huecas. Pero pasea durante un tiempo por el taller de los cielos, mira lo que Dios ha hecho, y verás cómo tus oraciones se vigorizan.

# 72.

**¿PODEMOS CREERNOS LA BIBLIA? ¿CÓMO PODEMOS SABER QUE ES ALGO MÁS QUE UNA COMPILACIÓN DE DICHOS E HISTORIAS? ¿PODEMOS CREER DE VERDAD QUE LA BIBLIA ES LA PALABRA DE DIOS?**

Hay muchas razones por las que creo en la Biblia. Aquí tienes algunas:

*Composición.* Fue compuesta durante mil seiscientos años por cuarenta autores con un tema central. Escrita por soldados, pastores, académicos y pescadores. Empezada por Moisés en la solitaria Arabia, terminada por Juan en la solitaria Patmos. Escrita por reyes en palacios, pastores en tiendas y presos en la cárcel.

Cuarenta escritores, la mayoría desconocidos para los demás, escribiendo en países diferentes y en tres lenguas distintas, separados por tres veces el número de siglos que han pasado desde que Colón descubrió América: ¿era posible para estos autores producir un libro acerca de un mismo tema a no ser que tras ellos hubiera una sola mente, un diseñador? La Biblia es excepcional en la composición.

*Durabilidad.* Es el libro más publicado de la historia. El más vendido durante trescientos años. Traducido a mil doscientos idiomas por un ejército de traductores. Las Biblias han sido quemadas por dictadores y prohibidas por tribunales, pero la Palabra de Dios continúa. Las campanas a muerto han tañido cientos de veces, siempre que se abre la tumba, pero la Palabra de Dios continúa. La Biblia es excepcional en la durabilidad.

*Profecía.* Las páginas de tu Biblia contienen más de trescientas profecías cumplidas sobre la vida de Cristo. Se escribió una amplia biografía de Jesús quinientos años antes de que naciera. ¿Te imaginas que hoy pasara lo mismo? ¿Te imaginas si encontráramos un libro escrito en 1900 que profetizara dos guerras mundiales, una depresión económica, y los asesinatos de John F. Kennedy y Martin Luther King? ¿Qué pensaríamos del libro? ¿No confiaríamos en él?

*Aplicabilidad.* Pablo dice que la Biblia «es el mensaje de Dios, y es útil para enseñar a la gente, para ayudarla y corregirla, y para mostrarle cómo debe vivir» (2 Ti 3.16 TLA).

Aplica los principios de la mayordomía a tu presupuesto y verás cómo sales de la deuda.

Aplica los principios de la fidelidad a tu matrimonio y verás cómo tienes un hogar más feliz.

Aplica los principios del perdón a tus relaciones y verás cómo tienes más paz.

Aplica los principios de la honestidad a los estudios y verás cómo tienes éxito.

Aplica la Biblia y verás que estás de acuerdo: la Biblia funciona.

# 73.

JESÚS LE LAVÓ LOS PIES A SUS DISCÍPULOS. ¿DEBERÍAMOS HACERLO NOSOTROS? PABLO LES MANDÓ A LAS MUJERES DE CORINTO QUE LLEVARAN VELOS EN LA CABEZA. ¿POR QUÉ NO LO HACEMOS HOY? LES MANDÓ A LOS CRISTIANOS EN ROMA QUE SE SALUDARAN UNOS A OTROS CON UN BESO SANTO. ¿ESTAMOS DESOBEDECIENDO SI NO FRUNCIMOS LOS LABIOS? SUPONGO QUE ME PREGUNTO, ¿CÓMO SABEMOS LO QUE ES UN MANDAMIENTO Y LO QUE ES CULTURAL?

La Biblia es la Palabra de Dios dada en lenguaje humano.

Fue escrita en otro tiempo.

Fue escrita en otra cultura.

Fue escrita en otra lengua.

La Escritura aúna verdad eterna con particularidad histórica. ¿Cómo las separamos?

Nos hacemos la pregunta básica de la interpretación bíblica: «¿Cuál es su propósito?»

Unos creen que la Biblia provee al estudiante de un código secreto de profecía que, una vez descifrado, revelará el día en el que nuestro Señor regresará. Otros creen que la Biblia es un manual secreto del éxito para la riqueza y la salud. Otros tantos utilizan la Biblia para sostener creencias preconcebidas. Algunos cristianos creen que el propósito de la Biblia es proveer de una pauta para la organización de la iglesia del Nuevo Testamento.

Aunque la Biblia habla de todos estos temas, ninguno de ellos identifica el propósito de la Escritura. ¿Cuál es el propósito de la Biblia? Deja que la misma Biblia responda esa pregunta.

> Desde la niñez has sabido las Sagradas Escrituras, las cuales te pueden hacer sabio para la salvación por la fe que es en Cristo Jesús. (2 Timoteo 3.15)

> Estas se han escrito para que creáis que Jesús es el Cristo, el Hijo de Dios, y para que creyendo, tengáis vida en su nombre. (Juan 20.31)

> No me avergüenzo del evangelio, porque es poder de Dios para salvación a todo aquel que cree; al judío primeramente, y también al griego. Porque en el evangelio la justicia de Dios se revela por fe y

para fe, como está escrito: Mas el justo por la fe vivirá. (Romanos 1.16–17)

El propósito de la Biblia es sencillamente proclamar el plan de Dios para salvar a sus hijos. Afirma que las personas están perdidas y necesitan ser salvadas. Y comunica el mensaje de que Jesús es Dios en la carne, enviado para salvar a sus hijos.

El propósito de la Biblia no es trasplantar una cultura antigua a nuestra generación, sino revelarle el evangelio.

Aun así, las prácticas de lavar los pies, el beso santo y llevar velo son de ayuda. Aprendamos de los principios que hay detrás de cada una. Lavar los pies nos enseña humildad. El beso santo es un modelo de hospitalidad. Llevar velo ejemplifica el respeto a la cultura. Imitamos el principio, no la práctica particular.

Recuerda: el mensaje principal de la Biblia es el plan de Dios para poblar su nuevo reino. Todo lo demás es secundario.

# 74.

¿Podemos estar seguros de que el texto de la Biblia que leemos es exactamente lo que Dios quería escribir? Con tantos años entre los tiempos bíblicos y nuestros días, ¿no es posible que sus palabras y pensamientos fueran modificados por los escritores?

> Toda la Escritura es inspirada por Dios, y útil para enseñar, para redargüir, para corregir, para instruir en justicia, a fin de que el hombre de Dios sea perfecto, enteramente preparado para toda buena obra. (2 Timoteo 3.16–17)

La Biblia hace una declaración sobre sí misma. Una declaración osada. «Soy inspirada por Dios».

Esta autodeclaración dice que las palabras que se encuentran en sus páginas han venido del corazón de Dios y fueron enviadas desde su boca hacia el mundo. ¿A dónde fueron esas palabras? A los oídos y corazones de escribas, reyes y profetas, quienes tomaron nota y nos las pasaron a nosotros.

¿Pero eran notas fieles?

Algunos libros se transcribieron mil años después de que ocurrieran (Génesis), mientras otros se publicaron veinte o treinta años después de los acontecimientos (los evangelios). Algunos fueron registrados por personas que no estuvieron allí (hay quien cree que Samuel escribió Jueces); otros lo vieron en persona (Lucas viajó con Pablo y escribió Hechos).

En cuanto al contenido, ¿han cambiado las palabras con el tiempo? ¿Hubo errores en las copias de las copias de las copias?

Quizá. Probablemente. Algunas variaciones sin importancia en el orden de las palabras. Un error ortográfico aquí y allá. Esas cosas pasan cuando los humanos inspiran en algo: hipos, eructos y tos literarios.

Dios sabía que cuando inspirara la Biblia a las personas estas podrían, en potencia, cometer errores enormes, así que empleó al Espíritu Santo para guiar esas palabras hasta nosotros hoy: inspirando, recordando, evocando, aclarando.

El Dios que tuvo el poder para hacer que esos incidentes ocurrieran hace tanto tiempo tiene el poder para llevar sus palabras sagradas a través de guerras, pérdidas de memoria y persecuciones.

Debemos creer que la Biblia en nuestras manos es la Biblia que Dios quería que tuviéramos.

# 75.

HE LEÍDO EN LA BIBLIA LO DE ESTAR LLENO DEL ESPÍRITU DE DIOS, PERO NO ESTOY SEGURO DE LO QUE SIGNIFICA. ¿PUEDEN TENER LOS CRISTIANOS DISTINTAS CANTIDADES DE ESPÍRITU EN SUS VIDAS EN DISTINTOS MOMENTOS? ¿QUÉ NECESITO HACER PARA TENER MÁS DEL ESPÍRITU EN MI VIDA?

En un coche la gasolina propulsa un motor de combustión. Cuanto más conduzco, más gasolina se usa. Cuando estoy con el depósito casi vacío, corro a la gasolinera y lo lleno.

Pablo, en Efesios 5.18, es el hombre de la gasolinera que nos da este pequeño consejo para nuestros motores espirituales: «Llénalos del Espíritu Santo».

Traté este tema en mi libro *Acércate sediento*:

> Pablo no solo da un mandamiento; da un mandamiento continuo y colectivo. Continuo en el sentido de que llenarse es un privilegio diario. Colectivo porque la invitación se ofrece a todo el mundo. «Sean [todos] llenos del Espíritu». Jóvenes, viejos, siervos, empresarios, santos veteranos y recién convertidos. El Espíritu los llenará a todos. No hay examen de aptitud espiritual. No tienes que persuadirle para entrar; ya lo ha hecho. Será mejor que pongas otro cubierto para la cena. Tienes compañía. «Su cuerpo es templo del Espíritu Santo, quien está en ustedes» (1 Co 6.19 NVI). Como cristiano tienes todo el poder que necesitas para todos los problemas que enfrentes.

No tienes que correr a la iglesia o a una conferencia local para llenarte, aunque el Espíritu Santo tiene surtidores allí. También tiene estaciones de servicio en tu casa, en tu escuela, en el trabajo (allá donde estés), porque ahí es donde está él.

Puede que te quedes sin paciencia o alcances los límites de tu fuerza, pero no te has quedado sin acceso al Espíritu Santo. Puesto que vive en todos los creyentes, todos llevamos la gasolinera completa con nosotros allá donde vamos. El Espíritu Santo de Dios puede fluir en tu vida como el petróleo a través del oleoducto de Alaska, un poder crudo, sin refinar, sin filtrar, manando a raudales desde los tronos del cielo y vertiéndose en tu corazón.

Sin embargo, simplemente estar en la gasolinera no te llena el depósito. Requiere algo de esfuerzo. Tienes que quitar el tapón del depósito. Tienes que querer más Espíritu.

El Espíritu Santo tampoco es un producto tangible que se pueda medir de lleno a vacío en el cuadro de mandos de la vida. No te quedas sin él en ese sentido. Nuestra sensación de plenitud se parece más a una relación que a un depósito. Cuanta más dedicación y tiempo pongo en una relación, más lleno, más conectado me siento.

A través de la oración, el estudio de la Biblia, la meditación, el servicio y la escritura de diarios conectas con Dios y llenas el depósito, diciendo cada vez que quieres más del Espíritu de Dios. Como resultado te sientes lleno, ¡quizá incluso hasta rebosar!

Él propulsará todo lo que le des: tu calendario, tu tiempo, tus sueños, tu hoy, tu mañana, tus pensamientos, tus oraciones.

Así que enciende los surtidores. Deja que el Espíritu Santo fluya en tu vida entera. Todos los que estén listos... llénense.

Todo el que pide, recibe [...]. Pues si ustedes, aun siendo malos, saben dar cosas buenas a sus hijos, ¡cuánto más el Padre celestial dará el Espíritu Santo a quienes se lo pidan! (Lucas 11.10, 13 NVI)

# 76.

CREO QUE EL ESPÍRITU SANTO DE DIOS ESTÁ AQUÍ EN LA TIERRA PARA AYUDAR A LOS CREYENTES. PERO EXACTAMENTE, ¿CÓMO FUNCIONA ESO EN LA VIDA DE UN CREYENTE?

El Espíritu Santo no es un eso. Es una persona. Tiene conocimiento (1 Co 2.11). Tiene voluntad (1 Co 12.11). Tiene mente (Ro 8.27). Tiene afectos (Ro 15.30). Puedes mentirle (Hch 10.29). Puedes entristecerle (Ef 4.30).

El Espíritu Santo no es una fuerza impersonal. No son las espinacas de Popeye ni la ola del surfero. Es Dios en ti para ayudarte. De hecho, Juan lo llama el Consolador.

Aquí va una descripción visual que puedes usar. Visualiza un padre que ayuda a su hijo a aprender a montar en bicicleta. El padre se queda al lado del hijo. Empuja la bici y la endereza si el chico empieza a tambalearse. El Espíritu hace lo mismo por nosotros; se queda a nuestra altura y fortalece nuestros pasos. Al contrario que el padre terrenal, que en un momento dado suelta la bici y deja que su hijo recorra el camino por sí solo, el Espíritu Santo nunca se va. Está con nosotros hasta el final de los días.

¿Qué aspecto tiene? «Dios es espíritu, y quienes lo adoran deben hacerlo en espíritu y en verdad» (Jn 4.24 NVI). Como el Espíritu Santo es espíritu, es invisible, imperceptible para el ojo humano. Pero eso no significa que su obra sea invisible o imperceptible.

Consuela a los salvos. «Si no me voy, el Espíritu que los ayudará y consolará no vendrá; en cambio, si me voy, yo lo enviaré» (Jn 4.24 TLA).

Convence a los perdidos. «Cuando él venga, convencerá al mundo de su error en cuanto al pecado, a la justicia y al juicio» (Jn 16.8 NVI).

Guía a la verdad. «Muchas cosas me quedan aún por decirles, que por ahora no podrían soportar. Pero cuando venga el Espíritu de la verdad, él los guiará a toda la verdad» (Jn 16.12–13 NVI).

Entonces, piénsalo. ¿Has sido consolado alguna vez? ¿Te ha traído Dios alguna vez paz cuando el mundo te traía dolor?

¿Alguna vez has sido declarado culpable? ¿Alguna vez has sentido una punzada de tristeza por tus acciones?

¿Alguna vez has entendido una verdad nueva? ¿O has visto un viejo principio de una nueva forma? Se hace la luz. Se te abren los ojos. «Ah, ahora entiendo». ¿Te ha pasado alguna vez?

Si es así, entonces el Espíritu Santo ha estado obrando en ti.

Finalmente, el Espíritu Santo es el latido del corazón del creyente. Es el poder de la resurrección que levantó a Jesús. «Y si el Espíritu de aquel que levantó a Jesús de entre los muertos vive en ustedes, el mismo que levantó a Cristo de entre los muertos también dará vida a sus cuerpos mortales por medio de su Espíritu, que vive en ustedes» (Ro 8.11 NVI).

El Espíritu Santo no solo resucita tu antigua vida en una vida nueva, sino que mantiene a todos los creyentes en un sendero enderezado hasta que lleguen al cielo.

# 77.
MI MAMÁ CREE QUE LOS ÁNGELES ESTÁN EN TODAS PARTES. YO LE DIGO QUE LOS ÁNGELES ESTÁN EN EL CIELO. ¿QUIÉN TIENE RAZÓN?

Los dos la tienen. Multitudes de ángeles pueblan el mundo. Hebreos 12.22 habla de «millares y millares de ángeles [en] una asamblea gozosa». Judas declaró: «vino el Señor con sus santas decenas de millares, para hacer juicio contra todos» (vv. 14–15). Un inspirado Rey David escribió: «Los carros de Dios son miríadas, millares y millares; el Señor está entre ellos en santidad, como en el Sinaí» (Sal 68.17 BLA). David también habló del momento en el que diez mil ángeles descendieron al monte cuando Dios le daba la Ley a Moisés: «Jehová vino de Sinaí, [...] avanzó entre diez millares de santos» (Dt 33.2 RVR1995).

Miles de ángeles esperaban la llamada de Cristo el día de la cruz. ¿Acaso piensas que no puedo ahora orar a mi Padre, y que él no me daría más de doce legiones de ángeles?» (Mt 26.53)

Los ángeles ministran al pueblo de Dios. «Él ordenará que sus ángeles te cuiden en todos tus caminos» (Sal 91.11 NVI). Como creyente puedes esperar que vayan ángeles contigo a todas partes.

Pero, ¿y si no eres creyente? ¿Ofrecen los ángeles la misma vigilancia a los enemigos de Dios? No, no lo hacen. La promesa de protección angélica está limitada a quienes confían en Dios. «Son todos los ángeles espíritus dedicados al servicio divino, enviados para ayudar a *los que han de heredar la salvación*» (Heb 1.14 NVI, cursivas mías). David habló de esta cobertura restringida: «El ángel de Jehová acampa alrededor de *los que le temen*, y los defiende» (Sal 34.7, cursivas mías).

Rechaza a Dios bajo riesgo de dejar tu espalda descubierta. Pero recibe su señorío y está seguro de que muchos ángeles poderosos te protegerán en todos tus caminos.

# 78.

¿Nos guía Dios a través de los sentimientos? Cuando dice la gente: «Siento la dirección de Dios», ¿qué están describiendo?

Hace unos años Denalyn y yo estábamos a una firma de mudarnos de una casa a otra. La estructura era buena y el precio era justo. Parecía una mudanza sabia. Pero no sentía paz al respecto. El proyecto me producía desasosiego e inquietud. Finalmente conduje hasta la oficina del constructor y eliminé mi nombre de su lista. Hoy mismo no puedo señalar la fuente del desasosiego. Sencillamente no sentía paz al respecto.

Hace unos meses me pidieron que hablara en una conferencia de unidad racial. Pretendía rehusar, pero no conseguí hacerlo. El evento en mi mente siguió flotando hacia la superficie como un corcho en un lago. Al final accedí. Al regresar aún no podía explicar la impresión de estar allá. Pero sentía paz con la decisión y eso era suficiente.

A veces, ante una decisión solo se «siente» que está bien. Cuando Lucas justificaba la escritura de su evangelio para Teófilo dijo: «Yo también, excelentísimo Teófilo, lo he investigado todo con cuidado desde el principio, y me ha parecido conveniente escribirte estas cosas ordenadamente» (1.3 NVI).

¿Has notado la frase «me ha parecido conveniente»? Esas palabras reflejan una persona de pie ante una encrucijada. Lucas consideró sus opciones y escogió el camino que le «pareció conveniente».

Judas hizo lo mismo. Pretendía dedicar su epístola al tema de la salvación, pero se sentía inquieto con la decisión. Mira el tercer versículo de su carta.

> Queridos hermanos, he deseado intensamente escribirles acerca de la salvación que tenemos en común, y ahora siento la necesidad de hacerlo para rogarles que sigan luchando vigorosamente por la fe encomendada una vez por todas a los santos. (NVI)

Otra vez ese lenguaje. «He deseado... y ahora siento...» ¿De dónde venían los sentimientos de Judas? ¿No venían de Dios? El mismo Dios que «produce en ustedes tanto el querer como el hacer para que se cumpla su buena voluntad» (Fil 2.13 NVI). Dios crea el «querer» en nosotros.

Ten cuidado con esto. Las personas son famosas por justificar la estupidez apoyándose en un sentimiento. «Sentí que Dios me guiaba a engañar a mi mujer... a descuidar mis facturas... a mentirle a mi jefe... a coquetear con mi vecino casado». Toma nota: Dios no va a guiarte a violar su Palabra. No va a contradecir su enseñanza. Ten cuidado con la frase «Dios me guió...» No bromees con ella. No enmascares tu pecado como si fuera guiado por Dios. Él no te va a guiar a mentir, engañar o herir.

Pero él te guiará fielmente a través de las palabras de su Escritura y el consejo de sus fieles.

# 79.

**MIS PADRES NO SON CRISTIANOS, ASÍ QUE ES DIFÍCIL PARA MÍ CONFIAR EN EL CONSEJO QUE ME INTENTAN DAR SOBRE LA ELECCIÓN DE MI CARRERA. ¿CÓMO PUEDO ENCONTRAR SABIDURÍA DIVINA PARA TOMAR BUENAS DECISIONES?**

El quinto mandamiento no dice: «Honra a tu padre y a tu madre temerosos de Dios que tengan una cosmovisión cristiana». Dice: «Honra a tu padre y a tu madre» (Ex 20.12). Punto. No hay especificación de sus creencias. Así que hónralos al menos escuchando lo que tengan que decir.

Seguro que escucharías las sugerencias sobre cocina de un chef de cinco tenedores y los trucos sobre reformas de un manitas experto, aunque no fueran cristianos. La sabiduría es la sabiduría, y viene en todas las formas y tamaños, de toda clase de personas.

Pero cuando las palabras del mundo se queden cortas, *ve al Señor*.

> Yo te instruiré y te guiaré por el mejor camino para tu vida;
> yo te aconsejaré y velaré por ti. (Salmos 32.8 NBD)

> Busca la voluntad del SEÑOR en todo lo que hagas,
> y él dirigirá tus caminos. (Proverbios 3.6 NBD)

> Mis ovejas oyen mi voz; yo las conozco y ellas me siguen.
> (Juan 10.27 NBD)

Entonces, *ve a la Biblia*.

> La palabra de Dios es viva y eficaz, y más cortante que toda espada de dos filos; y penetra hasta partir el alma y el espíritu, las coyunturas y los tuétanos, y discierne los pensamientos y las intenciones del corazón. (Hebreos 4.12)

La Palabra de Dios es un consejero vivo y eficaz en tu tiempo de necesidad.

¿Te sientes traicionado? «Nunca te dejaré; jamás te abandonaré» (Heb 13.5 NBD).

¿Te sientes inquieto? «No se inquieten por nada; más bien, en toda ocasión, con oración y ruego, presenten sus peticiones a Dios y denle gracias» (Fil 4.6 NVI).

¿Te sientes menospreciado? «Hagan lo que hagan, trabajen de buena gana, como para el Señor y no como para nadie en este mundo» (Col 3.23 NVI).

Así que escucha a tus padres; luego ve al Señor y a su Palabra viva. No te puedes equivocar con esa combinación.

# 80.

NUESTRA IGLESIA ESTÁ TENIENDO PROBLEMAS PARA
LLEVARSE BIEN. SE ESTÁN FORMANDO BANDOS Y LOS ÁNIMOS
SE ESTÁN ENCENDIENDO. ¿QUÉ PODEMOS HACER?

La iglesia se parece a una familia en las vacaciones de verano. Conoces esa experiencia. Cargan el coche y se ponen en marcha. Al principio el entusiasmo se yergue y los ánimos son buenos. Pero quinientos kilómetros de carreteras regionales cobran un peaje. Johnny ocupa mucho asiento. Heather no comparte su almohada. Papá se niega a pedir indicaciones y mamá tiene que parar para ir al lavabo otra vez. Los pasteles se caen sobre la alfombrilla. Los pies huelen y la tensión aumenta. Hay un momento en todo viaje en el que cada miembro de la familia tiene este pensamiento: *Voy a salir del coche. Haré autostop. Caminaré. Haré lo que sea. Solo quiero salir de este coche.*

Pero, ¿lo hacemos? No, nos quedamos en el coche. ¿Por qué? Uno, no podemos llegar a nuestro destino solos, y dos, somos familia.

¿No se puede decir lo mismo de los cristianos en una congregación? No tiramos los pasteles, pero descubrimos el pastel. Puede que nuestros pies no apesten, pero nuestras actitudes sí. Nos hartamos de los demás. Algunos empiezan a heder. Pero, ¿nos bajamos del coche?

No. Separados del Padre no podemos llegar a nuestro destino. Y, además, somos familia.

No siempre es sencillo, ¿verdad? Una vez vi en un programa religioso a una persona con pelo cardado y ropa rosa y zapatos brillantes, y tendrías que haber visto cómo iba vestida su mujer. *¿Cómo podemos ser de la misma familia?* Me pregunté. La respuesta llegó cuando empezaron a hablar. Hablaron de forma genuina sobre Cristo en la cruz. Hablaron de la gracia para todo pecado. No me apasiona su aspecto, pero amo a Aquel a quien miran. Y dado que todos miramos a Aquel, ¿no somos familia?

También está el caballero con quien estoy en desacuerdo en todo. Política. Ética. Lo que él considera una doctrina importante, yo lo considero una tradición. Lo que yo considero un cambio necesario, él lo considera una pérdida de tiempo. Nunca había conocido a un hombre con tan poco criterio. Pero cada domingo nos sentamos en la misma iglesia. Cada domingo compartimos el mismo pan y bebemos de la misma copa. Y cada domingo me recuerda que el Señor determina quién se sienta a la mesa, no yo. Y si el Señor nos invita a él y a mí a la misma mesa, ¿no somos familia?

Nos vestimos de forma distinta. Pensamos de forma distinta. Somos distintos. Pero si estamos en el mismo coche, conducido por el mismo Padre, dirigido al mismo lugar, ¿no nos podemos aceptar unos a otros?

# 81.

ALGUNOS MIEMBROS DE NUESTRO ESTUDIO BÍBLICO SON MUY CRÍTICOS. ECHAN PESTES DE CUALQUIERA QUE DISCREPE CON ELLOS. ESO ME MOLESTA.

A Dios también le molesta. Dice: «Si en algo no están de acuerdo con ellos, no discutan» (Ro 14.1 TLA). Una cosa es tener una opinión; otra muy distinta, tener una pelea. Cuando notes que el volumen sube y el calor aumenta, cierra la boca. Es mejor callarse y conservar un hermano, que gritar y perderlo. Además, «¿Tú quién eres, que juzgas al criado ajeno? Para su propio señor está en pie, o cae; pero estará firme, porque poderoso es el Señor para hacerle estar firme» (Ro 14.4).

«No nos juzguemos más los unos a los otros» (Ro 14.13). Juzgamos a los demás cuando dejamos de tratar la controversia y empezamos a atacar el carácter. ¿Un ejemplo? «Por supuesto que quiere que las mujeres prediquen; tiene hambre de poder». O, «No me sorprende que le guste la alabanza ruidosa; él es de ese tipo, escandaloso en cualquier caso». Uno más: «Te puedes esperar una opinión así de alguien que nunca estudia la Biblia».

Estas son frases juzgadoras. Son frases que cruzan la línea. Si discrepamos, discrepemos en conformidad. La unidad requiere que discutamos sobre el tema, no sobre la persona. Y «sigamos lo que contribuye a la paz y a la mutua edificación» (Ro 14.19).

«Sobre todo, ámense los unos a los otros profundamente, porque el amor cubre multitud de pecados» (1 P 4.8 NVI). Si el amor cubre multitud de pecados, ¿no podrá cubrir multitud de opiniones?

# 82.

**Mi mujer y yo no tenemos amigos en la iglesia ni estamos involucrados en ninguna de las actividades. Nos estamos planteando quedarnos sencillamente en casa los domingos. ¿Estaría mal?**

Sé a lo que te refieres. Yo me planteo quedarme en casa los domingos también... *¡y soy uno de los ministros!*

Me pregunto qué pasaría si, al ir al trabajo, mi estómago decidiera quedarse en casa, tomarse un pequeño descanso. O si mi brazo necesitara un tiempo para poner las cosas en orden. O si mi pie izquierdo me abandonara.

Sería un desastre. Estaría prácticamente muerto. Completamente incapacitado.

¿Te has preguntado alguna vez por qué Pablo se refiere a la iglesia como el cuerpo de Cristo?

> Somos miembros de su cuerpo [de Cristo]. (Efesios 5.30)
> [Cristo] es la cabeza del cuerpo que es la iglesia. (Colosenses 1.18)

Yo no soy su cuerpo; tú no eres su cuerpo. Nosotros (juntos) somos su cuerpo.

Pero los cuerpos son muy frágiles, propenso a la enfermedad y a la ruptura. Los cuerpos de la iglesia también son frágiles, propensos a la envidia y la insignificancia.

> Si dijera el pie: «Como no soy mano, no soy del cuerpo», ¿por eso no sería del cuerpo? Y si dijera la oreja: «Porque no soy ojo, no soy del cuerpo», ¿por eso no sería del cuerpo? Si todo el cuerpo fuera ojo, ¿dónde estaría el oído? Si todo fuera oído, ¿dónde estaría el olfato? Pero ahora Dios ha colocado cada uno de los miembros en el cuerpo como él quiso. (1 Corintios 12.15–18 NVI)

Cada parte del cuerpo es necesaria porque cada una tiene una función. Ninguna parte es el todo, pero cada una es parte del todo. Nuestro mundo necesita desesperadamente a personas que se mantengan unidas y se amen unas a otras. Este grupo es la iglesia.

¿Hay algún momento en el que dejar una iglesia? Sí. En caso de liderazgo inmoral o deshonesto. Si los pastores están usando o abusando del rebaño, márchate. De lo contrario:

los cerebros tienen que encontrar respuestas razonables,
los ojos tienen que ver los problemas,
los estómagos tienen que digerir la situación,
los brazos tienen que librarse de las bacterias,
las manos tienen que aliviar,
los pies tienen que ir al trabajo.
No te expulses a ti mismo del cuerpo... o morirá.

# 83.

**ALGUNAS PERSONAS EN NUESTRA IGLESIA CREEN QUE NO DEBERÍAMOS ASOCIARNOS CON MIEMBROS DE OTRAS DENOMINACIONES. ESTO NO NOS PARECE BIEN, PERO SOMOS RECIÉN CONVERTIDOS Y QUEREMOS RESPETAR LAS OPINIONES DE AQUELLOS QUE HAN ESTADO EN LA IGLESIA DURANTE MÁS TIEMPO QUE NOSOTROS.**

Algunos predican un mensaje diferente al del cristianismo. A veces sutil. A veces obvio. A esos grupos hay que acercarse con precaución ya que utilizan una teología retorcida y un razonamiento enrevesado para confundir a los conversos.

Dentro del cristianismo hay subcategorías o denominaciones que tienen formas distintas de expresar la verdad bíblica. Un grupo lleva trajes, otro grupo lleva alzacuellos y otro lleva polos. Puede que se diferencien en su visión de la comunión: una vez a la semana, una vez al mes o de vez en cuando. Vino, mosto, zumo. En cuanto al bautismo, unos hacen inmersión; otros, aspersión.

Cualesquiera que sean los métodos y las prácticas de las iglesias, Dios tiene un solo rebaño. El rebaño tiene un solo pastor. Y aunque pensemos que hay muchos, estamos equivocados. Solo hay uno.

En la Biblia no se nos dice nunca que creemos algo unitario. Se nos dice sencillamente que mantengamos la unidad que existe. Pablo nos exhorta a conservar «la unidad que el Espíritu les dio» (Ef 4.3 TLA). Nuestra tarea no es inventar la unidad, sino reconocerla.

Me crié con dos hermanas y un hermano. Veníamos de la misma familia. Teníamos el mismo padre y la misma madre. Estoy seguro de que había momentos en los que no querían llamarme su hermano, pero no tenían elección.

Ni la tenemos nosotros en la iglesia. Cuando oigo a alguien llamar a Dios «Padre» y a Jesús «Salvador», me encuentro con un hermano o una hermana, independientemente del nombre de su iglesia o denominación.

Por cierto, ¿qué pasa con los nombres de iglesias sobre los que bromeamos? No existen en el cielo. El Libro de la Vida no incluye tu denominación junto con tu nombre. ¿Por qué? Porque la denominación no te salva. Y yo me pregunto: si no hay denominaciones en el cielo, ¿por qué las tenemos en la tierra?

Qué pasaría... (sé que es una locura). Pero, ¿qué pasaría si todas las iglesias acordaran, en un momento dado, cambiar sus nombres a simplemente «iglesia»? ¿Y qué si toda referencia a cualquier denominación se eliminara y todos fuéramos solo cristianos? Y entonces, cuando la gente decidiera a qué iglesia asistir, no lo haría por el cartel de fuera. Lo harían por los corazones de las personas de dentro. Y entonces, cuando a la gente se le preguntara a qué iglesia asiste, su respuesta sería solo una ubicación, no una etiqueta.

Y entonces los cristianos no seríamos conocidos por lo que nos divide; en vez de eso, seríamos conocidos por lo que nos une: nuestro mismo Padre.

# 84.

PROBABLEMENTE LOS CRISTIANOS, DE ENTRE TODAS LAS PERSONAS, DEBERÍAN SER CAPACES DE LLEVARSE BIEN, PERO SIEMPRE PARECE HABER DOS O TRES GRUPOS EN UNA IGLESIA QUE COMPITEN CON LOS DEMÁS Y DISCUTEN Y SE PELEAN. ¿HAY ESPERANZA PARA ESTE PROBLEMA?

¿Recuerdas la iglesia en Corinto? ¡Un problema en cada banco! Egoístas territorialmente. Vergonzosos moralmente. Imprudentes teológicamente. Y desconsiderados como colectivo. ¿Cómo ayudas a una congregación así?

Los puedes corregir. Pablo lo hizo. Los puedes instruir, cosa que hizo Pablo. Puedes razonar con ellos; Pablo lo hizo. Pero en algún momento dejas de hablar con la cabeza y empiezas a apelar al corazón. Y Pablo hizo eso: «El amor [...] todo lo disculpa, todo lo cree, todo lo espera, todo lo soporta» (1 Co 13.4, 7 NVI).

Solo veía una solución. Y esa solución era una palabra griega de cinco letras: A-G-A-P-E. *Ágape*.

Pablo podría haber usado la palabra griega *eros*. Pero no estaba hablando de amor sexual. Podría haber usado el término *fileo*, pero él les planteaba mucho más que una amistad. O podría haber usado *storge*, un tierno término para el amor a la familia. Pero Pablo tenía algo más en mente que la paz doméstica.

Visualizaba un amor *ágape*. El amor *ágape* cuida de otros porque Dios ha cuidado de nosotros. El amor *ágape* va más allá de los sentimientos y los buenos deseos. Como Dios nos amó primero, el amor *ágape* responde. Como Dios fue misericordioso, el amor *ágape* perdona el error cuando la ofensa es grave. *Ágape* ofrece paciencia cuando el estrés abunda y extiende bondad cuando la bondad escasea. ¿Por qué? Porque Dios nos ofreció ambas.

Esta es la clase de amor que Pablo le prescribió a la iglesia en Corinto. ¿No necesitamos la misma prescripción hoy día? ¿No se pelean aún los grupos unos con otros? ¿No nos callamos a veces cuando deberíamos hablar? ¿Y no lo pasan mal todavía los que han hallado libertad con los que no la han hallado? Algún día habrá una comunidad en la que todos se comportarán bien y nadie se quejará. Pero no será a este lado del cielo.

Y hasta entonces, ¿qué hacemos? Razonamos. Confrontamos. Enseñamos. Pero sobre todo, amamos.

# 85.

¿Cómo se supone que debemos ver a los cristianos de un grupo diferente? Algunos actúan de forma muy distinta a mí.

Primero, mira su fruto. ¿Es bueno? ¿Está sano? ¿Está él o ella ayudando o dañando a la gente? La producción es más importante que el pedigrí. El fruto es más importante que el nombre del huerto. Si la persona lleva fruto, ¡sé agradecido! Un árbol bueno no puede producir fruto malo (Mt 7.17–18), así que da gracias porque Dios está obrando en otros grupos aparte del tuyo.

Pero también mira la fe. ¿En nombre de quién se hace la obra? Jesús aceptó la obra del hombre que echaba fuera demonios porque lo hacía en el nombre de Cristo (Mc 9.38–39). ¿Qué significa hacer algo en el nombre de Jesús? Significa que estás bajo su autoridad y capacitado por ese nombre.

Si voy a un concesionario de coches y digo que quiero un coche gratis, los vendedores van a reírse de mí. No obstante, si voy con una carta escrita y firmada por el dueño del concesionario ofreciéndome un coche gratis, entonces me marcho conduciendo un coche gratis. ¿Por qué? Porque estoy allí bajo su autoridad y capacitado por el dueño.

El Maestro dice que examinemos la fe de la persona. Si él o ella tiene fe en Jesús y está capacitado por Dios, la gracia dice que eso es suficiente. Este es un punto importante. Hay algunos que no obran en nombre de Dios.

Pero hay creyentes de muchas herencias diferentes que sostienen su esperanza en el Hijo unigénito de Dios y ponen su fe en la cruz de Cristo. Si ellos, como tú, confían en que él los llevará al castillo del Padre, ¿no comparten un mismo Salvador? Si su confianza, como la tuya, está en el sacrificio propiciador de Cristo, ¿no los cubre la misma gracia?

¿Quieres decir que no tienen que estar en mi grupo? No.

¿No tienen que compartir mi contexto? No tienen por qué.

¿No tienen que verlo todo a mi manera? ¿Tiene que hacerlo alguien?

# 86.

ME GUSTA JESÚS. LO QUE NO ME GUSTA SON SUS SEGUIDORES. AL MENOS NO ME GUSTA LA FORMA EN QUE SE COMPORTAN. TODO ESE «AMÉN» Y «ALABADO SEA EL SEÑOR» PARECE FALSO.

No eres el único. La hipocresía aleja a las personas de Dios. Cuando almas con hambre de Dios entran en una congregación de aspirantes a superestrellas, ¿qué ocurre? Cuando gente que busca a Dios ve cantantes pavonearse como artistas de Las Vegas... Cuando oyen al predicador —un hombre de palabras, vestimenta y pelo impecables— actuar para el público y excluir a Dios... Cuando otros asistentes se visten para ser vistos y hacen muchos aspavientos sobre sus donativos y ofrendas... Cuando las personas entran en la iglesia para ver a Dios pero no pueden verlo a causa de la iglesia, no creas ni por un segundo que Dios no reacciona. «¡Mucho cuidado con andar haciendo buenas obras para que los demás los vean y admiren! ¡Los que así lo hacen no tendrán recompensa» (Mt 6.1 NBD).

La hipocresía vuelve a la gente contra Dios, así que él tiene una política de tolerancia cero. Vamos a tomarnos la hipocresía tan en serio como hace Dios. ¿Cómo podemos hacerlo?

*No esperes reconocimiento por las buenas obras.* Ninguno. Si nadie se da cuenta, no te sientas decepcionado. Si alguien se da cuenta, dale el reconocimiento a Dios. Hazte esta pregunta: si nadie supiera del bien que hago, ¿aun así lo haría? Si no, lo estás haciendo para que la gente te vea.

*Da los donativos económicos en secreto.* El dinero aviva la falsedad dentro de nosotros. Queremos que se nos vea ganándolo. Y queremos que se nos vea dándolo. Así que «cuando tú des limosna, no sepa tu izquierda lo que hace tu derecha» (Mt 6.3).

*No finjas espiritualidad.* Cuando vayas a la iglesia no elijas el asiento solo para que te vean ni cantes solo para que te oigan. Si levantas las manos, levanta manos santas, no manos ostentosas. Cuando hables no adornes tu vocabulario con términos religiosos de moda. Nada repugna más que un «alabado sea el Señor» falso o un «aleluya» superficial o un «gloria a Dios» fingido.

En conclusión, no conviertas tu fe una producción teatral.

# 87.

En la evaluación anual de mi rendimiento en el trabajo mi jefe me pidió que intentara animar más a la gente. Eso no me sale de forma natural o con facilidad. Supongo que soy un poco crítico. ¿Alguna sugerencia?

Animar no es dar una palabra esporádica y amable, sino más bien una resolución premeditada de levantarle la moral a un amigo.

Una vez escuché un ejemplo de cómo dar ánimos en el aeropuerto LaGuardia de Nueva York. Un hombre de negocios estaba en la cabina telefónica junto a la mía. No sabía que yo estaba escuchando. Yo no pretendía escuchar. Pero no podía evitarlo. Era un modelo de cómo dar ánimos deliberadamente.

Aparentemente acababa de cerrar un trato importante y estaba de camino a la oficina central. Uno a uno, estaba llamando al personal de la oficina para compartir las buenas noticias y darle a cada uno el reconocimiento. Debió hablar con media docena de trabajadores. Con cada uno empezó de la misma forma: «Buenas noticias. Hemos firmado el contrato. Y quiero que sepas que no podríamos haberlo hecho sin ti. Déjame decirte por qué tu papel ha sido tan importante». Y entonces procedía a darles las gracias específicamente por su trabajo. La recepcionista, el contable, el vicepresidente... cada persona fue felicitada. No sé quién era, pero sé que conocía el poder de animar deliberadamente.

Alguien que da ánimos hace más que dar unas cuantas palmadas en la espalda. A veces asume un riesgo a favor de otro. Eso es lo que hizo Bernabé. Era tal fuente de ánimo que los apóstoles le cambiaron el nombre de José a Bernabé, que significa «hijo de consolación» (Hch 4.36 NBD). En ningún momento vivió más acorde con su nombre que el día en que defendió al recién convertido.

Nadie más quería tener nada que ver con ese tipo. ¿Quién querría un asesino en la iglesia? Eso es lo que era Saulo. Y por eso los apóstoles eran escépticos.

Bernabé, sin embargo, practicó el dar ánimos deliberadamente. «Entonces Bernabé, tomándolo, lo trajo a los apóstoles y les contó cómo Saulo había visto en el camino al Señor, el cual le había hablado, y cómo en Damasco había hablado valerosamente en el nombre de Jesús. Y estaba con ellos en Jerusalén; entraba y salía» (Hch 9.27–28 RVR1995).

Supón que Bernabé se hubiera quedado callado. O supón que Bernabé hubiera seguido a la masa. ¿Habría conocido la iglesia a Pablo?

Toda vida necesita un Bernabé. Te *animo* a que seas uno para otra persona.

# 88.

¿Cuál es el propósito de la alabanza? No parece que Dios necesite que le cantemos.

La palabra *alabanza* invoca muchos pensamientos en muchas mentes, de los cuales no todos son exactos ni sanos. Cuando piensas en la alabanza, ¿en qué piensas?

¿Canciones anticuadas mal cantadas? ¿Oraciones teatrales elevadas con egotismo?

¿Sermones irrelevantes predicados con negligencia? ¿Ofrendas exiguas dadas a regañadientes?

¿Auditorios casi vacíos y rituales sin sentido?

¿Qué es la alabanza?

La definición está en el libro de los Salmos:

> Alaben al Señor, seres celestiales,
>> alábenlo por su gloria y su fortaleza.
> Alábenlo por su majestuosa gloria; la gloria de su nombre.
>> Preséntense ante él en su majestuoso santuario. (29.1–2 NBD)

La esencia de la alabanza es simplemente esto: darle a Dios el honor que se merece. Alabar es aplaudir la grandeza de Dios.

La etimología de la palabra inglesa para alabanza [*worship*] refleja esta idea. Este término viene de la palabra anglosajona *worthscipe*, que se modificó a *worthship* y finalmente a *worship*. *Worship* [alabanza] significa «atribuir valor» a alguien o a algo.

En el contexto de la Escritura, la alabanza es tanto una actitud como una acción. Una perspectiva del corazón y un acontecimiento en la vida.

> Y todo lo que hagan, de palabra o de obra, háganlo en el nombre del Señor Jesús, dando gracias a Dios el Padre por medio de él. (Colosenses 3.17 NVI)

Esta es la alabanza como estilo de vida. Toda obra y obligación realizadas de tal manera que Dios reciba reconocimiento y aplauso. La alabanza comienza como una actitud, pero se intensifica como una acción.

La acción de alabanza estaba en la mente del salmista cuando escribió: «Adoren al Señor con regocijo. Preséntense ante él con cánticos de júbilo» (Sal 100.2 NVI).

Y, ¡oh, cómo lo necesitamos! Vamos a alabar hechos polvo. Tan satisfechos con nosotros mismos que creemos que alguien ha muerto y nos ha hecho rey. O tan a disgusto con nosotros mismos que creemos que todos han muerto y nos han dejado solos.

Alabamos porque lo necesitamos. Pero esa es la razón secundaria.

La razón principal por la que alabamos no tiene nada que ver con nosotros; tiene todo que ver con Dios. ¡Merece recibirla!

# 89.

UNA IGLESIA DICE QUE EL BAUTISMO ES NECESARIO PARA LA SALVACIÓN. OTRA IGLESIA DICE JUSTO LO CONTRARIO. ¿CÓMO PUEDO SABERLO CON SEGURIDAD?

¿Te sentirías a gusto al casarte con alguien que quisiera mantener el matrimonio en secreto? Dios tampoco. Una cosa es decir en la privacidad de tu propio corazón que eres un pecador con necesidad de un Salvador, y otra distinta es salir de la oscuridad y ponerte delante de familiares, amigos y compañeros y afirmar públicamente que Cristo es tu perdonador y maestro. Ese acto hace subir la apuesta.

Jesús mandó a todos sus seguidores que lo probaran, que hicieran la promesa, mediante la demostración pública del bautismo. Entre sus últimas palabras estaba el mandamiento universal a que «vayan y hagan discípulos de todas las naciones, bautizándolos en el nombre del Padre y del Hijo y del Espíritu Santo» (Mt 28.19 NVI).

El bautismo es el paso inicial e inmediato de obediencia del creyente. Hasta donde sabemos, cada uno de los convertidos en la iglesia del Nuevo Testamento se bautizó. Con la excepción del ladrón en la cruz, no hay ningún ejemplo de un creyente sin bautizar.

El ladrón en la cruz, no obstante, es una excepción crucial. Su conversión vuelve locos a los dogmáticos. No es casualidad que el primero en aceptar la invitación del Cristo crucificado no tuviera credo, confirmación, bautizo ni catecismo. Qué perturbador para los teólogos subir al monte de la doctrina para que les salude un ladrón que se puso del lado de Cristo. Aquí está un hombre que nunca fue a la iglesia, nunca dio la ofrenda, nunca se bautizó y solo dijo una oración, pero esa oración fue suficiente (Lc 23.33–43).

El ladrón nos recuerda que, al final, es Jesús quien salva. ¿Niega la historia del ladrón la importancia del bautismo? No, sencillamente coloca el bautismo en la perspectiva adecuada. Cualquier paso dado es una respuesta a la salvación que se ofrece, no un esfuerzo para ganar la salvación. Al final Jesús tiene derecho a salvar cualquier corazón porque él, y solo él, ve el corazón.

# 90.

MI AMIGA SE HA PASADO MUCHO DE LA RAYA. SOLÍA CAMINAR CON DIOS. AHORA SALE CON MALA GENTE Y HACE COSAS QUE NO PUEDO CREER QUE HAGA. PERO NO SÉ CÓMO AYUDARLA.

En el *walkie-talkie* de un bombero hay una tecla RIT. RIT son las iniciales en inglés de «Equipo de Intervención Rápida». Un bombero pulsa esa tecla solo cuando está acorralado por el peligro y no tiene ninguna esperanza de salvación. En el momento en que envía una señal RIT, sus compañeros bomberos dejan lo que estaban haciendo y van en su rescate. El fuego se convierte en secundario. Todos los recursos se enfocan en un solo objetivo: sacar a ese hombre de peligro.

Dios tiene un Equipo de Intervención Rápida también. Y puede que tú estés en él. Mira al personal de rescate. «Ustedes que son espirituales deben restaurarlo» (Gl 6.1 NVI).

Normalmente asumimos que el rescate es tarea de los líderes. La mayoría de las veces lo es. La mayoría de las veces los ancianos, maestros y ministros son llamados al deber cuando alguien decae. Pero el apóstol Pablo no limita los Equipos de Intervención Rápida a los líderes. Puede que sea un callado pero piadoso miembro de la iglesia quien note la ausencia de alguien.

Seas quien seas, si eres *espiritual* (si caminas con Dios) Dios te va a convocar. Cuando te llame, el propósito de tu misión es la restauración. «Ustedes que son espirituales deben *restaurarlo*».

El objetivo es la restauración, no el castigo ni la humillación. El rescatador se acerca a la intervención con cuidado «porque también puede ser tentado» (v. 1) y debe gentilmente «restaurarlo con una actitud humilde» (v. 1).

Veamos si podemos imaginar el rescate. Digamos que una mujer de la iglesia se mete en un lío. Las cosas entre ella y su marido se habían enfriado, así que cuando las cosas entre ella y su compañero de trabajo se calentaron, cayó. Cayó en los brazos de otro hombre.

Eso estuvo mal. Lo peor de todo es que no se sentía mal. Culpa a la mediana edad, el estrés en el trabajo, las luchas en casa, o lo que sea, pero ella no se sentía mal y no cambió. Para cuando alguien de la iglesia se enteró, ella ya se había marchado. Un marido y un par de hijos estaban a la deriva tras su estela.

¿Te puedes imaginar un panorama peor? Yo sí. ¿Y si ella no perteneciera a una iglesia? ¿Y si no fuera conocida ni activa? ¿Y si sus amigos de la iglesia no se tomaran en serio su papel?

Pero pertenecía a una, era conocida, y sus amigos se lo tomaron en serio. Llamaron a su puerta. Le enviaron notas. La llamaron. No se dieron por vencidos. Finalmente accedió a ver a un consejero. La sanidad no fue inmediata, pero acabó por llegar. Y, con el tiempo, regresó a casa. Se restauró a una hermana, se salvó una familia. Se defendió la reputación de Cristo y se cumplió de ley de Jesús. «Ayúdense unos a otros a llevar sus cargas, y así cumplirán la ley de Cristo» (v. 2).

El plan de Dios es simple. Cuando un creyente cae, la iglesia responde. Inmediatamente. Sinceramente. Amablemente.

# Él y ella

Sexo, romance y «¿Es posible
una segunda oportunidad?»

Lisa:

Estaré orando por ti y por tu marido. Por favor, busquen el perdón en sus corazones. Nunca ofrecerán más misericordia de la que Dios ya ha ofrecido. Pídanle a Dios que sane su matrimonio. Él resucitó a su Hijo de los muertos, ¿quién dice que no hará lo mismo con su matrimonio?

Max

# 91.

ES MI CUERPO, ¿NO? MIENTRAS MI ACTIVIDAD SEXUAL SEA CONSENSUADA, ¿QUÉ DAÑO HAGO?

La promiscuidad sexual, la intimidad fuera del matrimonio, aparenta que podemos dar el cuerpo sin afectar el alma. No podemos. Los humanos somos tan complejamente psicosomáticos que lo que toca el *soma* (cuerpo) impacta la psique también. La egocéntrica frase «mientras no haga daño a nadie» suena noble, pero la verdad es que no sabemos quién saldrá dañado.

Piensa en el plan de Dios. Un hombre y una mujer hacen un pacto público con el otro. Deshabilitan los asientos eyectables. Queman el puente de vuelta a la casa de mamá. Cae el uno en los brazos del otro bajo el dosel de la bendición de Dios, circundados por la alta valla de la fidelidad. Ambos saben que el otro estará allí por la mañana. Ambos saben que irán empatados cuando la piel se arrugue y el vigor se debilite. Cada uno le da al otro privilegios exclusivos solo-para-tus-ojos. Fuera queda la culpa. Fuera queda la lujuria indisciplinada.

Lo que queda es una celebración de la permanencia, un momento tierno en el que el cuerpo continúa lo que la mente y el alma ya habían comenzado. Un tiempo en el que «estaban ambos desnudos, Adán y su mujer, y no se avergonzaban» (Gn 2.25). El sexo así honra a Dios.

El pensamiento teocéntrico nos rescata del sexo que creíamos que nos haría felices. Puede que creas que tus escarceos son inofensivos y puede que pasen años antes de que los rayos X revelen el daño interno, pero no te engañes. La promiscuidad sexual es una dieta de chocolate: es sabrosa durante un tiempo, pero el desequilibrio puede acabar contigo. El sexo fuera del plan de Dios hiere el alma.

El sexo según el plan de Dios la nutre.

# 92.

En mi opinión, el sexo prematrimonial prepara a la pareja para el matrimonio. ¿No querrías que la pareja que está a punto de casarse se conociera lo mejor posible?

¿Qué te dice el sexo prematrimonial de una persona? ¿Te da a conocer algo de su carácter? ¿De su paciencia? ¿Responde una noche de pasión a estas preguntas?: «¿Querrá a mis hijos?», «¿Dirá la verdad?», «¿Amaremos más a Dios juntos que separados?»

Difícilmente. El sexo prematrimonial solo revela una cosa: a esa persona le gusta acostarse con cualquiera. Y le dice a tu pareja lo mismo de ti.

El sexo en el noviazgo no mejora la relación, atrofia su crecimiento. Cambia la atención del estudio del alma a la fascinación por el cuerpo. Se descuida la necesaria creación de amistad. Las herramientas esenciales para la comunicación quedan subdesarrolladas. Sobre todo, la intimidad espiritual le cede el asiento delantero a la intimidad sexual. El propósito del noviazgo es conocer el alma del otro, no su cuerpo.

Dios nos llama al matrimonio *presexual*. «Por tanto, dejará el hombre a su padre y a su madre, y se unirá a su mujer, y serán una sola carne» (Gn 2.24). La salida es el anuncio que un hombre y una mujer hacen a la comunidad. Ya sea que ese anuncio se haga en una ceremonia en una catedral o en una boda en un jardín, sirve al mismo propósito. Anuncia un pacto entre dos personas. Elimina a dos individuos del mercado de las citas y los matricula en la universidad del matrimonio.

Dejar, unirse, después el sexo. Primero viene el amor, luego viene el matrimonio, después viene el fruto del amor... el cochecito del bebé.

# 93.

**MI ESPOSA Y YO TENEMOS INTERESES SEXUALES DISPARES. MI «¿AHORA?» A MENUDO ES CORRESPONDIDO CON UN «NO». ¿ALGÚN CONSEJO?**

Hay momentos en los que uno de los cónyuges sencillamente «no está ahí». Hay ocasiones en las que los niveles de interés no coinciden. Uno está más entusiasmado que el otro. No hagas a tu cónyuge sentirse culpable o manipulado. Que reine el espíritu del siervo.

Comunícate. Si tienes alguna carga, ábrete. Deja que tu pareja sepa lo que te preocupa. Quizá podrías proponer un plan diferente. Explícale a tu cónyuge que estás cansado esta noche, pero que sueles ponerte juguetón con el amanecer. O disminuye tus expectativas para la tarde. El sexo marital es como las cenas: algunas veces picamos, algunas veces tomamos un banquete. Los matrimonios sanos aprenden a servir aperitivos cuando no es posible una cena de Acción de Gracias. Esposas, pueden ser receptivas incluso cuando no estén totalmente involucradas. Esposos, pueden ser pacientes incluso cuando se habían hecho muchas ilusiones.

Pero, ¿y si el desinterés dura más que unos pocos días? La llegada de los hijos trastoca no solo las rutinas de sueño, sino también la energía disponible. Algunos hombres evitan las relaciones íntimas por miedo al fracaso. Los anuncios les dicen que tienen que «cumplir» y les preguntan: «¿Estarás preparado?» Por miedo a no estarlo evitan la posibilidad. Algunas esposas evitan el sexo porque les despierta recuerdos de abusos o errores. Problemas sicológicos como el estrés y la depresión pueden disminuir el interés por las relaciones íntimas durante varias semanas seguidas. Las causas de la inactividad sexual prolongada son variadas. Una cura puede pasar por el despacho de un consejero o un médico, pero la cura siempre empieza con un entendimiento mutuo. «Con sabiduría se construye la casa y con inteligencia sus cimientos» (Pr 24.3 NBD).

«Ni la esposa es dueña de su propio cuerpo, puesto que pertenece a su esposo, ni el esposo es dueño de su propio cuerpo, puesto que pertenece a su esposa» (1 Co 7.4 DHH).

La ausencia de sexo se puede soportar. La ausencia de la charla sobre esa ausencia no. Alguien tiene que hablar. Ambos tienen que buscar... buscar a Dios para que les ayude. No están sin soluciones.

# 94.

NADIE NOS ADVIRTIÓ A MI MUJER Y A MÍ ACERCA DE TODO ESO DE LAS DIFERENCIAS SEXUALES. CREO QUE ESTE DEBATE DEBERÍA ESTAR PRESENTE EN TODOS LOS CURSOS PREMATRIMONIALES. LO ESTAMOS ARREGLANDO, PERO HA SIDO UN RETO QUE NOS HA TOMADO POR SORPRESA.

Los hombres y las mujeres son diferentes. Nos encanta.

Los hombres y las mujeres son diferentes. ¡Lo odiamos!

Amando u odiando las diferencias, comprendámoslas.

Esposas, entiendan que su marido ve el sexo como una necesidad primaria. Hombres, entiendan que su mujer ve el sexo como opcional. En un estudio, cuando se les pedía a los hombres que calificaran la importancia del sexo, lo puntuaban consistentemente como 1, 2 ó 3. (Creo que algunos lo puntuaron como 1, 2 y 3). Las mujeres, de media, colocaron el sexo en el recuadro número 13: justo detrás de «arreglar el jardín juntos».[1] Aparentemente, la presencia de un buen jardín indica un marido impaciente.

Las mujeres y los hombres son diferentes. Los hombres clasifican la experiencia sexual. El marido puede tener un día horrible, prever la Tercera Guerra Mundial para el siguiente, oír un tornado afuera, y aun así disfrutar del sexo ahora mismo.

La mujer no se deshace ni se desentiende tan rápido de las exigencias de la vida. Y puede que se sienta ofendida porque su marido lo haga. «¿Cómo puedes pensar en eso en un momento como este?»

La respuesta de él: «Es fácil».

Ella piensa que él es insensible. Él piensa que ella es una mojigata. Ninguno tiene razón. Ambos pueden comprender mejor al otro. Toma una actitud de servicio en tu vida sexual. «Ámense los unos a los otros con amor fraternal, respetándose y honrándose mutuamente» (Ro 12.10 NVI).

Aquí va otro ejemplo. Hombres, aproximadamente una vez al mes, el cuerpo de tu mujer pasa por un motín interno. Su humor puede cambiar y su cuerpo se vuelve sensible. Su irritabilidad es una especie de reinicio interno. Sé paciente durante esos días. Ella soporta tus arrebatos por partidos de fútbol perdidos o excursiones de pesca pasadas por agua. Tú puedes ser compasivo también.

Esposas, en lo que respecta a la estimulación sexual, sus maridos viven en un espectáculo de luz de Las Vegas. Pedirle que no piense tanto en el sexo es como pedirle que ignore los dulces en una pastelería. Está por todas partes: revistas, carteles, televisión, películas. Las empresas utilizan modelos curvilíneas para vender lanchas de pesca. Sé paciente y ora por él.

De hecho, oren por este problema. Arrodíllense junto a la cama juntos y oren: «Señor, esta es tu voluntad y tu matrimonio. Ayúdanos a honrarte en esta cama».

Lo sé; es una oración que raramente se hace. Lo cual podría ser la razón de tantos conflictos.

# 95.

¿QUÉ OBJETOS Y ACTIVIDADES SEXUALES SON ACEPTABLES PARA DIOS? ¿LENCERÍA SUGERENTE? ¿ACEITES CORPORALES? ¿PARTICIPAR EN ACTIVIDADES ESPECÍFICAS, UTILIZAR UN LENGUAJE SENSUAL Y VER PELÍCULAS ESTIMULANTES? ¿QUÉ PERMITE Y QUÉ PROHÍBE DIOS?

En primer lugar, rechaza la noción de que Dios es antisexo, anticariño o anti acto sexual. Después de todo, él desarrolló el lote. El sexo es una parte de su plan. El sexo es práctico: puebla la tierra. El sexo es personal: fortalece el matrimonio. El sexo es simbólico: representa el vínculo entre marido y mujer y entre Cristo y la iglesia. El sexo es poderoso. Usado adecuadamente, puede sanar el corazón. Administrado inadecuadamente, puede devastar una vida.

Sabemos lo que Dios prohíbe:

~ Toda actividad sexual fuera del matrimonio (1 Co 7.2; 1 Ts 4.3).
~ La pasión lujuriosa desenfrenada por alguien que no sea tu cónyuge (Mt 5.28).
~ La obscenidad y el lenguaje grosero (Ef 4.29).

Pasa tus preguntas por estos filtros. Alguien pregunta, por ejemplo, sobre el uso de lenguaje sensual durante las relaciones sexuales. «No digan malas palabras, sino solo palabras buenas que edifiquen la comunidad y traigan beneficios a quienes las escuchen» (Ef 4.29 DHH). ¿Estás utilizando palabras que edifican a tu pareja y honran a Dios? Si es así, utilízalas. ¿Tus palabras degradan a tu pareja? ¿Reflejan el lenguaje del mal más que la lengua vernácula de Dios? Si es así, ya sabes lo que tienes que hacer.

Algunos se preguntan sobre ciertas prácticas y actividades en el sexo marital. A excepción del Cantar de los Cantares, la Escritura dice muy poco. Dios les da a sus hijos permiso para disfrutar el uno del otro de cualquier manera que los edifique mutuamente. Pero si un cónyuge se siente degradado o incómodo no hay lugar a que el otro insista en hacerlo a su manera. «Se dice: "Yo soy libre de hacer lo que quiera". Es cierto, pero no todo conviene» (1 Co 6.12 DHH). Lo que es permisible no siempre es beneficioso.

Ve el sexo como una oportunidad de servir a tu pareja, no de usar a tu pareja.

Pero por lo general es mejor que cada hombre tenga su propia mujer y que cada mujer tenga su propio marido, para evitar caer en pecado. El hombre debe satisfacer los derechos conyugales de su esposa; y lo mismo la esposa respecto de su esposo. La mujer no tiene derecho sobre su cuerpo, porque éste le pertenece a su esposo. Tampoco el hombre tiene derecho sobre su cuerpo; pues le pertenece a su esposa. (1 Corintios 7.2–4 NBD)

# 96.

NUESTRO MATRIMONIO ESTÁ MANCHADO POR LA TRAICIÓN. YA NO CONFIAMOS EL UNO EN EL OTRO. EL ADULTERIO NOS HA DEJADO DISTANTES Y AMARGADOS. NO ESTAMOS DE ACUERDO EN MUCHAS COSAS, PERO SÍ EN ESTO: NUESTRO MATRIMONIO ES UN DESASTRE.

Déjenme dirigir mi respuesta a las diferentes partes.

*¿Le has fallado a tu cónyuge?* Si es así, asúmelo. No lo minimices ni lo niegues. Confiésalo y busca el perdón de cada persona a la que hayas hecho daño. Luego dales tiempo para que se repongan. No eres tú quien determina el periodo de recuperación. No trates de establecer el tiempo que tarda un corazón en curarse.

Imagina que eres el contable de una empresa y has malversado dos mil dólares al mes durante dos años. Después, por convicción, confiesas el delito a tu jefe. Estás genuinamente arrepentido. Y el primer día tras tu admisión apareces en el trabajo para continuar con tus tareas. Esperas que tu supervisor te confíe las finanzas de la empresa. ¿Cómo reaccionará el jefe? Puede que te dé una escoba, pero no te va a confiar los libros de cuentas.

Cuando violas el pacto del matrimonio pierdes la confianza de tu cónyuge. Puede que tu confesión te haga sentir mejor. Pero tu confesión rompe el corazón de aquel a quien has hecho daño. La carga que te has quitado del pecho ha caído en los hombros de tu cónyuge. Y tu cónyuge necesita tiempo para recuperarse. ¿Cuánto tiempo? El que haga falta.

*¿Te ha fallado tu cónyuge?* Por difícil que parezca y por imposible que pueda parecer, el perdón es tu objetivo. Intenta darle a tu cónyuge lo que Dios te ha dado a ti: gracia. Tu matrimonio puede salvarse y la intimidad restaurarse, con el tiempo, si son «bondadosos y compasivos unos con otros, y perdónense mutuamente, así como Dios los perdonó a ustedes en Cristo» (Ef 4.32 NVI).

Lo que ha hecho tu cónyuge es despreciable, pero lo esencial es quién es tu cónyuge. Tu pareja es hijo de Dios, comprado por Cristo y conocido por el cielo. Mira menos el error de tu cónyuge y más la gracia de Dios y, con el tiempo, la sanidad llegará.

*¿Te has fallado a ti mismo?* ¿Te acosa la vergüenza de tu juventud? ¿O te persiguen los errores de la semana pasada? La culpa sin solventar despierta la ira descontrolada y la vergüenza insana. Empuja a las personas a arremeter y a apartarse de aquellos a quienes aman. Lleva tus fracasos morales al trono de la gracia de Dios.

Él restaura la virginidad espiritual. Eleva a sus hijos a un lugar libre de culpa. ¿Recuerdas las palabras de Pablo? «Gracias a que él derramó su sangre, tenemos el perdón de nuestros pecados. Así de abundante es su gracia» (Ef 1.7 NBD).

Deja que Dios te limpie. Dile a Dios el nombre de las personas o cuéntale acerca de la razón de la pornografía. Saca esos momentos a la luz de la gracia de Dios. El pecado sexual requiere una confesión específica porque nos afecta muy profundamente. «Huyan de la inmoralidad sexual. Todos los demás pecados que una persona comete quedan fuera de su cuerpo; pero el que comete inmoralidades sexuales peca contra su propio cuerpo» (1 Co 6.18 NVI).

Su gracia es suficiente y su misericordia es abundante. Su palabra para ti es su palabra para los antiguos:

> Ya no recuerdes el ayer,
>> no pienses más en cosas del pasado.
> Yo voy a hacer algo nuevo,
>> y verás que ahora mismo va a aparecer.
> Voy a abrir un camino en el desierto
>> y ríos en la tierra estéril. (Isaías 43.18–19 DHH)

# 97.

¿Es natural que los hombres se coman a las mujeres con los ojos? A mi marido le gusta mirar a las mujeres atractivas y lo hace incluso cuando estoy yo delante. Eso me enfada y me siento humillada. ¿No tengo derecho a pedirle que deje de hacerlo?

Jesús tenía que decirlo, ¡y era un hombre!

> Ustedes han oído que se dijo: «No cometas adulterio». Pero yo les digo que cualquiera que mira a una mujer y la codicia ya ha cometido adulterio con ella en el corazón. Por tanto, si tu ojo derecho te hace pecar, sácatelo y tíralo. Más te vale perder una sola parte de tu cuerpo, y no que todo él sea arrojado al infierno. (Mateo 5.27–29 NVI)

*Lujuria* significa mirar a otra persona con intención sexual, fantasear con alguien con quien no estás casado.

*Adulterio* significa que, como persona casada, te estás involucrando en una actividad sexual con alguien que no es tu cónyuge.

¿Cuál es la diferencia? Tocar.

¿Cuál es la similitud? Pensar.

He oído decir que lujuria es la segunda vez que miras fijamente a una mujer. Hay algo de sabiduría en eso.

Jesús hizo la misma puntualización sobre la lujuria que la que hizo sobre el asesinato (Mt 5.21). La única diferencia entre la contemplación mental del odio y el acto del asesinato es que el asesinato aprieta el gatillo. El proceso de pensamiento es el mismo.

Tanto la lujuria como el odio cruzan una línea. El pecado tiene tanto de pensamiento como de acción. La ira desenfrenada puede llevar al asesinato en primer grado. Los pensamientos desbocados sobre sexo pueden llevar al adulterio físico.

La lujuria también amenaza al cónyuge. Durante un segundo, esa belleza de bikini se convierte en la mujer más atractiva del mundo, no tú. Durante un momento fugaz, ese moreno musculoso se convierte en el mayor semental que existió jamás, no tú.

Eso duele. Es humillante.

Haz que tu cónyuge sepa lo que se siente. «Cada vez que hablas de otra mujer me haces daño». «Cada vez que hablas así me siento feo».

Esperemos que la próxima vez se piense dos veces lo de mirar dos veces.

# 98.

¿CUÁL ES LA GRAN IMPORTANCIA DE LA PORNOGRAFÍA? ¿POR QUÉ HACEMOS UNA MONTAÑA DE ALGO QUE ES NATURAL? HAY HOMBRES QUE DICEN QUE LA PORNOGRAFÍA LOS CONTROLA. A MÍ NO. YO PUEDO PICOTEAR SIN QUE SEA UNA LUCHA. ASÍ QUE LO HAGO.

La pornografía es robo. Les estás robando miradas a mujeres que no te pertenecen. Cuando hojeas la revista de lencería o el canal porno, estás cometiendo hurto mayor.

¡No te engañes! No eres tan fuerte como crees. No puedes parar cuando quieras. No puedes jugar con fuego sin quemarte. Así que no enciendas la cerilla. «Porque vergonzoso pecado es la lujuria; crimen que debe castigarse. Es fuego devastador que nos consume y nos lanza al infierno, y arrancaría de raíz cuanto yo he plantado» (Job 31.11–12 NBD).

Job acompaña su advertencia con un ejemplo: «Yo había convenido con mis ojos no mirar con lujuria a ninguna mujer» (Job 31.1 NBD).

La Biblia nunca nos dice que enfrentemos el pecado sexual, que luchemos contra el pecado sexual... no, nuestro llamado es a que «[huyamos] de la inmoralidad sexual» (1 Co 6.18 NVI).

Solo porque una mujer se vista para provocar no tienes que mirar. Solo porque aparezcan las fotografías no tienes que verlas. No puedes evitar que un pájaro vuele sobre tu tejado, pero puedes mantenerlos fuera de tu chimenea. Pon en vigor la norma de los dos segundos. La próxima vez que veas más de lo que deberías en una foto, en una pantalla, o en el escaparate de una tienda de lencería, date dos segundos para volver en ti. Tienes dos tics del reloj para entrar en razón y cambiar tu mirada. ¡Guarda tus pensamientos! «Pues no nos ha llamado Dios a inmundicia, sino a santificación» (1 Ts 4.7).

Mañana vivirás los pensamientos que toleres hoy. ¡Úsalo a tu favor! ¿Quieres un matrimonio más fuerte mañana? Pondera las fortalezas de tu pareja hoy. ¿Quieres tener más fe mañana? Medita en la Palabra de Dios hoy. ¿Quieres un futuro libre de culpa? Entonces satura el presente de gracia. Eres lo que piensas. «Cada uno cosecha lo que siembra» (Gl 6.7 NVI). Así que escoge tus semillas con cuidado.

# 99.

**Fui rescatada de un estilo de vida muy pecaminoso, lo cual significa que estaba lejos de ser inocente cuando me casé hace dos años. Mi marido era virgen cuando nos casamos. Él conocía mi pasado y pensaba que lo había olvidado todo. Pero ahora parece que esté pasándolo mal por ello. Saca el tema continuamente y eso está causando estragos en nuestra vida sexual.**

Hay un antiguo refrán: «El amor nunca olvida».

¿O es «El amor siempre olvida»?

No puedo recordarlo.

El amor nunca se olvida de la otra persona, recordando las razones que los unieron, teniéndolos en mente en todo momento. El amor nunca se olvida de los sacrificios y las expresiones de una devoción sentida.

El amor debería olvidar los errores, los fallos, el pecado. Pero no puede. No podemos provocarnos una amnesia. Tampoco puede Dios.

Dios no puede olvidar nuestros pecados, pero decide no seguir pensando en ellos. Prefiere ver a su Hijo vivir en nosotros, ya que el sacrificio de Jesús cubre nuestros pecados (Gl 2.20). Nos ve como somos ahora —santificados, redimidos y justos— en vez de como éramos antes. Dios guarda el álbum de fotos y prefiere vernos vivos y en persona.

Tenemos que perdonar de la misma manera y decidir no seguir pensando en los fracasos de los demás. Después de un tiempo, al rehusar traer esos pensamientos a la mente, estos se pierden en la lista de cualidades positivas que ponderamos día sí y día también.

Puede que no fueras perfecta cuando te casaste, pero fuiste perfeccionada por la obra de Jesucristo en la cruz. Aunque tu marido se mantuviera virgen de cuerpo, probablemente no se mantuvo virgen de mente y por tanto necesitaba la misma obra perfeccionadora de Jesús en su vida.

Así como tú no usarías sus pensamientos lujuriosos contra él, él no debería usar tu estilo de vida lujurioso contra ti. Ante Dios, son lo mismo. El pecado es pecado, y ambos necesitan ser perdonados y archivados en el cajón de la memoria.

# 100.

UNOS DICEN QUE SER GAY ES PECADO Y OTROS DICEN QUE ESTÁ BIEN SI ESA PERSONA AMA A DIOS. ENTONCES, ¿ODIA DIOS A LOS HOMOSEXUALES? Y OTRA COSA, ¿SON ARCAICOS LOS MANDAMIENTOS DE LA BIBLIA, HABLANDO MÁS DE LA CULTURA DE AQUEL TIEMPO Y NO NECESARIAMENTE DE LA NUESTRA HOY?

Las discusiones sanas sobre la homosexualidad parecen ser cada vez más escasas. Por un lado oímos ataques duros y crueles contra miembros de la comunidad gay. Los homosexuales son escogidos como el blanco de los chistes o caracterizados como enemigos de Dios. Algunos homosexuales odian a los cristianos porque creen que los cristianos los odian a ellos. Sinceramente, no puedo imaginar lo que debe de ser oír a cristianos gritar: «¡Deja de cantar! ¡Eres un pecador!» Que te llamen «marica» o «maricón» personas que afirman seguir a Jesús. Travesti. Este trato es trágico y está mal.

Igualmente preocupante es la tendencia a descartar la enseñanza de la Escritura sobre el tema como irrelevante o anticuada. Para aquellos de nosotros que sostenemos una visión de la Biblia como fidedigna eso es perturbador.

Entonces, ¿dónde nos deja eso? Quizá con estas preguntas:

Si Jesús se encontrara cara a cara con un homosexual, ¿qué diría? ¿Qué haría? Aunque el Nuevo Testamento no contiene una conversación así, sabemos cómo actuaría.

Expresaría su amor. Como hizo con Zaqueo, puede que fuera a su casa. Como con la mujer samaritana, puede que se sentara con ella a la sombra de un pozo. Como hizo con Mateo, puede que Jesús le ofreciera una invitación personal. Las palabras exactas que utilizaría no las sabemos. Pero de su sentimiento no tenemos ninguna duda. *Jesús ama a sus hijos gais*. Nada nos puede separar del amor de Dios. Eso incluye la homosexualidad. Él los hizo, vino por ellos y murió por ellos. Y les diría eso.

Hablaría con ellos con compasión. Pero también les hablaría con convicción. Como hizo con Zaqueo, la mujer samaritana, Mateo y otros, Jesús siempre decía la verdad. Y la verdad es esta: Dios nunca aprueba la unión sexual fuera del matrimonio heterosexual. ¿Los dos solteros que tienen relaciones sexuales sin estar casados? Dios lo desaprueba. ¿Los dos casados que tienen relaciones sexuales con quien no es su cónyuge? Su adulterio enoja a Dios. ¿El hermano con la hermana? ¿El hombre con varias esposas? ¿El hombre con un hombre o la mujer con una mujer? La Biblia nunca señala la relación sexual entre personas del mismo sexo como un pecado mayor que otros.

Al mismo tiempo, la Biblia no se anda con rodeos respecto a los sentimientos de Dios hacia la actividad homosexual. Dios advirtió a los hombres de Israel: «No te acostarás con un hombre como quien se acuesta con una mujer. Eso es una abominación» (Lv 18.22 NVI). Un profesor escribió: «Cuando la palabra *toevah* [abominación] aparece en la Biblia hebrea, a veces se aplica a la idolatría, la prostitución sagrada, la magia o la adivinación... Siempre conlleva una gran repugnancia».[2] ¿Ha superado Dios su repugnancia? En el Nuevo Testamento llamó «vergonzoso» ese comportamiento (Ro 1.26).

Esta es, para muchos, una enseñanza desafiante. Las tentaciones son fuertes y las trampas son muchas. Pero debemos recordar que nuestros cuerpos pertenecen a Dios. «¿Acaso no saben que su cuerpo es templo del Espíritu Santo, quien está en ustedes y al que han recibido de parte de Dios? Ustedes no son sus propios dueños; fueron comprados por un precio. Por tanto, honren con su cuerpo a Dios» (1 Co 6.19–20 NVI). Una vez más, la instrucción no se limita a quienes luchan con la homosexualidad. Esta enseñanza es para todos nosotros.

Pero, ¿no está anticuada esa enseñanza? Algunos estudiosos de la Biblia quieren igualar la prohibición de la homosexualidad con las instrucciones culturales como lavar los pies o llevar velo. Si las enseñanzas contra las uniones del mismo sexo fueran aleatorias o esporádicas tendríamos que estar de acuerdo. Pero desde el código más antiguo de la Torá hasta las últimas epístolas de Pablo, el sentimiento nunca cambia. De principio a fin la Escritura condena categóricamente las relaciones sexuales entre personas del mismo sexo. De principio a fin la Escritura enfatiza el amor de Dios por los pecadores, sin importar quienes sean.

Sigamos el ejemplo de Jesús: amémonos los unos a los otros. Hablemos. Dialoguemos. Jesús fue a casa de Zaqueo, pasó la tarde con la mujer samaritana, asistió a la fiesta de Mateo. No aprobó su comportamiento, pero construyó un puente hasta sus corazones. Quizá encontremos una forma de hacer lo mismo.

## 101.

ESTOY SOLTERO Y ME ENCANTA. ALGÚN DÍA, NO OBSTANTE, QUIERO SENTAR CABEZA Y TENER UNA FAMILIA. HE VISTO SUFICIENTES MALOS MATRIMONIOS COMO PARA PREGUNTARME QUÉ PUEDO HACER PARA TENER UNO BUENO. ¿CÓMO PUEDO ELEGIR A LA PAREJA ADECUADA?

Una persona toma dos grandes decisiones en la vida. La primera tiene que ver con la fe. La segunda tiene que ver con la familia. La primera pregunta es: «¿Quién es mi Dios?» La segunda: «¿Quién, si me caso, será mi cónyuge?» La primera pregunta define la segunda. Tu Dios define tu familia. Si tu Dios eres tú mismo, entonces tú tienes la batuta porque tu matrimonio es para tu placer y nada más. Pero si tu Dios es Cristo, entonces él tiene la batuta porque tu matrimonio es para su honra.

¿Te sorprende? ¿Pensabas que tu matrimonio trataba solo de ti? Pues no. El matrimonio es idea de Dios. Lo creó porque la mayoría de nosotros somos mejores seguidores de Dios con una pareja que solos. La mayoría de nosotros somos más eficaces con nuestros dones, más fieles a nuestras convicciones, más fructíferos en nuestro servicio si no vivimos solos. Ya que el matrimonio es idea de Dios, ¿no creerías que tiene una idea de con quién nos deberíamos casar? La tiene.

> No se unan en matrimonio con los que no creen en el Señor, porque ¿qué pueden tener en común la justicia con la maldad? ¿Cómo puede la luz llevarse bien la oscuridad? (2 Corintios 6.14 NBD)

Cuando mi mujer Denalyn y yo nos subimos al mismo coche, tenemos que ponernos de acuerdo sobre el destino. Podemos discrepar sobre qué comida tomar. Podemos discrepar sobre el número de paradas que vamos a hacer. Incluso podemos discrepar sobre qué música poner. Pero si ella quiere ir a México y yo quiero ir a Colorado, tenemos un problema.

Cásate con alguien que ame a Dios más que tú. Si tú y tu cónyuge no se ponen de acuerdo en la meta del camino, tendrán problemas. Si su meta es ser rico y tu meta es ir al cielo... si su objetivo en la vida es el retiro y tu objetivo en la vida es servir a Dios... tendrán problemas.

~ «Pero me atrae tanto... Puedo convertirlo». No estás llamado a tener citas misioneras.

- «No vamos en serio, solo estamos pasando un buen rato». Cuando sus conceptos de pasar un buen rato no son los mismos, ¿quién gana?
- «Pero deseo tan desesperadamente casarme...» ¿Crees que no estar casado es malo? Prueba a estar mal casado.
- «¿Has visto las opciones que hay entre los cristianos?» Dios tiene planes que nunca has visto.

> Deléitate en el Señor.
> Así él te dará lo que tu corazón anhela. (Salmos 37.4 NBD)

Cuanto más tiempo salgas con un no creyente, más estás posponiendo la oportunidad de que Dios ponga a la persona adecuada en tu camino. Si eres un hijo de Dios y te casas con un hijo del Diablo, tendrás problemas con tu suegro.

# 102.

He estado saliendo con una chica durante tres meses. Dice que está enamorada. Yo no estoy seguro de estarlo, pero siento algo distinto cuando estoy con ella. ¿Es eso amor?

Los sentimientos te pueden engañar. Hablé recientemente con una chica adolescente que estaba desconcertada por la ausencia de sentimientos por un chico. Antes de que empezaran a salir estaba loca por él. En el momento en que él mostró interés por ella, sin embargo, perdió el interés.

Estoy pensando también en una joven madre. Ser padres no es tan romántico como ella había previsto. Los pañales y las tomas de madrugada no son nada divertidas, y ella se siente culpable porque no lo son. *¿Estoy escasa de amor?*, se pregunta.

¿Cómo respondes a esa pregunta? ¿Has deseado alguna vez tener una forma de medir la calidad de tu afecto? ¿Un test de ADN para el amor? Pablo nos ofrece uno: «El amor no se deleita en la maldad sino que se regocija con la verdad» (1 Co 13.6 NVI). En este versículo hay un test para el amor.

¿Quieres distinguir lo falso de lo verdadero, la falsificación de lo auténtico? ¿Quieres saber si lo que sientes es amor genuino? Pregúntate esto: *¿Animo a esta persona a hacer lo que está bien?* Porque el amor verdadero «no se regocija de la injusticia, sino que se alegra con la verdad» (1 Co 13.6 BLA).

Por ejemplo, una señora llama a otra y le dice:

—Somos amigas, ¿verdad?

—Sí, somos amigas.

—Si mi marido te pregunta dile que fuimos juntas al cine anoche.

—Pero no fuimos.

—Lo sé, pero yo estaba, bueno, estaba con otro tipo y... eh, lo harás por mí, ¿no? Somos amigas, ¿verdad? Más íntimas que hermanas, ¿verdad?

¿Pasa el test esta persona? De ninguna manera. El amor no le pide a alguien que haga lo que está mal. ¿Cómo lo sabemos? «El amor no se deleita en la maldad sino que se regocija con la verdad».

Si te ves a ti mismo dando lugar al mal en los demás, haz caso de la alarma. Eso no es amor. Y si los demás dan lugar al mal en ti, está alerta.

Ahí va un ejemplo. Uno clásico. Una pareja joven tiene una cita. Las muestras de afecto de él sobrepasan la zona de confort de ella. Ella se resiste. Pero él trata de persuadirla con la frase más vieja: «Pero te quiero. Solo quiero estar cerca de ti. Si me quisieras...»

¿Oyes esa sirena? Es el detector de amor falso. Ese tipo no la quiere. Puede que quiera practicar sexo con ella. Puede que quiera su cuerpo. Puede que quiera fanfarronear con sus colegas de su conquista. Pero no la quiere a ella. El amor verdadero nunca le pide al «amado» que haga lo que él o ella cree que está mal.

El amor no derriba las convicciones del otro. Todo lo contrario.

El amor edifica. (1 Corintios 8.1)

El que ama a su hermano anda en la luz y no tropieza. (1 Juan 2.10 NBD)

Al pecar así contra los hermanos, hiriendo su débil conciencia, pecan ustedes contra Cristo. (1 Corintios 8.12 NBD)

¿Quieres saber si tu amor por alguien es verdadero? ¿Si tu amistad es genuina? Pregúntate: ¿influyo en esa persona para que haga lo que está bien? Si has contestado que sí, invítala a cenar.

# 103.

**Nuestra hija está haciendo los últimos preparativos para el día de su boda. Es una mujer temerosa de Dios y se va a casar con un cristiano maravilloso, pero con tantos matrimonios que acaban en divorcio hoy en día nos preocupamos incluso por esta joven pareja. ¿Puedes darnos algún consejo importante para compartirlo con ella el día de su boda?**

Dile que tenga paciencia.

Todo lo que merece la pena lleva tiempo. El vino. Las esculturas. Los cuadros. Los puentes.

Sin embargo, queremos que nuestro cónyuge y nuestro matrimonio sean perfectos la primera mañana de la luna de miel. Queremos la casa perfecta pintada del color perfecto en la calle perfecta de Ciudad Perfecta. Queremos trabajar en el empleo perfecto que pague el salario perfecto y nos permita trabajar con personas perfectas. Queremos que hijos perfectos saquen calificaciones perfectas y entren en la universidad perfecta.

¿Suena perfecto? Claro.

¿Suena probable? No.

Ten paciencia. Tu cónyuge, tu empleo, tu casa, tus hijos no serán perfectos, al menos no de esa forma. Con el tiempo y con trabajo duro, las cosas se ponen en su lugar. Quizá no perfectas, pero sí perfectamente bien.

Dios no ha acabado contigo tampoco. Aún está desenmarañando los líos de tu matrimonio. Les está dando los toques finales a tus hijos. Tu hogar está en obras.

Ten paciencia y no te des por vencido antes de que el Maestro diga con un gesto de aprobación: «Bien hecho».

# 104.

LE TENGO TERROR A IR A CASA AL FINAL DEL DÍA. NUESTRO HOGAR ES UN CAMPO DE BATALLA. NO SÉ QUÉ HACER AL RESPECTO. HE PROPUESTO QUE VAYAMOS A CONSEJERÍA, PERO ELLA SE NIEGA. ¡SOCORRO!

Nadie quiere vivir en un campo de batalla. Pero muchos viven en uno. Muchos viven en uno porque están casados con alguien que es muy diferente a ellos. El callado se casa con el escandaloso. El despreocupado se casa con el histérico. El del lado derecho del cerebro se casa con el del lado izquierdo. Nos atraen nuestros contrarios. Pero lo que nos atrae cuando estamos saliendo nos ataca cuando estamos casados.

Por esa razón un buen matrimonio es un trabajo duro. La armonía no ocurre simplemente. La armonía vocal se alcanza cuando el coro ensaya. La armonía de color se alcanza cuando el artista experimenta. Y la armonía matrimonial existe cuando dos personas deciden «mantener la unidad creada por el Espíritu» (Ef 4.3 NBD). Ahí van algunas ideas.

*Sé considerado.* «Esposos, sean comprensivos en su vida conyugal» (1 P 3.7 NVI). La palabra *comprensión* etimológicamente significa «tener un entendimiento de». Es increíble lo rápido que se desvanece la comprensión una vez nos hemos casado. «La sabiduría que es de lo alto es [...] amable» (Stg 3.17 NBD). Cuando no soy amable, comprensivo, con mi mujer, soy estúpido. Lo sabio es ser comprensivo con tu marido o tu mujer.

El amor «no busca lo suyo» (1 Co 13.5 NBD). No intentes cambiar a tu pareja. No cambies el «sí, quiero» por un «sí, te cambio». Encuéntrate con ella en el término medio. Sé flexible. Cede tus derechos. Da y recibe. Aprende el arte de la negociación. Cede.

*Continúa cortejando.* Lo que hiciste para enamorarte, continúa haciéndolo para seguir enamorado. «Alégrate con la mujer de tu juventud» (Pr 5.18). «Goza de la vida con la mujer que amas, todos los días» (Ec 9.9). Disfruta de tu cónyuge. Anímense el uno al otro. Piropea a tu esposa sobre sus zapatos nuevos, a tu esposo sobre su trabajo duro. Mira a tu cónyuge a los ojos y dile: «Mi vida es mucho mejor contigo». Cada día de esta semana elije algo que te guste, grande o pequeño, y da gracias por ello. Te darás cuenta de que tu cónyuge es maravilloso en un 90% y en un 10% está en construcción. Tienes una gran pareja. Díselo. Si hubiera más cortejo en el matrimonio, habría menos matrimonios en los tribunales.

*Pelea limpiamente.* Nunca critiques a tu cónyuge en público. Cuando te burlas de cómo cocina o de cómo ronca le estás dando un golpe bajo. Que otros se mofen de sus parejas, no tú. Te comprometiste para lo bueno y para lo malo; si puedes amar lo malo, las cosas mejorarán. No escondas piedras en las bolas de nieve. No guardes rencor ni saques a relucir el pasado. Evita los absolutos innecesarios como *nunca* y *siempre.* Cuando empiece una pelea, sé rápido para escuchar y lento para hablar. Hónrense el uno al otro.

*Cierra con llave la escotilla de salida.* Tira la llave. Tienes que asumir «Estoy en esto hasta que la muerte nos separe. Le hice una promesa a Dios, ¡y voy a cumplirla aunque eso me mate!» El compromiso es lo que hace grande un matrimonio. Si el divorcio es una opción, entonces no vas a hacer el esfuerzo. No uses el divorcio como amenaza cuando estés enfadado. Cuando te enojes no insinúes que te irás. Y no uses palabras amenazantes. Se pasan de la raya, son inaceptables. No importa lo enfadado que estés ni lo enojado ni cuánto odies a esa persona en ese momento, no saques el tema del divorcio porque ni siquiera es un tema.

*Pídele a Cristo que ponga su Espíritu en ti.* Ama a Cristo incluso más de lo que amas al otro. Cuando el marido se enfoca en crecer en Cristo y la mujer se enfoca en crecer en Cristo, eso automáticamente los une. Cristo no se va a pelear con Cristo.

# 105.

MI MARIDO DICE QUE SOY DEMASIADO CRÍTICA CON ÉL, Y TIENE RAZÓN. TENGO LA TERRIBLE COSTUMBRE DE CRITICARLO POR TODO. ODIO TENER ESTA ACTITUD CENSORA Y SÉ QUE NO ES BUENA PARA NUESTRO MATRIMONIO. NECESITO AYUDA PARA CAMBIAR MI PERSPECTIVA.

Salomón habla sobre la esposa gruñona cinco veces en Proverbios; dos veces la compara a un goteo constante y las otras dice que es mejor para un hombre vivir en el tejado o en el desierto que en casa con ella (Pr 19.13; 21.9, 19; 25.24; 27.15).

Cada vez que una esposa da la lata, cae una gota.

Cada vez que critica, otra gota.

Cada vez que culpa, otra gota.

Una naturaleza crítica puede exasperar a cualquier tipo.

Dices que no confías en que tu marido cambie la situación. Él lo percibe. Un hombre quiere que lo respeten. Cuando lo respetan, lidera. Cuando lo retan, pelea.

Dices también que no confías en que Dios cambie a tu marido. Te olvidas de orar y vas directamente a criticar a tu marido. Es más rápido y te haces entender antes. ¿Es ese el mejor camino? No.

Un hombre necesita madurar desde dentro antes de ser fructífero. Deja que Dios sea el crítico. Permite que el Espíritu Santo le recuerde a tu marido lo que tiene que hacer y cómo tiene que hacerlo.

¡Hazlo antes de que tu casa se inunde y todo el mundo se ahogue!

# 106.

¿HAY UNA MANERA BÍBLICA DE MANEJAR LA ECONOMÍA EN EL MATRIMONIO? MI ESPOSA LLEVA EL MANEJO DE NUESTRA ECONOMÍA MUCHO MEJOR DE LO QUE YO SERÍA CAPAZ. ESTOY CONTENTO (ALIVIADO, DE HECHO) DE QUE ELLA ESTÉ DISPUESTA A HACERLO. PERO MI HERMANO CREE FERVIENTEMENTE QUE ESA ES LA RESPONSABILIDAD DE UN HOMBRE TEMEROSO DE DIOS. ¿TIENE RAZÓN?

El Nuevo Testamento les da dos mandamientos a los esposos respecto a sus esposas.

Amarlas (Ef 5.25, 28; Col 3.19).

Liderarlas (Ef 5.22, 24; Col 3.18; Tito 2.5; 1 Pedro 3.1).

Amarlas y liderarlas; eso es.

Nada sobre hacer el balance del talonario de cheques.

¿Qué hay de malo en el esposo al que le gusta limpiar la casa o la mujer que disfruta cortando el césped? Si una mujer limpia el garaje, ¿se ha castrado al hombre? Por supuesto que no.

Si un esposo ama a su esposa y le prepara la cena, ¿es menos hombre que si cambia el aceite? ¡Entonces a un hombre le gusta más el aceite para cocinar que el aceite para motor! ¿Cuál es el problema?

Si a tu mujer le gusta hacer el balance del talonario y llevar la economía, deja que lo haga. Si la quieres, anímala a hacer algo que le guste.

Juntos desarrollen las líneas generales de los gastos. Oren el uno con el otro sobre las grandes compras. Determinen las mejores inversiones que pueden hacer ambos.

Un hombre de verdad lidera a su mujer hacia las cosas que a ella le gusta hacer.

# 107.

CASI CADA AÑO NOS MUDAMOS A UNA CASA NUEVA, SI NO A UN PAÍS NUEVO. MI MARIDO ESTÁ EN EL EJÉRCITO Y YO APOYO SU CARRERA PLENAMENTE, PERO TODOS LOS CAMBIOS QUE VIENEN CON ESTAS MUDANZAS ESTÁN EMPEZANDO A PESARME. TENGO ANSIEDAD POR LA SIGUIENTE MUDANZA, LO QUE ME HACE DIFÍCIL SER DE APOYO PARA MI MARIDO.

La vida está aderezada con sorpresas. Modificaciones. Transiciones. Alteraciones. Bajas por la escalera, sales de la casa, echas a un lado al chico nuevo, asciendes por el sistema. Todo ese movimiento. Algunos cambios son bienvenidos; otros no.

Aunque la idea de mudarse a un sitio nuevo suena emocionante al principio, estoy seguro de que con el tiempo es una carga. En cuanto encuentras tu supermercado favorito ya estás cambiando tu permiso de conducir. En cuanto memorizas los canales de tu sistema por cable ya estás embalando el televisor. En el mismo momento en el que te has atrevido a presentarte al vecino ya tienes que decir adiós.

Probablemente los sacrificios transicionales más duros son las amistades. Encontrar amigos es difícil. Hacer amigos es más difícil incluso. Muchas relaciones requieren tiempo, y el tiempo no está siempre a tu favor.

Pero es importante que te quedes junto a tu esposo durante estas transiciones. Después de Dios, él es tu relación principal y más importante.

Siempre me he preguntado por qué creó Dios a la mujer de la costilla de un hombre hasta que me di cuenta de que el lugar de la costilla está en el costado del hombre. Él quiere que el marido y la mujer permanezcan el uno al lado del otro a través de las dificultades y las luchas de la vida.

No estás *siguiendo* a tu esposo hasta el próximo emplazamiento, cargando con sus cajas y su bolsa de golf. Están de pie el uno al lado del otro, agarrados de las manos y apoyándose el uno al otro a lo largo del camino.

Jesús conocía las dificultades de los traslados. Sus padres de mudaron de Nazaret a Belén, después a Egipto, luego de vuelta a Nazaret, ¡todo eso antes de que Jesús aprendiera a andar! Cuando Jesús empezó su ministerio no tenía dirección postal, deambulando por Israel de sitio en sitio. Luego, tras su periodo de treinta y tres años en la tierra, Jesús hizo las maletas y se trasladó de nuevo al cielo. Sus discípulos no querían que se fuera, así que les recordó que no estarían solos: «Pero les digo la verdad: Les conviene que me vaya porque, si no lo hago, el Consolador no vendrá a ustedes; en cambio, si me voy, se lo enviaré a ustedes» (Jn 16.7 NVI).

*Consolador* significa muchas cosas, como «amigo» o «ayudador», las dos personas que más necesitas cuando te mudas a un territorio desconocido. Aunque no te ayudará a preparar las cajas o a llevar el piano a la cuarta planta, irá contigo, te llenará de paz y se moverá en tu corazón como nunca antes.

El Consejero, el Amigo, el Ayudador, es el Espíritu Santo. Puedes encontrar tanto Espíritu Santo en Tulsa como en Tallahassee. Trabaja en Bangor y en Bangkok. En su dirección pone todas partes desde Atlanta hasta Zanzíbar... y desde el cielo hasta la tierra.

Jesús se llevaba a su familia espiritual con él allá donde iba. Y eso deberías hacer tú.

Dios nunca te envía solo. Cuando todo en la vida cambia, hay una cosa que no puede cambiar: el Espíritu Santo siempre estará a tu lado.

# 108.

MUY A MENUDO QUIERO DECIRLE PALABRAS DE ÁNIMO A MI MARIDO, PERO ME PONGO NERVIOSA Y PIENSO QUE A ÉL NO LE VA A IMPORTAR DE TODAS MANERAS. ¿IMPORTA ALGO SI DIGO LO QUE PIENSO O NO?

En muchas casas el desánimo es el idioma que todo el mundo habla. El hogar es un campo de batalla, y los guerreros tienen motes como Estúpido, Idiota, Bobo, y Pesado. Las balas y la metralla cubren sus vidas. La sangre salpica las paredes. Viven con cicatrices y tratan sus heridas abiertas.

En otros hogares las familias obedecen el espíritu de la canción *Home on the Range*. Allí rara vez se oye una palabra descorazonadora. Las personas esconden sus heridas con sonrisas en la cara. Quizá la razón por la que se oye poco desánimo sea porque se oyen pocas palabras. El silencio es de muerte.

Otros hogares florecen de ánimo. Todos creen en los demás, apoyan, edifican, refrescan. Palmaditas en la espalda. Notitas en sus bolsas del almuerzo. Cartas de amor bajo las almohadas. Corazones expresados. Oraciones.

¿En qué hogar preferirías vivir?

Puede que seas la primera persona en reconstruir los cimientos del ánimo en tu casa, pero es un primer paso positivo. Remodela ahora y elige la forma nueva de hablar que decorará tu hogar para siempre. Quita las malas hierbas y deja que las perfumadas flores del amor se abran.

Digan palabras que les hagan bien a los que las oyen y los ayuden a madurar. (Efesios 4.29 NBD)

# 109.

CUANDO JESÚS PRESENTÓ LA DUREZA DEL CORAZÓN
COMO LA RAZÓN DEL DIVORCIO (MT 19.8 RVR1995), ¿QUÉ
QUERÍA DECIR?

El romance comienza con corazones blandos. Manos agarradas. Arrumacos. Usamos nombres de mascotas entre nosotros. Pedimos perdón, aceptamos la culpa y compartimos las tareas. Pero deja que pasen unos cuantos años, que vengan unos cuantos bebés y la calcificación cardiaca se extienda.

Hay desacuerdo. Él se sienta en un extremo del sofá y ella en el otro. Él piensa: *No voy a pedir perdón. Yo no.* Ella piensa: *Si cree que voy a admitir mi error es que está fumando algo.*

Este es un momento crucial. ¿Tomará alguno el camino excelente y honrará sus votos? ¿O ambos amarán más el orgullo que a la otra persona y refunfuñarán: «Voy a hacer que le duela»? A veces uno de los dos corazones se ablanda. Pero uno no es suficiente. El matrimonio depende de dos corazones tiernos.

Los corazones duros no pueden sostener un matrimonio. Al final uno de los cónyuges de corazón duro conoce a un agradable compañero de trabajo o un vecino, y el adulterio llama a la puerta. Para prevenir eso Dios construye un foso alrededor del hogar. El Señor, anuncia, «odia el divorcio» (Mal 2.16 NBD). Hace daño a los hijos. Deja al matrimonio en ridículo. Rompe la columna vertebral de la sociedad. Dios odia el divorcio.

Pero Dios ama a sus hijos. Y sabe que hay una veta de corazón duro en todos nosotros. Entonces, ¿qué hace Dios? ¿Cómo puede dar cabida a la dureza de corazón de las personas? ¿Destruyéndolas con un rayo? ¿Guiñando un ojo y mirando hacia otro lado como diciendo: «Todo el mundo mete la pata»?

No, protege al de corazón tierno. Y hace posible que el de corazón duro se arrepienta y vuelva a empezar.

No obstante, toma nota de esto: el divorcio no es su voluntad. Un matrimonio de corazón tierno sí lo es.

# 110.

MI MARIDO HA ADMITIDO QUE TIENE UNA AVENTURA. HEMOS LUCHADO DURANTE AÑOS PARA MANTENER VIVO NUESTRO MATRIMONIO CARENTE DE AMOR. TODOS MIS AMIGOS ME DICEN QUE DEBERÍA DIVORCIARME DE ÉL MIENTRAS TODAVÍA SOY LO BASTANTE JOVEN COMO PARA CASARME OTRA VEZ. ¿DEBERÍA ESCUCHARLES? EL DIVORCIO ME PARECE UN PASO DEMASIADO DRÁSTICO, Y SÉ QUE DAÑARÍA A NUESTROS HIJOS.

Cuando dos se convierten en uno, como la Biblia describe el matrimonio, se unen con un agente vinculante invisible tan adherente que, cuando se rompe, se astilla. El matrimonio no se mantiene unido con saliva y cera de tal manera que se desliza fácilmente cuando las dos personas quieren ir por caminos separados. El divorcio hace añicos ese vínculo y las vidas de las personas involucradas.

Los corazones se rompen. Los planes se desintegran. Los pedazos de confianza quedan esparcidos por todas partes. Y no son solo los cónyuges los que tienen que recomponer sus vidas, sino los hijos, las tías y los tíos, los abuelos, los amigos. El divorcio es una bomba nuclear que aniquila todo lo que encuentra.

Entonces, ¿deberías buscar el divorcio? No. Esa nunca es la primera opción.

Vuelve a esos votos, al momento que los unió por primera vez. Recuerda la motivación que te hizo decir esas palabras. Prometieron que estarían juntos sin importar lo que pasara, incluso aunque no se sintieran enamorados.

El amor no es un sentimiento. El amor es un compromiso. Afortunadamente, Dios no me ama basándose en si cree que reúno todos sus requisitos. Me ama porque prometió amarme en la salud y en la enfermedad, en lo bueno y en lo malo, mientras vivamos (que será eternamente).

Y Dios siempre cumple su palabra. Que él nos ayude a cumplir la nuestra.

# 111.

**ME HE ENAMORADO DE UN HOMBRE DIVORCIADO QUE TIENE DOS HIJOS. NUNCA HE ESTADO CASADA, ASÍ QUE ME PREGUNTO SI DIOS MIRA CON DESAPROBACIÓN LOS MATRIMONIOS CON PERSONAS DIVORCIADAS. ¿PUEDES AYUDARME CON ESTAS INQUIETUDES?**

A Jesús le preguntaron sobre el divorcio y las segundas nupcias.

> Algunos fariseos se le acercaron y, para ponerlo a prueba, le preguntaron:
> —¿Está permitido que un hombre se divorcie de su esposa por cualquier motivo?
> —¿No han leído —replicó Jesús— que en el principio el Creador «los hizo hombre y mujer», y dijo: «Por eso dejará el hombre a su padre y a su madre, y se unirá a su esposa, y los dos llegarán a ser un solo cuerpo»? Así que ya no son dos, sino uno solo. Por tanto, lo que Dios ha unido, que no lo separe el hombre.
> Le replicaron:
> —¿Por qué, entonces, mandó Moisés que un hombre le diera a su esposa un certificado de divorcio y la despidiera?
> —Moisés les permitió divorciarse de su esposa por lo obstinados que son —respondió Jesús—. Pero no fue así desde el principio. Les digo que, excepto en caso de infidelidad conyugal, el que se divorcia de su esposa, y se casa con otra, comete adulterio. (Mateo 19.3–9 NVI)

Nuestra sociedad juega a las sillas musicales con los matrimonios, intercambiando amantes como compañeros en un baile de cuadrillas. Dios dice: quédate ahí y sé fiel.

El hogar es sagrado y debería custodiarse como una fortaleza. Solo una cosa, a ojos de Jesús, garantiza el divorcio: la elección continua de uno de los cónyuges de ser activo sexualmente con una persona fuera del matrimonio.

El divorcio no debería tomarse a la ligera nunca. Si la reconciliación es absolutamente imposible y ya-te-llamarán-mis-abogados, entonces, ¿qué más puedes hacer? Si se ha intentado, probado y rechazado todo medio para arreglar la relación, ¿cuál es el plan B?

Entonces, ¿Dios perdona a los que se divorcian? ¿Y qué pasa con un adúltero? ¿Podrá el infiel tener un matrimonio feliz alguna vez?

Dios perdonó al rey David. Para David el adulterio se convirtió en un estilo de vida, con todas aquellas esposas y concubinas. Satisfizo sus propios deseos, pero faltó al deseo de Dios para el matrimonio. David incluso cometió asesinato para conseguir a Betsabé. Entonces, ¿perdona Dios a los asesinos y a los adúlteros? ¿A los ladrones en una cruz? ¿A los perseguidores en el camino a Damasco? Constantemente.

Dios perdona, pero prefiere prevenir. Las personas perdonadas pueden continuar con sus vidas, pero tienen que enfrentar las consecuencias de su decisión y todo el dolor que la acompaña.

Ya que el divorcio es inevitable en este mundo, Dios ciertamente puede bendecir a dos corazones perdonadores y perdonados que desean empezar de nuevo y hacerlo bien la segunda vez.

# Hogar

---

Pañales, desacuerdos y
«¿Hay esperanza para
los pródigos?»

Querido Will:

Tus preguntas e inquietudes sobre tu hija pródiga seguramente deben de pesarte mucho. Como padre solo puedo imaginar tu tristeza, impotencia y deseo de reencuentro. Que Dios te dé el consuelo que ningún humano te puede dar. No dejes de orar por tu hija. Dios siempre oye las oraciones de un padre.

Max

# 112.

Cuando nos convertimos en padres adquirimos los roles de chófer, carabina, informático, entrenador, proveedor, director recreativo e instructor de educación sexual. La mayoría de nosotros nos sentimos terriblemente inadecuados para esta última tarea. Sin embargo, algunas ideas pueden ayudar.

*Modela una sexualidad sana en tu hogar.* Expresa un cariño apropiado. Cuando los niños ven a sus padres dándose la mano o despidiéndose con un beso antes de ir al trabajo, eso envía un mensaje saludable: no hay que temer las demostraciones físicas de afecto.

Por otro lado, si los niños descubren una sexualidad inapropiada en las vidas de sus padres, el mal ejemplo deja una impresión indeleble. Si los niños encuentran la pornografía de papá en el ordenador o en el garaje, descubren mensajes de texto románticos en el teléfono de mamá pero no enviados por papá, o se despiertan para ver a la cita de la noche anterior de su padre soltero preparando el desayuno, ellos toman nota. La hipocresía habla alto. No subestimes los daños de un mal ejemplo y no subestimen el poder de uno bueno.

*Sé «preguntable».* Cuando oímos a nuestros hijos preguntar por los preservativos, las menstruaciones o el acto sexual, sentimos la tentación de taparnos los oídos y lavar sus bocas. No hay por qué exagerar. Simplemente hazlo lo mejor que puedas. Da respuestas claras y apropiadas para su edad. Los niños pequeños solo necesitan información básica. Los adolescentes necesitan más detalles. En algún momento todos los niños tienen que entender que los deseos y la actividad sexual son una buena idea de Dios. Los impulsos y los intereses no son sucios ni peligrosos. El sexo en un regalo de Dios, pero es un regalo de boda.

Una vez más, los niños se merecen oír este mensaje de boca de sus padres. Me gusta la idea de que los padres les regalen a sus hijos, en algún momento de la pubertad, un anillo o colgante de la pureza que el adolescente pueda llevar como símbolo. Otros firman pactos de pureza sexual en los que padres e hijos prometen honrar los principios de Dios.

*Conecta con una comunidad de fe.* Pones la suerte de parte de tus hijos al conectarlos a un grupo de jóvenes cristianos. Solo esto tiene sentido. Cuando los mejores amigos de los adolescentes son cristianos, cuando su salida favorita es al grupo de jóvenes, cuando les ayudas a tener colegas sanos y a oír una verdad que honre a Dios, les estás dando a tus hijos una ventaja de salida.

*Haz de tu hogar un lugar de gracia.* La gente joven mete la pata. Van demasiado lejos demasiado pronto, y cuando lo hacen, mamás y papás, ofrezcámosles un lugar seguro en el que aterrizar. Démosles a nuestros hijos lo que Dios nos da: enseñanza clara, corrección adecuada y perdón abundante.

# 113.
ME CRIÉ EN UN HOGAR SIN DISCIPLINA. MIS PADRES ME DEJABAN HACER LO QUE QUISIERA, Y YO LO HACÍA. NO QUIERO SEGUIR SU EJEMPLO AL EDUCAR A MIS HIJOS. TAMPOCO QUIERO DISCIPLINAR EN EXCESO. ¿CUÁL ES EL EQUILIBRIO?

Los jardineros saben cómo enderezar un árbol. Algunos retoños son fuertes y sanos, pero van en la dirección equivocada. Están inclinados. Al querer que el árbol vaya recto, ¿qué hace el jardinero? Ata una cuerda al tronco, endereza el árbol y fija la cuerda en el suelo. A partir de entonces, cuando el árbol crece, es estirado en la dirección correcta.

Los niños necesitan el mismo tirón correctivo. La Biblia lo llama *disciplina*.

> La necedad es parte del corazón juvenil,
>     pero la vara de la disciplina la corrige. (Proverbios 22.15 NVI)

> No corregir al hijo es no quererlo;
>     amarlo es disciplinarlo. (Proverbios 13.24 NVI)

La Escritura nunca aprueba el abuso físico o la amonestación irresponsable. La Biblia enseña que el castigo es un elemento disuasorio para la desobediencia desafiante. De hecho, bajo la Ley de Moisés rebelarse contra los padres era una ofensa capital (Dt 21.18–21). No hay mención en la historia de que se haya aplicado alguna vez, ¡pero seguro que se usó como amenaza!

La disciplina no es fácil, pero estos principios nos ayudaron a Denalyn y a mí.

*Sé cuidadoso.* Sé rápido para interrumpir el mal comportamiento, pero lento para castigarlo. Pon al niño en tiempo muerto mientras ustedes dos se enfrían. El castigo nunca es un permiso para la crueldad. Si estás disfrutando de la administración de la disciplina, tienes que parar.

*Sé consistente.* El castigo debe ajustarse al acto. Intenta discernir la causa de la acción. ¿Qué ha motivado ese comportamiento? Una cosa es dar un portazo por falta de respeto. Otra cosa es dar un portazo porque el camión de los helados está en la calle. Olvidarse de limpiar la habitación es una cosa; patalear y negarse a limpiarla es otra. Los descuidos son delitos menores. La rebelión es un delito grave.

*Sé claro.* Explica cuál es el castigo y cuál fue la ofensa. No des por sentado que el niño lo entiende. No castigues a un niño por «ser malo». Puede que el niño haya hecho una cosa mala, pero eso no significa que sea un niño malo.

*Sé compasivo.* Un error no hace al niño. Una época de caprichos no define al niño. El amor «no guarda rencor» (1 Co 13.5 NBD). Pero el amor sí guarda rencor un registro de las cosas que se han hecho bien.

# 114.

MI MUJER Y YO SERVIMOS EN UN CAMPO MISIONERO EN EL EXTRANJERO. NOS MUDAMOS AQUÍ CON NUESTRA FAMILIA EN RESPUESTA A LA GUÍA DE DIOS. PERO AHORA ESTAMOS ENFRENTANDO PROBLEMAS CON NUESTROS HIJOS Y NOS PREGUNTAMOS SI COMETIMOS UN ERROR AL VENIR AQUÍ.

Me pregunto cómo se sentía Noé, metiendo a toda su familia en un crucero animal de lujo (Gn 6.13–7.5).

¿Se arrepintió Abraham alguna vez de mudarse de Ur a Canaán (Gn 12.1–4)?

¿O cuestionó José su traslado forzoso a la esclavitud (Gn 37.12–28)?

Me pregunto si Moisés pensó alguna vez que llevar a su familia y su pueblo hasta la tierra prometida era un error (Génesis-Deuteronomio).

Estoy seguro de que de vez en cuando todos ellos sentían una punzada de duda, pero en conjunto, al final, tenía sentido. ¿Por qué? Porque Dios los llamó a todos a esos lugares.

Hebreos 11 resume las historias de las personas a las que Dios había pedido que hicieran cosas, pero ninguna de esas tareas tenía sentido en ese momento. Actuaron por fe. La clase de fe que hace pero nunca ve.

Si Dios te llamó a un campo misionero en el extranjero, él ya conoce todos los parámetros, todas las posibilidades, todos los problemas que podrían ocurrir. Ha considerado lo que les pasará a ti y a tu esposa, cómo afectará a tus hijos y lo que significará para la gente a la que sirves.

Él cuidó de Noé, Abraham, José, Moisés y sus familias cuando se mudaron a los campos misioneros extranjeros.

¿Por qué no de ti?

# 115.

TODOS LOS DÍAS ME PREOCUPO POR MIS HIJOS. AUNQUE ESTÁN A SALVO Y SON FELICES AHORA, ME SIGO PREOCUPANDO POR ELLOS. ME PREOCUPO POR SI CONTINUARÁN SIENDO FIELES A DIOS. ME PREOCUPO POR SI SE CASARÁN CON BUENAS PERSONAS. ME PREOCUPO POR SI ENFERMARÁN Y SUFRIRÁN DOLOR. ¿CÓMO PUEDO CONTROLAR ESTAS PREOCUPACIONES?

¿Qué harían los padres sin preocupaciones? Casi parece como si estuviera en la descripción de trabajo: «Se buscan padres. Deben ser capaces de realizar noches sin dormir y paseos sin sentido, retorciéndose las manos y mordiéndose las uñas».

Las únicas cosas que promete la preocupación son dedos hinchados y pies doloridos.

> Además, ¿qué gana uno con preocuparse?; ¿podemos acaso alargar nuestra vida aunque sea una hora? (Mateo 6.27 NBD)

La preocupación no tiene efectos colaterales positivos. De hecho, le sustrae momentos a tu vida en forma de estrés cardiaco y presión sanguínea creciente.

La preocupación es lo contrario a la confianza. Si estás preocupado, no confías en algo.

~ Tus hijos
~ Su medio de transporte
~ Sus amigos
~ Los extraños
~ El clima
~ La iglesia
~ Su futuro cónyuge
~ Dios

Dios cuida de millones de pájaros, billones de flores. ¿Puede cuidar de tus hijos? Desde luego.

¿Cómo dejas de preocuparte? Jesús lo dejó claro.

> Por eso les aconsejo que no se preocupen por la comida, la bebida o la ropa. (Mateo 6.25 NBD)

Una respuesta bastante tajante. ¡Para! Di no a la preocupación. Aplástala como a un mosquito chupasangre. Más fácil de decir que de hacer, ¿eh?

La preocupación pone a prueba tu confianza, así que déjale tus hijos a Dios y deja que él cuide de tus bebés cuando no estés con ellos. Se le da bastante bien.

> Dejen en las manos de Dios todas sus preocupaciones, porque él cuida de ustedes. (1 Pedro 5.7 NBD)

# 116.

NUESTRO NIÑITO SUFRE UNA ENFERMEDAD QUE PRODUCE PARÁLISIS. SE ME ROMPE EL CORAZÓN AL VERLO EXPERIMENTAR DOLOR FÍSICO, PERO ME DUELE INCLUSO MÁS CUANDO EXPERIMENTA DOLOR POR EL RECHAZO Y LAS PALABRAS HIRIENTES DE OTROS NIÑOS. HAY VECES EN QUE APENAS PUEDO RESPIRAR DE CUÁNTO ME DUELE EL CORAZÓN. ¿CÓMO PUEDO MIRAR SU SUFRIMIENTO CON PERSPECTIVA?

Para mirar el sufrimiento de tu hijo con perspectiva, recuerda:

Dios mismo es padre. ¿Qué sentimiento paternal no ha tenido? ¿Estás separado de tu hijo? También lo estaba Dios. ¿Alguien está maltratando a tu hijo? Se burlaron y acosaron al suyo. ¿Alguien se está aprovechando de tu hijo? Al Hijo de Dios le tendieron una trampa con un testimonio falso y fue traicionado por un seguidor avaricioso. ¿Estás obligado a mirar mientras tu hijo sufre? Dios miró a su Hijo en la cruz.

Además, nosotros somos hijos de Dios sufriendo en un mundo de pecado que causa estragos en nuestros cuerpos, tuerce nuestras mentes y rompe nuestras relaciones. ¿Se encoje Dios de hombros y dice: «Oh, bueno, así es la vida»? Por supuesto que no. ¿Por qué iba a tomarse la molestia de presentarse a sí mismo al mundo con el título de Padre? Comisario, Mánager y Supervisor son títulos más fríos de indiferencia. El rol de Dios no es un empleo. Es una relación. Así que Dios eligió un título de relación con el que te puedes identificar. Ahora comprendes su corazón cuando sus hijos están sufriendo.

Así que, sean cuales sean los sentimientos que tengas hacia tu hijo, Dios siente lo mismo por él. Quizá más. Sé que es difícil de creer, pero Dios conoce a tu hijo desde hace más tiempo que tú. Sufre por él desde antes de que naciera. No estás solo. Tu Padre está llorando justo a tu lado.

Dios es el Padre de tu hijo también. Así como tú lo harás todo para ayudar a tu hijo durante su dolor, Dios lo hará también.

# 117.

Ningún hijo de Dios está demasiado lejos del hogar.

El hijo pródigo creía que lo estaba. Había desdeñado la bondad de su padre y «se fue lejos a una provincia apartada, y allí desperdició sus bienes viviendo perdidamente» (Lc 15.13 RVR1995). La palabra traducida aquí como *desperdició* es el mismo verbo que se usa en griego para describir la acción de un granjero sembrador. Imagínatelo lanzando puñados de semillas sobre la tierra labrada. Imagínate al pródigo tirando el dinero de su padre a los avariciosos comerciantes: un rollo de billetes de un golpe, un puñado de monedas de otro. Va montado en la alfombra mágica del dinero en efectivo de una fiesta a la siguiente. Su corazón se vuelve más duro.

Y entonces, un día su cartera se vuelve más delgada. Le devuelven la tarjeta de crédito. El *maître* dice «No»; el hotel dice «Vete»; y el chico dice «Oh, oh». Pasa de comer como un cerdo a revolcarse en el barro. Encuentra trabajo alimentando puercos. No es una trayectoria profesional recomendada para un chico judío. Su corazón se rompe.

El hambre le aguijonea tanto la tripa que se plantea comer con los cerdos. Pero en lugar de tragarse las vainas, se traga el orgullo y comienza esa famosa caminata en dirección al hogar, ensayando un discurso de arrepentimiento a cada paso. Resultó que no le hacía falta. «Lo vio su padre y fue movido a misericordia, y corrió y se echó sobre su cuello y lo besó» (v. 20 RVR1995). El padre le estaba guardando el sitio a su hijo. Su corazón se ablandó.

Hay un sitio para tus hijos también. Están siempre invitados a regresar a su posición de honor. Solo lleva algún tiempo y algo de oración que sus corazones se vuelvan rectos.

# 118.

**Durante años he luchado por llevarme bien con mi suegra. Es muy crítica y no es una persona fácil de amar, pero siento que he adquirido la costumbre de despreciarla. ¿Crees de verdad que puedo cambiar mi actitud hacia ella?**

Ah, la suegra. Durante años ha sido el blanco de muchísimos chistes. Solo decir «suegra» provoca siempre una risita. «Oh, sí», contesta el risitas, «¡la suegra!» (Me pregunto si en los círculos de suegras se reirán cuando oigan la palabra «yerno».)

A veces es verdad. Puede ser difícil llevarse bien con las suegras. Y cuando estás en desacuerdo con tu propia suegra no es algo de lo que reírse. No puedes cambiarla, pero puedes cambiar la forma de verla.

Aquí tienes tres pasos prácticos.

*Enfoque.* Para cambiar mi actitud hacia alguien cambio mi enfoque. Dejo de fijarme en lo que me hace subirme por las paredes y en su lugar busco entre los recovecos y las ranuras de su personalidad una cualidad digna de mi atención.

Tu enfoque está en la negatividad de tu suegra, pero, ¿cuál es su mejor cualidad? ¿Es generosa? ¿Una gran cocinera? ¿Una persona muy sociable? Le pregunto a Dios: «¿Qué amas de esta persona?» Él siempre encuentra algo.

*Pasado.* En algún punto a lo largo del camino descubro por qué una persona actúa de la forma en que lo hace —cómo fue su infancia, quién le hizo daño, qué fracasos pueblan su vida— y empatizo con ella, sintiendo pena por cómo le ha tratado la vida.

*Oración.* Finalmente, oro por la persona. Es difícil estar ante Dios y decir cosas horribles sobre alguien a quien sabes que Dios ama.

Puede que estos pasos no cambien a tu suegra, pero te ayudarán a cambiar tu actitud hacia ella. Y, quién sabe, quizá ella empiece a cambiar cuando tú empieces a verla de forma distinta.

# 119.
MÁS QUE NADA EN EL MUNDO QUIERO SER UNA BUENA MADRE PARA MIS HIJOS. ¿CÓMO PUEDO SER LA MADRE QUE DIOS QUIERE QUE SEA?

El nacimiento virginal es más, mucho más, que una historia navideña. Es una imagen de lo cerca que estará Cristo de ti, una mamá, cuando también traigas un niño al mundo.

Imagínate a ti misma en la historia que encontramos en Lucas 1.

Dios viene a ti y te dice: «Tengo una tarea especial para ti. Un niño. Un niño especial que quiero confiarte. ¿Estás dispuesta a criarlo?»

Tartamudeas, respiras hondo. «Eso da miedo».

«No te preocupes. Yo estaré ahí contigo. Este niño es especial para mí. Será un niño estupendo».

Sacudes la cabeza. «Qué responsabilidad tan alucinante. No sé si puedo hacerlo».

«Nada es imposible para mí».

Sonríes. «Soy tu sierva. Lo haré».

¿Pensamos que solo un niño recibió atención especial de Dios? Claro, solo uno era su Hijo, y un ángel envió aquellos anuncios especiales del nacimiento acompañados de un coro angelical que cantaba «Cumpleaños feliz». Por supuesto que Dios tiró la casa por la ventana por el nacimiento de Jesús.

Pero los niños no les nacen a los padres de forma aleatoria. Dios organiza que los niños adecuados les nazcan a los padres adecuados.

Ser la mamá que Dios quiere que seas empieza con el entendimiento de lo importante que es tu trabajo a los ojos de Dios. Él te confía a uno de sus propios hijos. Te ha escogido a ti de entre todas las mamás del mundo para este hijo en particular.

Recuerda, tú, también, eres muy favorecida por Dios mismo al recibir un regalo tan especial.

# 120.

¿CÓMO PUEDO DESPRENDERME DEL MAL HUMOR? A VECES SIENTO GANAS DE PEGARLE A CUALQUIER COSA QUE SE MUEVA... ¡Y LO HAGO!

Algunas personas no saben que tenemos elección. Al escuchar nuestro lenguaje se diría que somos víctimas de nuestros pensamientos. «No me hables», decimos. «Estoy de mal humor». Como si el humor fuera un modo al que estamos asignados («No puedo llamarte; estoy fuera de cobertura») en vez de una emoción que permitimos.

O decimos: «No te metas con ella. Tiene mal genio». ¿Es el genio algo que «tenemos»? ¿Cómo un resfriado o la gripe? ¿Somos víctimas de la bacteria emocional de la temporada? ¿O tenemos elección?

Pablo dice que la tenemos: «Llevando cautivo todo pensamiento a la obediencia a Cristo» (2 Co 10.5 RVR1995).

¿Oyes alguna clase de jerga de batalla en ese pasaje, «llevando cautivo todo pensamiento a la obediencia de Cristo»? Da la impresión de que somos los soldados y los pensamientos son nuestros enemigos. Nuestra tarea es proteger nuestra patria y rechazar la entrada de malos pensamientos. En el momento en que aparecen en el horizonte entramos en acción. «Este corazón pertenece a Dios», declaramos, «y no van a entrar aquí hasta que cambien su lealtad».

«¡Egoísmo, retrocede! ¡Envidia, piérdete! ¡Búscate otro sitio, Ira! No son bienvenidos en estas tierras». Capturar pensamientos es un trabajo serio.

No somos víctimas de nuestros pensamientos. Tenemos voto. Tenemos voz. Podemos ejercer la prevención de pensamientos.

# 121.
MI TRABAJO ME EXIGE UNA GRAN CANTIDAD DE HORAS EXTRA, ASÍ QUE NO PUEDO ASISTIR A MUCHAS DE LAS ACTIVIDADES DE MIS HIJOS EN EL COLEGIO. MI MUJER ESTÁ MUY PREOCUPADA POR ESO. ¿PODRÍA TENER UN EFECTO NEGATIVO EN NUESTROS HIJOS? ¿O EN MI RELACIÓN CON ELLOS?

Como padre de tres niñas, enfrento los mismos problemas. A medida que Dios bendecía mi ministerio me iban llegando más y más llamadas de todo el mundo, y querían que hablara en iglesias, conferencias e inauguraciones de supermercados. Era difícil decir que no al principio. Sentía que cada oportunidad venía de Dios.

Finalmente me di cuenta de que cada vez decía que sí a algo tenía que decir que no a otra cosa. Se llama la Ley de dinámica inversa del sí de Max. ¡Observa! Dice esto: con cada sí de tu calendario, hay un no como reacción igual y opuesta.

Cuando digo que sí a otra conferencia, digo que no a otra cena familiar.

Cuando digo que sí a otra reunión, digo que no al partido de voleibol de mis hijas.

Cuando digo que sí a otra gira de libro, digo que no a dar un paseo con mi mujer.

Entonces, ¿cómo les demostramos a las personas que las amamos y creemos en ellas? Hay muchas maneras de expresar esos sentimientos: afirmaciones verbales, cartas de amor, llamadas telefónicas, incluso un mensaje de texto que diga «Estoy pensando en ti». Todas están bien, pero hay una que es la mejor.

Hablé sobre ella en mi libro *Un amor que puedes compartir*:

> ¿Crees en tus hijos? Entonces demuéstralo. Ve a sus partidos. Ve a sus obras de teatro. Ve a sus recitales. Puede que no te sea posible ir a todo, pero seguro que vale la pena el esfuerzo... ¿Quieres sacar lo mejor de alguien? Entonces ve.

Ahora que todas mis hijas han crecido, créeme, me alegro de haber tomado la decisión de ir antes de que fuera demasiado tarde. Ahora (mientras empieza a sonar *Cats in the Craddle* de fondo) echo de menos aquellas reuniones de profesores y padres y ver esos volcanes de papel maché en la feria de ciencias y sentarme en las gradas en el gran encuentro de voleibol, aunque estuvieran en el banquillo todo el tiempo.

Cuando se trata de los hijos y la familia es mucho más fácil recuperar dinero que recuperar el tiempo perdido.

# 122.

EL MUNDO DE HOY —LA GENTE, Y DESDE LUEGO LOS MEDIOS—, ANIMA A NUESTROS HIJOS A BUSCAR LA PROPIA SATISFACCIÓN. NO CREO QUE TODA ESA AUTOSATISFACCIÓN LES AYUDE A CONVERTIRSE EN ADULTOS MADUROS. ¿ME EQUIVOCO CON ESTO?

Enseñada a una edad temprana, la autosatisfacción se convierte en una forma de vida. Cada latido del corazón del niño se convierte en «mí-mí, mí-mí, mí-mí, mí-mí».

La televisión no presenta los mejores modelos:

~ Chicos que consiguen todos los artilugios y caprichos que quieren.
~ Chicos que, en treinta minutos, solucionan todos sus problemas.
~ Chicos que hacen reír con sus respuestas descaradas a adultos idiotas.

La televisión balancea el fruto en frente de nuestros hijos y dice: «¿No tiene buena pinta esta forma de vida? Busca tu propia satisfacción».

Pero la autosatisfacción es un problema que enfrentan no solo nuestros hijos, sino la humanidad. De hecho, la autosatisfacción nos metió en este lío. «Vamos, Eva. Cómete ese fruto. Tiene tan buena pinta. Busca tu propia satisfacción».

La televisión solo promueve lo que el mundo ya piensa. Entonces, ¿cómo puedes enseñar bien a tus hijos? Dales nuevos modelos.

*Otros chicos.* Asegúrate de que salgan con otros chicos que no «lo tengan todo» o cuyos padres no se apresuren y compren lo último.

*Padres.* ¿Están aprendiendo la autosatisfacción de ti? ¿Tienen tu calendario y tus propias prioridades preferencia sobre ellos? ¿Tienes más juguetes que ellos?

*Jesús.* Nútrelos con un mensaje consistente de Jesucristo, enfocándote en su humildad y su sacrificio de sí mismo. «Jesús […] fue hecho un poco inferior a los ángeles» (Heb 2.9 NBD). Jesús eligió el servicio, ¡y es el Rey! ¿No podemos nosotros hacer lo mismo?

Los niños necesitan que se les presenten nuevos modelos de sacrificio para que se den cuenta de que la vida no es un gran programa de televisión y que los argumentos no siempre están centrados en ellos.

# 123.

## ESTAMOS INTENTADO ENSEÑARLES A NUESTROS HIJOS HUMILDAD, PERO AL MISMO TIEMPO NO QUEREMOS DESTRUIR SU AUTOESTIMA. ¿CUÁL DIRÍAS QUE ES UN BUEN EQUILIBRIO?

Hay dos versículos, ambos en Filipenses, que deberías enseñarles a tus hijos porque equilibran el espectro de humildad y autoestima.

> No hagan nada por egoísmo o vanidad; más bien, con humildad consideren a los demás como superiores a ustedes mismos. (2.3 NVI)

> Todo lo puedo en Cristo que me fortalece. (4.13)

Filipenses 2.3 dice que trate a los demás mejor que a mí mismo.
Filipenses 4.13 dice que Dios me trata bien a mí.
El primero dice que los demás son más valiosos que yo.
El segundo dice que soy valioso porque Dios me utiliza.
El primero dice que soy más pequeño que los demás.
El segundo dice que soy más grande por la fuerza de Dios.
La autoestima es lo que la gente ve cuando se mira en el espejo, lo que entienden como su valor. Una dieta constante de «no eres importante, los demás sí» ciertamente parece devaluar a la persona. Pero no tiene porqué, siempre y cuando recuerdes el segundo versículo. Eres fuerte.

Una característica que no encontramos en Jesús es la falta de confianza. Se enfrentó a los fariseos, desafió a multitudes airadas, se mantuvo firme cuando otros torcieron sus palabras, fue a la cruz confiado en su misión, y durante todo ese tiempo «no vino para ser servido, sino para servir, y para dar su vida en rescate por muchos» (Mc 10.45).

Enséñale a tu hijo a ser un siervo confiado que conoce su propósito al servir a otros y que ama a su jefe porque su jefe lo amó primero y le da toda la fuerza que necesita para enfrentarse al mundo.

# 124.

LES ENSEÑAMOS A NUESTROS HIJOS LA BIBLIA, PERO SE HAN ALEJADO DE DIOS. ¿QUÉ PASÓ? CREÍAMOS QUE SI LOS EDUCÁBAMOS EN LA PALABRA DE DIOS NO SE SEPARARÍAN DE ÉL. ¿NO ES ESO LO QUE DICE LA BIBLIA?

> Instruye al niño en el camino correcto,
> y aun en su vejez no lo abandonará. (Proverbios 22.6 NVI)

Ten cuidado con este versículo. No lo interpretes como «Si pongo a mis hijos en el camino correcto nunca lo abandonarán. Si los llenó de la Escritura y lecciones bíblicas y predicaciones puede que se rebelen, pero finalmente regresarán».

El proverbio no hace tal promesa. La salvación es una obra de Dios. Los padres temerosos de Dios pueden preparar el terreno y sembrar la semilla, pero el crecimiento lo da Dios (1 Co 3.6). Las mamás y los papás enternecen los corazones, pero no pueden controlarlos.

¿Mostrarles el camino? Sí.

¿Obligarles a andar por él? No.

En algunos momentos de mi propia vida he estado parado ante encrucijadas del camino e incluso di unos pasos en la dirección equivocada. Una cosa siempre me trajo de vuelta: esa brújula interna que me mostraron mis padres, que amaban a Cristo.

Dios no pierde a ningún hijo de vista. Un hijo puede darle la espalda a Dios o intentar esconderse de su mirada. Pero, ¿perderse de la vista de Dios? Imposible. Dios tiene los ojos puestos en cada uno de sus hijos.

El Espíritu Santo seguirá a tu hijo en cada carretera secundaria, cada callejón oscuro, cada calle sin salida y siempre le recordará los cimientos de la fe que le mostraste, el camino de vuelta a casa.

Mi mujer comparte este versículo con los padres de hijos pródigos. Es bueno para ti: «"Y este será mi pacto con ellos", dice Jehová: "Mi espíritu que está sobre ti y mis palabras que puse en tu boca, no faltarán jamás de tu boca ni de la boca de tus hijos ni de la boca de los hijos de tus hijos". Jehová lo ha dicho, desde ahora y para siempre» (Is 59.21 RVR1995).

# 125.

ME CRIÉ EN UN HOGAR CRISTIANO, PERO AHORA QUE
TENGO TREINTA Y CUATRO AÑOS Y ESTOY SOLTERO,
LUCHO CON LA SOLEDAD Y LA INSEGURIDAD. ME ASUSTA ESTAR SOLO,
PERO ME ASUSTA AÚN MÁS LA TENTACIÓN DE CAER EN PECADO PARA
EVITAR ESTAR SOLO. ¿DÓNDE PUEDO ENCONTRAR UN DESTELLO DE
ESPERANZA EN LA OSCURIDAD DE LA SOLEDAD?

Es natural que anheles compañía. Está en tu ADN. Dios utilizó parte de un
hombre para hacer a la mujer. Una pareja encaja como un puzle humano, las
fortalezas complementan las debilidades, las pasiones unen los corazones,
con el amor como núcleo. Esas dos piezas sin definir forman una imagen
completa cuando se encuentran. Como consecuencia, una persona sola se
puede sentir incompleta. La vida se convierte para ellos en un puzle sin terminar en busca de la otra pieza.

Muchos solteros creen que el matrimonio hace la vida perfecta. Eh,
pregúntale a un casado sobre eso. El matrimonio complica muchas cosas.
Estar soltero, a veces, es más sencillo. Solo tienes que preocuparte por una
persona. Añade un cónyuge y un par de hijos, y tus necesidades se vuelven
secundarias.

Pablo lo sabía y le gustaba estar soltero.

> Yo preferiría que estuvieran libres de preocupaciones. El soltero se
> preocupa de las cosas del Señor y de cómo agradarlo. Pero el casado se
> preocupa de las cosas de este mundo y de cómo agradar a su esposa;
> sus intereses están divididos. La mujer no casada, lo mismo que la joven
> soltera, se preocupa de las cosas del Señor; se afana por consagrarse al
> Señor tanto en cuerpo como en espíritu. Pero la casada se preocupa de
> las cosas de este mundo y de cómo agradar a su esposo. Les digo esto por
> su propio bien, no para ponerles restricciones sino para que vivan con
> decoro y plenamente dedicados al Señor. (1 Corintios 7.32 NVI)

El matrimonio redefine nuestro servicio. Participar en estudios bíblicos
y trabajar en el albergue para indigentes se reemplazan por cenas familiares
y fiestas de empresa de nuestra pareja. Para muchos de nosotros eso es genial.

Pablo, sin embargo, creía que el matrimonio dividiría su atención.

Como hombre soltero, Pablo viajó por toda Asia y Europa extendiendo
el evangelio. Abrió iglesias y debatió con algunos de los académicos más

inteligentes de todos los tiempos. ¿Y Pedro qué? ¿Qué hizo Pedro? Pedro estaba casado. Jesús sanó a su suegra, lo que significa que Pedro tenía esposa (Mt 8.14–15). Al principio de Hechos oímos mucho sobre Pedro y su obra en y alrededor de Israel. Pero no oímos de las aventuras de Pedro por todo el mundo. ¿Por qué? Probablemente tuvo que quedarse en casa, cerca de su mujer y su familia. Se tomó tres años libres para viajar con Cristo, pero, después de eso, su área ministerial se volvió más limitada porque su atención estaba dividida.

¿Era Pedro ineficaz? No. ¿Estaba limitada su eficacia? Sí. El matrimonio lo limitaba.

Pablo continúa diciendo: «pero si no tienen don de continencia, cásense» (1 Co 7.9). Pero no te pierdas el corazón de la enseñanza: puede que los solteros estén sin cónyuge, pero no están sin noviazgo. Los solteros pueden ser una parte vital de la novia de Cristo, la iglesia, mientras se prepara para el final, el gran día de la boda.

# 126.

NUESTRO PROBLEMA FAMILIAR ES EL DINERO. MI MARIDO Y YO NO NOS PONEMOS DE ACUERDO EN CUÁNTO GASTAR, AHORRAR O DAR.

Denalyn y yo también tuvimos que resolver eso. Nos criamos en dos ambientes diferentes. Mis padres eran muy frugales y reacios a la deuda. Nunca pidieron un préstamo ni gastaron un penique que no hubieran registrado antes. Los padres de Denalyn eran más espontáneos y dependientes de los créditos. En consecuencia, cuando nos casamos yo quería ahorrar más y Denalyn quería gastar más.

Tuvimos que pasar un tiempo aprendiendo lo que dice la Biblia sobre el dinero. Según la Escritura, Dios te da un salario por cuatro razones.

*Para honrar a tu Dios.* «Honra al SEÑOR con tus riquezas y con los primeros frutos de tus cosechas» (Pr 3.9 NBD). Tu salario es un instrumento de alabanza. Así como honras a Dios con tu voz y tu oración, honras a Dios cuando das dinero para su obra.

*Para proveer a tu familia.* «El que no se ocupa de los suyos, especialmente de los de su propia familia, ha negado la fe y es peor que un infiel» (1 Ti 5.8 NBD). Están son unas de las palabras más duras de la Biblia. Dios nunca pretendió que los niños pasaran hambre ni que las familias pasaran frío. El bienestar de la familia siempre está por encima de la necesidad de lanchas o diamantes.

*Para apoyar a tu país.* «Paguénle a cada quien lo que le corresponda: sean impuestos, contribuciones, respeto y honor» (Ro 13.7 NBD). Hay que pagar las carreteras. Hay que sostener las escuelas. Los ciudadanos del cielo no están exentos de hacer su parte en la tierra.

*Para disfrutarlo.* «Di a los ricos de este mundo que no sean orgullosos y que no depositen sus esperanzas en las efímeras riquezas sino en Dios, que siempre nos proporciona todas las cosas en abundancia para que las disfrutemos» (1 Ti 6.17 NBD).

Estas cuatro prioridades nos ayudaron a Denalyn y a mí a diseñar una sencilla estrategia para la gestión del dinero. En nuestro segundo año de matrimonio, después de demasiados momentos tensos por el dinero, dimos con este plan:

10% para la iglesia

10% para el ahorro

80% para las facturas y el ocio

Ambos teníamos la convicción de diezmar. Yo tenía la convicción de ahorrar y Denalyn se sentía guiada a favorecer el libre comercio. Así que llegamos a un acuerdo. Después de honrar a Dios y de poner algo de dinero en los ahorros, el ochenta por ciento que queda siempre ha sido suficiente para las necesidades del día a día. Este plan nos ha ido tan bien que hemos podido aumentar nuestra ofrenda muy por encima del diez por ciento.

Encuentren un plan que les funcione.

# 127.

ME DA AUTÉNTICO PÁNICO IR A CASA EN VACACIONES. MIS PADRES Y HERMANOS CONVIERTEN LA NAVIDAD EN UN CAOS. NO ME RESPETAN NI ME ANIMAN. DE HECHO, A DURAS PENAS ME HABLAN.

No podemos controlar la forma en que nuestra familia nos responde. Cuando se trata del comportamiento de otros hacia nosotros, tenemos las manos atadas. Tenemos que superar la expectativa inocente de que si hacemos el bien la gente nos tratará bien. El hecho es que puede que lo hagan o puede que no.

Si tu padre es un imbécil, podrías ser la mejor hija del mundo y él seguiría sin decírtelo.

Si a tu tía no le gusta tu profesión, podrías cambiar de trabajo una docena de veces y seguir sin satisfacerla nunca.

Si tu hermana siempre se está quejando de lo que tú tuviste y ella no, podrías dárselo todo y aun así ella no cambiaría.

Mientras creas que puedes controlar el comportamiento de la gente hacia ti, serás esclavo de sus opiniones. Si crees que puedes controlar su opinión y su opinión no es positiva, adivina a quién tendrás que culpar. A ti mismo.

Es un juego con reglas injustas y finales funestos.

No puedo asegurarte que tu familia te dará alguna vez la bendición que buscas, pero sé que Dios lo hará. Deja que Dios te dé lo que tu familia no te da. Si tu padre terrenal no te da afirmación, entonces deja que tu Padre celestial ocupe su lugar.

¿Cómo se hace eso? Aceptando emocionalmente a Dios como tu Padre. Ya ves que una cosa es aceptarlo como Señor, otra reconocerlo como Salvador, y otra diferente aceptarlo enteramente como Padre.

Dios ha demostrado ser un Padre fiel. Ahora es cosa nuestra ser hijos confiados. Deja que Dios te dé lo que tu familia no te da. Deja que llene el vacío que otros han dejado. Apóyate en él para tu afirmación y ánimo. Mira las palabras de Pablo: «Son hijos de Dios. Y como son sus hijos, gracias a él *tienen derecho a sus riquezas*» (Gl 4.7 TLA, cursivas mías).

# 128.

NUESTRA FAMILIA ESTÁ EXHAUSTA. VAMOS CORRIENDO DE UNA ACTIVIDAD A OTRA. ¿CÓMO PODEMOS BAJAR EL RITMO?

Jesús lo entiende. Conocía el frenesí de la vida. La gente colmaba su calendario de exigencias. Pero también sabía cómo salir del juego.

> Cuando amaneció, Jesús salió y se fue a un lugar solitario. (Lucas 4.42 NVI)

Jesús colocó a la muchedumbre en el espejo retrovisor y se escabulló a una reserva natural, una ensenada escondida, un edificio deshabitado, un *lugar solitario*. Más adelante en el versículo Lucas identifica la razón: «procuraban detenerlo para que no se fuera». La gente le trajo a Jesús más que cuerpos enfermos y almas anhelantes. Le trajeron agendas. Itinerarios. Consejos no solicitados. La horda de humanidad quería determinar el curso de Jesús. «Haznos caso», decían. «Guiaremos tus pasos».

A ti te dicen lo mismo. Guarda tus espaldas, amigo mío. La multitud está un paso detrás de ti. Lo que es más, parecen saber más de tu vida que tú. Dónde deberías trabajar. Con quién deberías casarte. Qué deberías estudiar. Dirigirán tu vida si se lo permites.

Jesús no se lo permitió. Sigue su ejemplo.

*Solitario* no significa desolado, solo tranquilo. Sencillamente un lugar al que tú, como Jesús, *sales*. «Cuando amaneció, Jesús salió». *Salir* presupone una decisión por parte de Jesús. «Tengo que irme. Para pensar. Para reflexionar. Para trazar mi camino de nuevo». Él escogió el momento, eligió un lugar. Con determinación pulsó el botón de pausa en su vida.

Dios descansó después de seis días de trabajo y el mundo no se colapsó. ¿Qué nos hace pensar que lo hará si descansamos nosotros? (¿O tenemos miedo de que no lo haga?)

# 129. TENGO UN HIJO EN SECUNDARIA Y OTRO QUE ESTÁ EMPEZANDO A CONDUCIR. ¿HAGO MAL EN PREOCUPARME POR ELLOS?

No, eres padre. Y Jesús atiende a la preocupación del corazón de un padre. Después de todo, nuestros hijos fueron sus hijos primero. «Herencia de Jehová son los hijos; cosa de estima el fruto del vientre» (Sal 127.3 RVR 1995). Antes de ser nuestros, fueron suyos. Incluso ahora que son nuestros, siguen siendo suyos.

Tendemos a olvidar este hecho, considerando que nuestros hijos son *nuestros* hijos como si tuviéramos la última palabra respecto a su salud y bienestar. No la tenemos. Todas las personas son personas de Dios, incluidas las personas pequeñas que se sientan a nuestras mesas. Sabios son los padres que le devuelven regularmente sus hijos a Dios.

Jesús habló muy poco sobre la paternidad, no hizo comentarios sobre el castigo físico, dar el pecho, las rivalidades entre hermanos o la escolarización. Sin embargo, sus actos decían mucho sobre la oración. Cada vez que un padre oraba, Cristo respondía. ¿Su gran mensaje para las mamás y los papás? Tráiganme a sus hijos. Críenlos en un invernadero de oración.

Cuando te despidas de ellos por el día, hazlo con una bendición. Cuando les des las buenas noches, arrópalos en oración. ¿Está tu hija atascada con las tareas de geografía? Ora con ella por eso. ¿Se siente intimidado tu hijo por la chica nueva? Ora con él sobre ella. Ora para que tus hijos tengan un profundo sentido de pertenencia en este mundo y para que pertenezcan al cielo en el próximo.

Dios nunca desecha la oración de un padre.

# 130.

**Mi marido y yo queremos ser hospitalarios, pero nuestra casa es pequeña y yo soy una pésima cocinera así que no sabemos si invitar a gente. Mi marido dice que esas cosas no importan tanto como ser hospitalario. ¿Tiene razón?**

Tu marido tiene razón. El evento no tiene que ser elaborado para ser significativo. No escuches a la voz de la perfecta ama de casa que sale por televisión que te dice que todo tiene que ser perfecto. La casa tiene que ser perfecta. La vajilla tiene que ser perfecta. La comida. Los niños. El marido. Toallas perfumadas para los invitados, aperitivos calientes, caramelitos de menta para después de la cena. Todo tiene que ser perfecto.

Si esperamos a que todo sea perfecto nunca haremos una invitación.

No es casualidad que *hospitalidad* y *hospital* vengan de la misma palabra en latín, porque ambas llevan al mismo resultado: sanidad. Cuando le abres la puerta a alguien le envías este mensaje: «Me importas a mí y a Dios». Puede que creas que estás diciendo: «Ven a hacernos una visita». Pero lo que tu invitado oye es: «Merece la pena hacer el esfuerzo por mí».

¿Conoces a gente que necesite este mensaje? ¿Solteros que comen solos? ¿Parejas jóvenes que están lejos del hogar? ¿Ancianos que ya no conducen? Algunas personas se pasan el día entero sin ningún contacto significativo con nadie. Tu hospitalidad puede ser su hospital. Lo único que necesitas son unas pocas prácticas básicas.

*Haz una invitación genuina.* Haz que tus invitados sepan que quieres que vengan. Llámalos por teléfono, o pásate por su mesa en el trabajo. La gente soporta muchos rechazos diariamente. El médico no puede verlos. Los hijos no han llamado. El avión está al completo. Pero entonces los invitas a tu casa. *¡Tenemos sitio para ti!* Eso cambia la vida.

*Haz que su llegada sea algo importante.* Reúne a toda la familia en la puerta de entrada. Ábrela cuando los veas acercarse. Si tu casa tiene camino de entrada, recíbelos allí. Si tu apartamento tiene vestíbulo, espéralos ahí. Este momento tiene el valor de un desfile. ¡Uno de los hijos de Dios viene a tu casa!

*Responde a las necesidades de tus invitados.* La hospitalidad del siglo primero incluía lavar los pies. La hospitalidad de hoy en día incluye compartir comida y bebida. Tiempo para hablar y escuchar. Nada de televisores retumbando de fondo. Nada de música invasiva.

*Despídete de ellos con una bendición.* Deja claro que te alegras de que tus invitados hayan venido. Eleva una oración por su seguridad y ofrece una palabra de ánimo para su viaje.

Recuerda esto: lo que es normal para ti es un banquete para otro. Crees que tu casa es pequeña, pero para el corazón solitario es un castillo. Crees que la sala de estar es un desastre, pero para la persona cuya vida es un desastre tu casa es un santuario. Crees que la comida es simple, pero para los que cenan solos cada noche la carne de cerdo con alubias en platos de papel sabe a chuletón de ternera. Lo que es pequeño para ti es enorme para ellos.

# 131.

He puesto a mi familia en un peligroso aprieto económico por culpa de mis errores. Soy demasiado orgulloso para pedir ayuda, pero por otro lado tengo miedo de arruinar mi matrimonio y mi familia.

Dos temores están operando simultáneamente aquí:

1. El miedo a destruir un matrimonio y una familia.
2. El miedo a destruir tu reputación.

El primer temor es difícil de reconciliar ya que involucra a muchas personas distintas con necesidades diferentes. Las familias son delicadas. Un paso en falso y todo puede volar en pedazos. Hay muchas opiniones, pasados y remordimientos. Las familias son muy complicadas.

El segundo temor solo te involucra a ti. Pedir ayuda, crees, habla de debilidad. Sientes que se te perderá el respeto y tu prestigio en la comunidad.

En el primer temor te motiva tu amor a tu familia.

En el segundo, te motiva tu amor a ti mismo.

¿Qué crees que le importa más a Dios, tu familia o tu reputación?

El orgullo es una desastrosa forma de autoconservación pertinaz y contagiosa. Dios nunca, jamás, la aprueba.

Admitir que eres débil es admitir la verdad. Todos somos débiles. Todos necesitamos ayuda. Todos necesitamos a Dios. No nos podemos salvar a nosotros mismos. Ese es el tema completo de la Biblia. Cuando los humanos intentan salvarse a sí mismos solo causan más problemas.

Consigue ayuda para tus finanzas antes de que necesites conseguir ayuda para tu familia. Dejar tu bienestar de lado por el bien de otros es de lo que están hechos los héroes.

# 132.

MIS PADRES SON BUENOS CRISTIANOS, PERO QUIEREN CONTROLAR MI VIDA. CREEN QUE DEBERÍAN PARTICIPAR EN LA TOMA DE DECISIONES RESPECTO A CON QUIÉN ME CASARÉ, A QUÉ UNIVERSIDAD IRÉ Y QUÉ CARRERA SEGUIRÉ. QUIERO HONRAR A MIS PADRES, PERO, ¿Y SI SIENTO QUE SUS IDEAS CONTRADICEN LA VOLUNTAD DE DIOS PARA MI VIDA?

Soy hijo y padre, así que veo ambas partes del conflicto.

Como hijo, también quería que me dejaran libre, liberado en el mundo para dejar mi huella, para mostrarles a todos mi valor y tomar mis propias decisiones respecto a mi futuro.

Como padre, comprendo el temor a que nuestros hijos tomen las decisiones erróneas, el amándolos tanto que todavía quiero mecerlos en brazos y desear protegerlos de este viejo mundo miserable.

Es fácil saber si las ideas de tus padres contradicen la voluntad de Dios para tu vida. Hazte estas dos preguntas:

1. ¿Son contrarias a la Palabra de Dios?
2. ¿Van en contra de tus pasiones?

Tus padres te conocen desde hace más tiempo del que tú te conoces conscientemente a ti mismo. Puede que merezca la pena considerar sus ideas.

Esa sensación de conflicto puede ser orgullo: aferrarte con obstinación a tu terreno del *yo* y no querer que nadie te diga lo que tienes que hacer. No tienes que hacer lo que te sugieran, pero al menos deberías escucharles y considerarlo. Si son cristianos, deben de estar recibiendo señales del mismo Dios al que sigues tú. Puede que te esté hablando a través de ellos.

Honra a tu madre y a tu madre consultándoles y considerando su consejo. Honra a Dios siguiendo su voluntad para tu vida. Como cristianos, tus padres deberían entenderlo.

# Ricos y pobres

Trabajo, dinero y «¿Dónde
está el salvavidas?»

ELLEN:

TUS PROBLEMAS ECONÓMICOS NO
HAN PASADO DESAPERCIBIDOS EN
EL CIELO. QUE DIOS NO TE HAYA
DADO LAS RESPUESTAS QUE ANHE-
LABAS NO SIGNIFICA QUE NO ESTÉ
ACTUANDO A TU FAVOR. EN LUGAR
DE DINERO, PUEDE QUE DIOS ESTÉ
PROVEYENDO DE UNA OPORTUNI-
DAD PARA CONOCERLE Y CONFIAR
MÁS EN ÉL. TIENES UNA ELECCIÓN:
NEGAR A DIOS Y ALEJARTE, O CON-
FIAR. POR FAVOR, ELIGE CONFIAR.

MAX

**133.** Tengo uno de los trabajos menos glamurosos del mundo. Limpio habitaciones de hotel. Algunas personas miran por encima del hombro a un empleo de tan bajo nivel. Entonces, ¿mi trabajo es importante para Dios? ¿O es meramente un medio para pagar mis facturas y hacer la compra?

Dios ha dispuesto tu trabajo como algo bueno. Antes de darle a Adán una esposa o un hijo, incluso antes de darle pantalones, Dios le dio a Adán un trabajo. «Tomó, pues, Jehová Dios al hombre, y lo puso en el huerto de Edén, para que lo labrara y lo guardase» (Gn 2.15).

Dios considera el trabajo merecedor de su propio mandamiento grabado en piedra: «Trabaja durante seis días, pero descansa el séptimo. Ese día deberás descansar, incluso en el tiempo de arar y cosechar» (Ex 34.21 NVI). Nos gusta la segunda sección de ese versículo y funciona para el fin de semana. Pero el énfasis en el día de descanso puede hacernos pasar por alto el mandamiento de trabajar: «Trabaja durante seis días». Sea que trabajes en casa o en el mercado, tu trabajo es importante para Dios.

Y tu trabajo es importante para la sociedad. ¡Te necesitamos! Las ciudades necesitan fontaneros. Las naciones necesitan soldados. Los semáforos se rompen. Los huesos se rompen. Necesitamos gente que arregle los primeros y que cure los segundos. Alguien tiene que criar a los niños, dar con la vara y manejar a los que arman la de San Quintín.

Ya sea que uses un ordenador o unas zapatillas, cada jornada estás imitando a Dios. Jehová mismo trabajó los primeros seis días de la creación. Jesús dijo: «Mi Padre siempre trabaja y por eso yo también trabajo» (Juan 5.17 NBD). Tu carrera consume la mitad de tu vida. ¿No iba a llegarle eso a Dios? ¿No le pertenecen también a él esas cuarenta o sesenta horas por semana?

La Biblia nunca promueve la adicción al trabajo para medicar el dolor. Pero Dios llama a todos los que no están incapacitados a cultivar los huertos que les da. Dios honra el trabajo. Así que honra a Dios en tu trabajo.

Y todo lo que hagan, de palabra o de obra, háganlo en el nombre del Señor Jesús, dando gracias a Dios el Padre por medio de él. (Colosenses 3.17 NVI)

¿Sabes lo que significa la expresión «todo lo que hagan» en griego?

*¡Todo lo que hagan!* Así que hagas lo que hagas, hazlo como si Jesús estuviera poniendo su sello en el formulario de horas, o firmando el trabajo o autografiando tu proyecto.

Entonces dale gracias a Dios por tu trabajo, por la provisión, por la oportunidad de compartir su amor con el mundo...

Sin importar lo que hagas.

# 134.

MI ESPOSA Y YO HEMOS ACUMULADO UNA PEQUEÑA (PON QUE ES ENORME) DEUDA. ESTAMOS SIEMPRE COMPRANDO LO ÚLTIMO EN TECNOLOGÍA Y ROPA NUEVA. ¿CÓMO PODEMOS BAJARNOS DE ESTA MONTAÑA RUSA DE LA TARJETA DE CRÉDITO?

Acércate más. Más cerca. Quiero susurrarte la solución al exceso de gasto. Eso es. Ponte el libro junto al oído.

*¡¡Deja de gastar tanto!!*

Perdón, no pretendía gritarte. Solo quería asegurarme de que lo oyeras.

¿Es demasiado simple esa solución? No lo es. El gasto revela algunas actitudes que tenemos hacia nosotros mismos, nuestra seguridad y nuestro Dios.

Si tuvieras una desviación en la espalda, te diría que veas a un quiropráctico y que te hagan un reajuste vertebral.

Si tus finanzas están descarriladas, te diría que hables con Dios y que te hagan un reajuste financiero.

Aquí tienes dos verdades bíblicas que pueden hacerlo:

Tal como salió del vientre de su madre, así se irá: desnudo como vino al mundo, y sin llevarse el fruto de tanto trabajo. (Eclesiastés 5.15 NVI)

Llegamos desnudos a este mundo. Pregúntale a cualquier enfermera de una sala de maternidad. Dejamos este mundo en una caja, llevando solo un traje o un vestido. Pregúntale a cualquier director de funeraria. Aunque los ataúdes pueden contener pertenencias, no podemos llevarnos nuestro dinero, ni coches, ni casas. Cuando morimos decimos adiós a lo que hemos comprado.

[Jesús dijo:] «La vida del hombre no consiste en la abundancia de los bienes que posee». (Lucas 12.15)

Tú no eres el extracto de tu tarjeta de crédito. Lo que compras puede reflejar aspectos de tu personalidad. Las compras pueden explicar quién eres, pero no te definen.

Tu corazón es quien eres. «La gente se fija en las apariencias, pero yo me fijo en el corazón» (1 S 16.7 NVI). Dios no te ve conducir un coche fabricado en Alemania, llevar un traje italiano de seda y jugar con el último aparato de

Silicon Valley. Cuando Dios piensa en ti, ve tu compasión, tu devoción, tu ternura... tu corazón.

Si te defines a ti mismo según tus cosas, te sentirás bien cuando tengas muchas y mal cuando no.

Con estos dos principios bíblicos en mente deberías oír un *crac* liberador de tensión en tu espina dorsal financiera que te permitirá caminar alto y erguido, con la carga de la deuda quitada de tu espalda.

# 135.

Mi padre es médico. Mi abuelo es médico. Todo el mundo espera que yo sea médico. Quiero estudiar música. ¿Me he perdido algo?

No, creo que has encontrado algo. La gente suele decir: «Puedes ser lo que quieras ser. Sé carnicero si quieres, agente comercial si te gusta. Sé embajador si de verdad te importa. Puedes ser lo que quieras, si trabajas lo bastante duro».

Pero, ¿puedes? Si Dios no envasó dentro de ti el sentido cárnico de un carnicero, el don de gentes de un comercial o la visión mundial de un embajador, ¿puedes ser uno de ellos? Uno infeliz e insatisfecho, quizá. Pero, ¿uno realizado? No. ¿Puede una bellota convertirse en una rosa, una ballena volar como un pájaro o el plomo convertirse en oro? Definitivamente no.

No puedes ser lo que quieras ser. Pero puedes ser todo lo que Dios quiere que seas.

Dios no produce en masa ni crea personas prefabricadas. No moldea de forma chapucera. El que estaba sentado en el trono dijo: «Yo hago nuevas todas las cosas», declara (Ap 21.5). No te ha pasado el maletín de tu abuelo ni la vida de tu abuela; te ha empaquetado de manera personal y deliberada.

Vive del maletín que Dios te ha dado a ti. Disfruta haciendo música.

# 136.

ESTE AÑO NO HA TENIDO MÁS QUE AGITACIÓN PARA MÍ.
TRABAJO EN UNA FÁBRICA; HEMOS RECIBIDO UN DURO
GOLPE EN ESTA DEPRESIÓN ECONÓMICA Y TODOS LOS DÍAS TEMO
PERDER MI TRABAJO. ¿CÓMO PUEDO TENER MENOS MIEDO EN ESTA
SITUACIÓN?

Cuando el empleo se desploma, el índice Dow Jones toca fondo y la economía se hunde en la recesión, la Biblia lo deja claro:

¡Mira hacia arriba!

El apóstol Pablo escribió: «A los ricos de este mundo, mándales que no sean arrogantes ni pongan su esperanza en las riquezas, que son tan inseguras» (1 Ti 6.17 NVI).

Cuando miras fijamente tus ingresos, tus inversiones y tu trabajo, miras una montaña rusa salvaje e impredecible que corre fuera de control. Arriba y abajo. Arriba y abajo. Nos marea, provoca nauseas, pone en tensión cada músculo de nuestros cuerpos, a veces de forma tan severa que nos causa graves pinzamientos en el cuello.

De hecho, la Biblia dice que las personas que rehúsan alzar la vista a Dios son «duros de cerviz» (Jer 17.23 BLA). Sus cuellos se niegan a girar en dirección al cielo y mirar fijamente a Dios. La vida les ha provocado un tirón en el músculo de la fe. Ahora están atascados mirando al frente, o abajo, a su propio camino y a su propia manera.

Cuando miras a Dios es una historia muy diferente, porque nuestra esperanza está puesta en Aquel que posee todas las riquezas, conoce el futuro y establece los reinos.

La próxima vez que te descubras observando tus riquezas, mira el dorso del billete de dólar. Pone claramente «En Dios confiamos».

No es siempre nuestro caso.

Para muchos de nosotros es «En el dinero confiamos».

«En los sistemas de defensa confiamos».

«En los hombres confiamos».

«En los empleos confiamos».

«En mí confío».

La Biblia realinea nuestros cuellos.

Estos confían en sus carros de guerra,
aquéllos confían en sus corceles,

pero nosotros confiamos en el nombre
del Señor nuestro Dios. (Salmos 20.7 NVI)

Confío en Dios y alabo su palabra;
confío en Dios y no siento miedo.
¿Qué puede hacerme un simple mortal? (Salmos 56.4 NVI)

No se angustien. Confíen en Dios, y confíen también en mí.
(Juan 14.1 NVI)

Deja de mirar a derecha e izquierda, adelante y atrás. Ese es el comportamiento de una persona paranoica y miedosa. Sencillamente, alza la vista y confíale a Dios tus finanzas.

# 137.

**LA EMPRESA EN LA QUE HE TRABAJADO DURANTE MÁS DE CUARENTA AÑOS ME HA OBLIGADO A PEDIR LA JUBILACIÓN ANTICIPADA. ESO ME HA HECHO SENTIR COMO SI MI VIDA SE HUBIERA ACABADO PARA SIEMPRE. PERO TODAVÍA TENGO UNA SALUD Y UNA ENERGÍA FANTÁSTICAS. ¿CREES QUE DIOS TODAVÍA PUEDE UTILIZARME, O SOY DEMASIADO VIEJO?**

Escribe al ángel de la iglesia de Filadelfia:
Esto dice el Santo, el Verdadero, el que tiene la llave de David, el que abre
y nadie puede cerrar, el que cierra y nadie puede abrir: Conozco tus obras.
Mira que delante de ti he dejado abierta una puerta que nadie puede cerrar.
Ya sé que tus fuerzas son pocas, pero has obedecido mi palabra y no has
renegado de mi nombre. (Apocalipsis 3.7–8 NVI)

Jesús es un portero. Abre y cierra puertas continuamente, y nadie puede cerrar lo que él ha abierto ni nadie puede abrir lo que él ha cerrado. Él está a la puerta y llama (Ap 3.20). Si están encerrados, él tiene la llave. Si no quiere utilizar la llave, atraviesa las paredes (Jn 20.19). Pero más que ser solo un portero, ¡Jesús es la puerta! (Jn 10.9)

Entonces, ¿qué intenta decir Jesús con toda esta charla sobre puertas? Él controla todos los portales y pasajes de un lugar a otro. Nada pasa por delante de él sin que lo sepa.

Jesús no nos deja esperando en el pasillo ni fuera en el frío. Tiene algo para nosotros: nuevas oportunidades, nuevos destinos, nuevas ocasiones de mostrar nuestra fe en él.

¿Qué hacemos mientras esperamos que se abran otras puertas? En el libro del Apocalipsis Jesús se lo deja claro a la iglesia de Filadelfia: obedece la Palabra de Dios y sus mandamientos, mantente fiel y no maldigas ni reniegues de él.

Ahora mismo Jesús está revisando el enorme llavero, buscando la puerta adecuada para ti. Puede que tenga que cerrar y abrir unas cuantas puertas más primero, pero seguro que una se abre pronto.

Confía en él. Es un caso abierto y cerrado.

# 138.

SE LES METE MUCHA PRESIÓN A NUESTROS HIJOS PARA QUE ESCOJAN UNA VOCACIÓN QUE LES DÉ BENEFICIOS MATERIALES. NO SOLO CAPTAN ESTE MENSAJE DE NUESTRA CULTURA, SINO TAMBIÉN DE NUESTRA FAMILIA. ¡LO OYEN DE SUS ABUELOS! ¿CÓMO PODEMOS AYUDARLES A VER EL PELIGRO DE LA AVARICIA?

En 1900 la persona media que vivía en Estados Unidos quería setenta y dos cosas diferentes y consideraba esenciales dieciocho de ellas. Hoy la persona media quiere quinientas cosas y considera esenciales cien de ellas.[1]

Nuestra obsesión con las cosas conlleva un alto precio. Gastamos el ciento diez por ciento de nuestros ingresos disponibles intentando gestionar la deuda.[2] ¿Y quién puede mantener ese nivel? Ya no nos comparamos con los Martínez de la puerta de al lado, sino con la estrella de la pantalla o con el semental de la portada de la revista. Los diamantes de Hollywood hacen que los tuyos parezcan el juguete de una máquina de chicles. ¿Quién puede satisfacer a la Madison Avenue? Nadie puede. Por esa razón Jesús advierte: «Tengan cuidado y dejen toda avaricia» (Lc 12.15 NBD).

La avaricia tiene muchas formas. Avaricia de aprobación. Avaricia de aplausos. Avaricia de estatus. Avaricia del mejor despacho, el coche más rápido, la cita más atractiva. La avaricia tiene muchas caras, pero habla un lenguaje: el lenguaje del más. Sabio era quien escribió: «Quien ama el dinero, de dinero no se sacia. Quien ama las riquezas nunca tiene suficiente» (Ec 5.10 NVI).

La avaricia nunca puede estar satisfecha. Siempre querrá más. Nunca tendrá suficiente. Grita «dame de comer» todo el día y toda la noche. La avaricia siempre tiene hambre.

Los padres tienen que enseñarles a sus hijos sobre la avaricia antes de que se los trague enteros. La única manera de sentirse lleno es sentirse completo. La única manera de sentirse completo es entender que todo lo que tenemos viene de Dios y que él nos da exactamente lo que necesitamos. Todo es prestado y algún día tendremos que devolverlo, registrándolo en la puerta del cielo.

# 139.

LAS COSAS SE ESTÁN COMPLICANDO MUCHO EN EL TRABAJO. CON TODOS ESOS DESPIDOS, MIS COMPAÑEROS ESTÁN REDEFINIENDO LA INTEGRIDAD. ALGUNOS RECLAMAN VENTAS QUE NO HAN HECHO. OTROS ESTÁN RELLENANDO SUS CUENTAS DE GASTOS. EMPATIZO CON SUS ACCIONES. DE HECHO, ESTOY TENTADO A ASEGURARME LA JUGADA UN POCO YO TAMBIÉN.

Ten cuidado. No tomes una decisión durante una tormenta que no tomarías con un clima tranquilo.

Tengo un amigo que ha aprendido a volar recientemente. Su profesor quería entrenarle para que confiara en el panel de control porque las tormentas y la niebla pueden distorsionar la perspectiva del piloto. Puede creer que está volando seguro cuando en realidad esté descendiendo a tierra.

Para demostrar esta idea, el profesor ascendió con mi amigo y le bloqueó la visión para que tuviera que apoyarse en el panel. El profesor balanceó y giró el avión tanto que el estudiante se mareó y perdió el equilibrio. El profesor entonces le pasó los controles a su alumno. Mi amigo estaba convencido de que había nivelado el avión. Su instinto, su impresión, era que el vuelo era plano. El panel de control le decía otra cosa. Según los controles estaba descendiendo a tierra.

Entonces, ¿en qué debemos confiar?

Lo mismo nos pasa a nosotros. Las circunstancias y las luchas nos balancean de un lado a otro. Nuestra perspectiva se distorsiona y nuestro equilibrio se disloca. En esos momentos tenemos que tomar decisiones. ¿Cometemos adulterio? ¿O nos mantenemos fieles? ¿Engañamos? ¿O somos honestos? ¿Cedemos? ¿O nos mantenemos firmes?

¿Podemos confiar en nuestros instintos durante la tormenta? La Biblia dice que no. «Hay camino que al hombre le parece derecho; pero su fin es camino de muerte» (Pr 14.12).

En la violencia del mal tiempo necesitamos una fuerza externa. Necesitamos un guía al que no le afecten las tormentas. No hagas caso a tus amigos. Haz caso a tu Padre.

# 140.

Mi marido tenía un trabajo muy bien pagado que nos permitía llevar un estilo de vida cómodo. Su puesto cesó el año pasado y le hicieron un gran recorte salarial. Nos hemos mudado a una casa más pequeña y nuestro presupuesto es superajustado ahora. Me está costando aceptar estos cambios, y están provocando conflictos en nuestro matrimonio.

Nosotros, como Pablo, debemos aprender a «vivir en cualquier circunstancia: tanto a quedar satisfecho como a pasar hambre, a tener de sobra como a sufrir por no tener nada. Todo lo puedo en Cristo que me da fortaleza» (Fil 4.12–13 NBD).

¿Cuál es el secreto de vivir en cualquier situación?

¿Ya sea que estemos bien alimentados o muriéndonos de hambre?

¿Cuándo tengamos más o cuando tengamos menos?

El secreto es —atención— Cristo, quien nos da las fuerzas.

Pablo no dice «el Cristo que me da dinero».

Ni «el Cristo que llena mi cuenta bancaria».

Ni «el Cristo que hace que todo salga como yo quiero».

Solo nos da las fuerzas, las fuerzas para ser valiente, generoso, resolutivo, amable, reflexivo, humilde, frugal y caritativo, pase lo que pase.

¿Qué es lo que necesitamos realmente cuando nos damos de bruces contra los muros de la vida? La fuerza para levantarnos. No nuestra fuerza. ¡Acabamos de perder el conocimiento! Sino la fuerza que viene de la mano ayudadora de Dios que nos pone de nuevo en pie.

Cuando te hayan quitado todo, la fortaleza de Dios será lo único que quede. Buena cosa. Es lo único que necesitamos de verdad.

# 141.

HEMOS PERDIDO RECIENTEMENTE BASTANTE DINERO EN LA BOLSA Y MI MARIDO SE HA VUELTO TAN PARANOICO CON NUESTRA SITUACIÓN ECONÓMICA QUE HABLA DE ELLO CONSTANTEMENTE Y SE HA VUELTO TACAÑO. ME PARECE QUE ESTÁ EXAGERANDO. ¿CÓMO PUEDO AYUDARLE A RECUPERAR ALGO DE EQUILIBRIO?

El equilibrio entre el riesgo y la obsesión exige sabiduría.

Ser ahorrador cuando estás enfrentando incertidumbre económica es sabio. Tienes que pisar el freno en las pendientes resbaladizas y apretarte el cinturón ante los apetitos glotones.

¿Sabes cuál es el equilibrio entre el tacaño y el derrochador? La generosidad.

*Tacaño* te trae a la mente el Scrooge de Charles Dickens.

*Derrochador* conjura imágenes del Arthur de Dudley Moore.

Fíjate en los extremos. Uno acapara el dinero. El otro lo malgasta.

Ambos lo hacen por la misma razón: egoísmo. Al no gastar se protegen a sí mismos. «Es todo mío. ¡Lo guardo si quiero!»

Al gastar en exceso se recompensan a sí mismos. «Es todo mío. ¡Lo gasto si quiero!»

Así que si el egoísmo define los extremos, entonces la generosidad determina el equilibrio.

En vez de gastar o no gastar en ti mismo, gástatelo en los demás. Da. Dios bendice al que da con alegría (2 Co 9.7). En ninguna parte de la Escritura verás a Dios bendecir al mezquino miserable o al millonario egoísta.

No se preocupen por dónde gastarán la próxima moneda para ustedes mismos. Descubran lugares en los que pueden dar juntos.

Como ustedes, muchos otros están sufriendo y necesitan ayuda. No hay mejor momento para dar y traer equilibrio a su situación económica.

# 142.

LA PARED DE MI DESPACHO ESTÁ CUBIERTA CON MIS PREMIOS Y TÍTULOS. UN CLIENTE HIZO RECIENTEMENTE UN COMENTARIO NEGATIVO SOBRE ELLOS, CUESTIONANDO MI HUMILDAD. ¿TIENE RAZÓN?

Supongo que podrías quitarlos, a no ser que lo hicieras por orgullo. La humildad es algo peliagudo. Si crees que la tienes, probablemente no la tengas. Ahí van algunas ideas sobre la humildad.

Evalúate con honestidad. «No se consideren mejores de lo que son; valórense según el grado de fe que Dios les ha dado» (Ro 12.3 NBD).

No te tomes el éxito demasiado en serio. «Cuando [...] hayan aumentado tu plata y tu oro [...] no te vuelvas orgulloso» (Dt 8.13–14 NVI).

Celebra la importancia de los demás. «Con humildad consideren a los demás como superiores a ustedes mismos» (Fil 2.3 NVI).

No exijas tu propia plaza de aparcamiento. «Lo mejor será [...] que te sientes en el último lugar» (Lc 14.10 NBD).

Nunca anuncies tu éxito antes de que pase. «¡No te jactes de la victoria sin siquiera haber peleado todavía!» (1 R 20.11 NBD)

Habla con humildad. «¡No profieran palabras soberbias!» (1 S 2.3 NVI)

Vive a los pies de la cruz. «Jamás se me ocurra jactarme de otra cosa sino de la cruz de nuestro Señor Jesucristo» (Gl 6.14 NVI).

Si de verdad quieres recordar grandes logros, coloca una cruz en tu pared.

# 143.
MI MARIDO Y YO ESTAMOS GANANDO MÁS DINERO QUE NUNCA. HEMOS VISTO EL ÉXITO ARRUINAR A PERSONAS Y QUEREMOS TENER CUIDADO PARA EVITAR SUS ERRORES.

Bien por ti. Haz de este tu versículo lema:

> A los ricos de este mundo, mándales que no sean arrogantes ni pongan su esperanza en las riquezas, que son tan inseguras, sino en Dios, que nos provee de todo en abundancia para que lo disfrutemos. Mándales que hagan el bien, que sean ricos en buenas obras, y generosos, dispuestos a compartir lo que tienen. De este modo atesorarán para sí un seguro caudal para el futuro y obtendrán la vida verdadera. (1 Timoteo 6.17–19 NVI)

No seas arrogante. No creas ni por un momento que tienes algo que ver con tu depósito. La Escritura lo deja claro: ¿tus acciones, dinero en efectivo y fondo de pensiones? No son tuyos.

> He aquí, de Jehová tu Dios son los cielos, y los cielos de los cielos, la tierra, y todas las cosas que hay en ella. (Deuteronomio 10.14)

> Tuya es, oh Jehová, la magnificencia y el poder, la gloria, la victoria y el honor; porque todas las cosas que están en los cielos y en la tierra son tuyas. (1 Crónicas 29.11)

> Mía es la plata, y mío es el oro, dice Jehová de los ejércitos. (Hageo 2.8)

No pongas tu «esperanza en las riquezas, que son tan inseguras». O como dice una traducción: «Enséñales [a los ricos] que no sean altaneros ni pongan su esperanza en la incertidumbre de las riquezas». El dinero es un fundamento de muy poca confianza.

Dios es dueño de todo y nos da todas las cosas para que las disfrutemos. Menos acaparar, más compartir. «Hagan el bien, [...] sean ricos en buenas obras, y generosos, dispuestos a compartir».

# 144.

NACÍ PARA PREOCUPARME. ¿QUÉ CONSEJO TIENES PARA NOSOTROS, LOS ANGUSTIADOS?

*Primero, ora.* Inocúlate a nivel interno para enfrentar tus miedos externos. «Dejen en las manos de Dios todas sus preocupaciones, porque él cuida de ustedes» (1 P 5.7 NBD).

*Ahora, calma.* Tranquilízate. «Guarda silencio ante Jehová, y espera en él» (Sal 37.7). Evalúa el problema. Llévaselo a Jesús y plantéaselo con claridad.

*Actúa en consecuencia.* En el momento en que una preocupación aparezca, lidia con ella. No te regodees en ella. No desperdicies ni una hora preguntándote qué pensará tu jefa; pregúntale. Antes de diagnosticar ese lunar como cáncer, haz que te lo examinen. Sé una persona de acción, no de alteración.

*Redacta una lista de preocupaciones.* Durante un periodo de varios días registra tus inquietudes. Mantén una lista de todas las cosas que te preocupan. ¿Cuántas de ellas se hicieron realidad?

*Evalúa las categorías de tus preocupaciones.* Tu lista destacará temas de preocupación. Ora específicamente por ellos.

*Céntrate en el hoy.* Dios cubre las necesidades diarias diariamente. No semanalmente ni anualmente. Te dará lo que necesites cuando lo necesites. «Acerquémonos confiadamente al trono de la gracia para recibir misericordia y hallar la gracia que nos ayude *en el momento* que más la necesitemos» (Heb 4.16 NVI, cursivas mías).

*Lanza un ejército de preocupación.* Comparte tus sentimientos con unos cuantos seres queridos. Pídeles que oren contigo y por ti.

*Deja que Dios sea suficiente.* Jesús concluye su llamado a la calma con este reto: «Recuerden que su Padre celestial sabe lo que necesitan. Lo más importante es que primero busquen el reino de Dios y hagan lo que es justo. Así, Dios les proporcionará todo lo que necesiten» (Mt 6.32–33 NBD).

P-A-Z. Con Dios es posible.

# 145.

EN LA MAYORÍA DE MIS ORACIONES LE PIDO A DIOS COSAS QUE NECESITO CADA DÍA. SON NECESIDADES LEGÍTIMAS. (NO LE ESTOY PIDIENDO A DIOS QUE ME HAGA MILLONARIO, SOLO QUE ME AYUDE A PAGAR LA HIPOTECA.) ¿DE VERDAD LE PREOCUPAN A DIOS LAS NECESIDADES DE MI VIDA?

«El pan nuestro de cada día, dánoslo hoy» (Lc 11.3 rvr1995).

¿Qué es este pan de cada día del que hablaba Jesús, insertado en el Padre Nuestro? ¿Una barra de pan italiano calentito en mi puerta cada mañana? Eso estaría bien.

El pan es un alimento básico en todas las culturas. Del pan de pita a las barras de pan con levadura, el cereal se ha mezclado con agua y aceite y se ha colocado sobre el fuego en cada civilización. ¿Qué es lo primero que traen en un restaurante antes de la comida? Pan. (Quizá en los restaurantes mexicanos no, pero esas tortillas están hechas con cereales. Solo que están fritas en aceite.)

Pero, ¿qué tal un ligero cambio en el menú diario?: «El helado de moca con pepitas de chocolate nuestro de cada día, dánoslo hoy» o «El caviar beluga nuestro de cada día, dánoslo hoy».

Esos son lujos, no necesidades. Lo siento, Dios no promete eso.

El pan es una necesidad valorada, sabrosa y bienvenida, pero para nada extravagante.

Jesús nos manda que pidamos por las necesidades de la vida, pero, ¿promete proveer para ellas?

Poco después de este ruego por el pan de cada día, también en Mateo 6, Jesús presenta su famoso pasaje de «No se preocupen»: «Por eso les digo: No se preocupen por su vida, qué comerán o beberán; ni por su cuerpo, cómo se vestirán. ¿No tiene la vida más valor que la comida, y el cuerpo más que la ropa?» (v. 25 nvi). Dios cuida de los pájaros, las flores y la hierba y provee de lo básico que necesitan para existir (vv. 26.30). ¿Por qué no de nosotros? ¿No somos más importantes que una golondrina común, una petunia multiflora y una brizna de hierba de Bahía?

Puedes apostar un pan dulce de masa fermentada a que lo somos.

En esta afirmación viene una promesa por parte de Dios de proveer a su creación más importante de la tierra con comida, ropa y bebida (vv. 25–34). Las necesidades una vez más.

Jesús nos manda que pidamos, luego promete darnos lo básico que necesitemos para sobrevivir.

Así que no te preocupes; ora con devoción. Dios tiene algo maravilloso para nosotros cociéndose en el horno. ¿Lo hueles?

# 146.

ME GUSTARÍA REDUCIR EL RITMO Y SIMPLIFICAR MI VIDA. MI ESPOSA Y YO TRABAJAMOS MUCHAS HORAS A LA SEMANA Y PASAMOS CADA VEZ MENOS TIEMPO EN CASA. OCURRE QUE LOS DOS SOMOS MUY AMBICIOSOS.

¿Son ambiciosos? ¿O están descontentos?

Piensa por un momento en las cosas que posees. Piensa en la casa que tienes, el coche que conduces, el dinero que has ahorrado. Piensa en las joyas que has heredado y las acciones que has adquirido y la ropa que has comprado. Visualiza todas tus cosas y déjame recordarte:

*No te las puedes quedar.*

Ahí va un ejercicio saludable. Pon una nota adhesiva en todas las cosas de tu vida que van a arder. Pasa tiempo caminando por tu casa, oficina, jardín y garaje, y pega una nota en todas las cosas destinadas a ser destruidas: tu coche, tu escritorio, tu cuenta de ahorro, tu casa. ¿Qué se destruirá cuando Cristo venga?

Cuando hayas terminado, da un paso atrás y mira a tu alrededor. ¿Qué queda? Tu esposa. Tus hijos. Tus amigos. Tu iglesia. La Palabra de Dios. En particular, tu alma. «¿De qué les sirve ganarse el mundo entero y perder la vida eterna? ¿Habrá algún valor terrenal que compense la pérdida del alma?» (Mt 16.26 NBD) ¿No tiene sentido invertir en las cosas de la eternidad? Todas esas cosas que tienes ahora no te las puedes quedar.

De hecho, *nunca las has tenido*. No eres dueño de nada. Eres solo un mayordomo de lo que Dios te ha dado. «A Dios pertenece la tierra. Suyo es cuanto ser habita en el mundo» (Sal 24.1 NBD).

Tus cosas no son tuyas. Desde el momento en que agarraste ese juguete y gritaste: «¡Mío!» has estado mintiendo. Todo es de Dios. Así que mantén el dinero en perspectiva.

Hace años me encontré con este proverbio, que desde entonces ha experimentado varios cambios: el dinero puede comprarte una cama, pero no el sueño. Libros, pero no conocimiento. Alimento, pero no apetito. Alhajas, pero no belleza. Una casa, pero no un hogar. Medicina, pero no salud. Placeres, pero no paz. Lujos, pero no vida. Entretenimiento, pero no alegría. Un templo, pero no una iglesia. Un crucifijo, pero no una cruz. Cosas, pero no un Salvador.

# 147. He trabajado sesenta horas semanales durante el pasado año para establecer mi propio negocio, pero ahora estoy quemado. Soy un gruñón, incluso cuando estoy con mi familia, y me siento deprimido. ¿Cómo puedo rejuvenecer mi vida sin perder mi negocio?

¿Qué haces cuando te quedas sin gasolina?

¿Mirar fijamente el indicador? ¿Culpar a tu educación? ¿Negar el problema? Nunca funciona.

En el caso de un depósito vacío lo hemos aprendido: lleva el coche al surtidor de gasolina lo antes posible. En la vida intentamos empujar el coche nosotros. Tenemos tanta prisa por llegar a donde queremos ir que nos mofamos de la estación de servicio, salimos del asiento del conductor e intentamos hacer las cosas con nuestro propio esfuerzo. Empuja, empuja, empuja. Parar a echar gasolina es para debiluchos.

Si estás echando sesenta horas a la semana para establecer tu «propio» negocio, eso me dice que estás empujando el coche tú mismo. Y te estás cansando mucho.

Suena a que estás sufriendo de una fe sin combustible. Necesitas llenarte con un supercarburante. ¿Recuerdas Phillips 66, una gasolinera que era famosa hace tiempo? Prueba con las seis promesas de Filipenses, un libro de primera clase:

> Estoy convencido de esto: el que comenzó tan buena obra en ustedes la irá perfeccionando hasta el día de Cristo Jesús. (1.6)

> Porque para mí el vivir es Cristo y el morir es ganancia. (1.21)

> No hagan nada por egoísmo o vanidad; más bien, con humildad consideren a los demás como superiores a ustedes mismos. (2.3)

> Lo he perdido todo a fin de conocer a Cristo, experimentar el poder que se manifestó en su resurrección, participar en sus sufrimientos y llegar a ser semejante a él en su muerte. (3.10)

> Sigo avanzando hacia la meta para ganar el premio que Dios ofrece mediante su llamamiento celestial en Cristo Jesús. (3.14)

> Todo lo puedo en Cristo que me fortalece. (4.13)

Llena tu depósito con versículos como estos y deja de intentar empujarte a ti mismo. Dios es capaz de hacer lo que tú no puedes.

# Más allá

Cementerios, el cielo, el infierno
y «¿Quién va dónde?»

CHARLES:

ME ALEGRA DECIRTE QUE NO TIENES QUE IR AL INFIERNO. JESÚS MURIÓ PARA QUE PUDIERAS SER SALVO Y PASAR LA ETERNIDAD CON ÉL. PÍDELE QUE PERDONE TUS PECADOS Y QUE SEA TU SALVADOR. ¡LO HARÁ! ENCUENTRA UNA IGLESIA EN LA QUE PUEDAS SER BAUTIZADO, APRENDER DE LA BIBLIA Y CRECER EN TU FE.

¡MANTENTE FIRME!

MAX

# 148.
EL HIJO DE SIETE AÑOS DE NUESTROS VECINOS MURIÓ LA SEMANA PASADA. ESTÁN DESOLADOS. Y NOSOTROS TAMBIÉN. ¿QUÉ PODEMOS DECIRLES?

Dios es un Dios bueno. Debemos empezar por ahí. Aunque no entendamos sus actos, podemos confiar en su corazón.

Dios solo hace lo que es bueno. Pero, ¿cómo puede ser buena la muerte? Algunos de los que están en duelo no hacen esta pregunta. Cuando la cantidad de años supera la calidad de los años, no preguntamos cómo puede ser buena la muerte.

Pero el padre del adolescente muerto sí. La viuda del joven soldado sí. Los padres de un niño de siete años sí. ¿Cómo puede ser buena la muerte?

Parte de la respuesta se puede encontrar en Isaías 57.1–2: «El justo perece, y a nadie le importa; mueren tus siervos fieles, y nadie comprende que mueren los justos a causa del mal. Los que van por el camino recto mueren en paz; hallan reposo en su lecho de muerte» (NVI).

La muerte es la manera en que Dios aparta a las personas del mal. ¿De qué clase de mal? ¿Una enfermedad extendida? ¿Una adicción? ¿Una época oscura de rebeldía? No lo sabemos. Pero sabemos que ninguna persona vive ni un día más ni un día menos de lo que Dios quiere. «Todos mis días se estaban diseñando, aunque no existía uno solo de ellos» (Sal 139.16 NVI).

Pero sus días aquí han sido tan pocos...

Su vida ha sido tan breve...

A nosotros nos parece así. Hablamos de una vida corta, pero, comparada con la eternidad, ¿quién tiene una larga? Los días de una persona en la tierra parecerían una gota en el océano. La tuya y la mía parecerían lo que cabe en un dedal. Pero comparado con el Pacífico de la eternidad, incluso los años de Matusalén no llenarían más de un vaso. Santiago no estaba hablando solo a los jóvenes cuando dijo: «La vida de ustedes es como la niebla que aparece por un momento y luego desaparece» (Stg 4.14 NBD).

En los planes de Dios todas las vidas son lo bastante largas y todas las muertes son oportunas. Y aunque tú y yo deseemos una vida más larga, Dios sabe lo mejor.

Y, esto es importante, aunque tú y yo deseemos una vida más larga para nuestros seres queridos, ellos no. Irónicamente, el primero en aceptar la decisión de muerte por parte de Dios es el que muere.

Mientras nosotros sacudimos la cabeza con incredulidad, ellos alzan las manos en alabanza. Mientras nosotros lloramos junto a la tumba, ellos se maravillan en el cielo. Mientras nosotros cuestionamos a Dios, ellos alaban a Dios.

# 149. HEMOS ENTERRADO A NUESTRO HIJO DE CINCO AÑOS. PERO AÚN LO LLORAMOS. MI MUJER Y YO NO PARECEMOS CAPACES DE SEGUIR ADELANTE. ¿POR QUÉ NO?

Porque han enterrado a más de una persona. Han enterrado algo de ustedes. ¿No fue John Donne quien dijo «La muerte de cualquier hombre me disminuye»? Es como si la raza humana residiera en un trampolín gigantesco. Los movimientos de uno los notan todos. Y cuanto más íntima sea la relación, más profunda la salida. Cuando alguien a quien amas muere, te afecta.

Afecta a tus sueños.

Hace unos años mi mujer y yo servíamos con otros misioneros en Río de Janeiro, Brasil. Nuestro equipo consistía en varias parejas jóvenes que, por estar lejos del hogar, intimamos mucho. Nos alegramos muchísimo cuando dos de los miembros de nuestro equipo, Marty y Angela, anunciaron que ella estaba embarazada de su primer hijo.

El embarazo fue complicado, no obstante, y la alegría se convirtió en preocupación. A Angela le mandaron que guardara reposo en cama y nos instaron a estar orando. Lo hicimos. Y el Señor contestó a nuestras oraciones, aunque no como deseábamos. El bebé murió en la matriz.

Nunca olvidaré el comentario de Marty: «Ha muerto más que un bebé, Max. Ha muerto un sueño».

¿Por qué perdura el lamento? Porque estás enfrentando algo más que recuerdos; estás enfrentando días de mañana no vividos. No solo estás luchando con la tristeza; estás luchando con la decepción. También estás luchando con la ira.

Puede que esté en la superficie. Puede que esté soterrado. Puede que sea una llama. Puede que sea un soplete. Pero la ira vive en la casa de la tristeza. Ira contra ti mismo. Ira contra la vida. Ira contra el ejército o el hospital o la red de autopistas. Pero sobre todo, ira contra Dios. Ira que toma la forma de una pregunta de seis letras: ¿por qué? ¿Por qué a él? ¿Por qué a ella? ¿Por qué ahora? ¿Por qué a nosotros?

Tú y yo sabemos que no puedo contestar esa pregunta. Solo Dios conoce las razones que hay detrás de sus acciones. Sigue dándote tiempo. Laméntate a tu propio ritmo. Cuando llegue el momento, la tristeza pasará.

Los egipcios pueden vestirse de negro durante seis meses. Los musulmanes llevan ropa de duelo durante un año. Los judíos ortodoxos elevan oraciones por un progenitor difunto cada día durante once meses. Hace solo cincuenta años los campesinos estadounidenses llevaban brazaletes negros de tela durante varias semanas.[1] ¿Y ahora? ¿Soy el único que siente que le metemos prisa a nuestras penas?

El lamento lleva tiempo. Date un poco. «El corazón de los sabios está en la casa del luto» (Ec 7.4 RVR1995). El hijo de David escribió: «Mejor es el dolor que la risa, porque la tristeza ejerce una influencia purificadora» (Ec 7.3 NBD).

# 150.

Hemos oído que hay vida después de la muerte, pero, ¿cómo podemos estar seguros? ¿Cómo podemos estar seguros de que volveremos a la vida? Algunos creen que simplemente dormimos para siempre después de la muerte.

¿Cómo podemos estar seguros de que hay vida después de la muerte?

La Biblia lo dice. «Por su gran misericordia, nos ha hecho nacer de nuevo mediante la resurrección de Jesucristo, para que tengamos una esperanza viva y recibamos una herencia indestructible, incontaminada e inmarchitable. Tal herencia está reservada en el cielo para ustedes» (1 P 1.3–4 NVI).

Jesús lo dijo. «Esto es lo que está escrito —les explicó—: que el Cristo padecerá y resucitará al tercer día, y en su nombre se predicarán el arrepentimiento y el perdón de pecados a todas las naciones, comenzando por Jerusalén. Ustedes son testigos de estas cosas» (Lc 24.46–48 NVI).

El ángel lo dijo. «No tengan miedo; sé que ustedes buscan a Jesús, el que fue crucificado. No está aquí, pues ha resucitado, tal como dijo. Vengan a ver el lugar donde lo pusieron» (Mt 28.5–6 NVI).

Los testigos lo dijeron. «Se le apareció a Cefas y, más tarde, a los doce. Después se apareció a más de quinientos cristianos a la vez» (1 Co 15.5–6 NBD).

Hasta la piedra quitada testifica de la resurrección de Cristo de entre los muertos (Mt 28.1–7). Ningún obstáculo nos mantendrá encerrados dentro de la tumba. Cristo fue el primer ejemplo que todos seguiremos.

Mientras esperamos esta gloriosa resurrección, ¿qué hacen nuestros espíritus? Jesús habló de la muerte como si fuera dormir cuando habló con sus discípulos sobre Lázaro:

Dicho esto, añadió:

—Nuestro amigo Lázaro duerme, pero voy a despertarlo.

—Señor —respondieron sus discípulos—, si duerme, es que va a recuperarse.

Jesús les hablaba de la muerte de Lázaro, pero sus discípulos pensaron que se refería al sueño natural. (Juan 11.11–13 NVI)

¿Es la muerte un tiempo de sueño inconsciente en fase REM? En la historia del rico y Lázaro (otro Lázaro distinto) en Lucas 16, Jesús describía una muerte consciente con conciencia de los acontecimientos, las personas y la identidad. Así que no puede ser un sueño muy profundo.

Cuando estamos dormidos nuestros cuerpos pasan a un estado diferente, como en la muerte. Callado, inmóvil, el cuerpo está ahí tumbado, pero el cerebro continúa funcionando en un estado de conciencia alterado. En la muerte, la conciencia también se modifica cuando el espíritu deja el cuerpo atrás. El cuerpo espera su momento en la resurrección cuando se despierte sacudido por la alarma de la última trompeta y resucite renovado de su tumba para reunirse con su espíritu todavía consciente y la Persona que conquistó la muerte antes que todos nosotros.

# 151.

UN QUERIDO AMIGO NUESTRO, CRISTIANO, MURIÓ RECIENTEMENTE EN UN ACCIDENTE DE COCHE. HA SIDO ESPECIALMENTE DURO PARA SU MUJER DE CUARENTA AÑOS. ELLA ES CREYENTE TAMBIÉN, PERO SE PREGUNTA Y LE PREOCUPA SI REALMENTE VOLVERÁ A VERLO DE NUEVO. ¿PUEDES DARME ALGUNAS PALABRAS DE CONSUELO PARA COMPARTIR CON ELLA?

Dios tiene la última respuesta en cuanto a la muerte. Y, si escuchas, te dirá la verdad sobre tus seres queridos. Les han dado de alta en el hospital llamado Tierra. Tú y yo aún deambulamos por los pasillos, olemos las medicinas y comemos judías verdes y gelatina en bandejas de plástico. Ellos, mientras, disfrutan de picnics, aspiran la primavera y corren entre flores que les llegan por las rodillas. Los echas de menos al morir pero, ¿puedes negar la verdad?

No tienen dolor ni duda ni sufrimiento. Realmente son más felices en el cielo.

¿Y no los vas a ver pronto? La vida se apresura a la velocidad del sonido. «Muy breve es la vida que me has dado; ante ti, mis años no son nada. Un soplo nada más es el mortal» (Sal 39.5 NVI).

Cuando dejas a tus hijos en el colegio, ¿lloras como si no fueras a verlos nunca más? Cuando dejas a tu pareja en la tienda y aparcas el coche, ¿te despides para siempre? No. Cuando dices: «Te veo pronto», lo dices en serio. Cuando estás en el cementerio y miras a la tierra blanda recién removida y prometes: «Te veo pronto», dices la verdad. El reencuentro está a un abrir y cerrar de ojos comparado con un momento eterno.

No tienes por qué entristecerte «como los otros que no tienen esperanza» (1 Ts 4.13). Así que, adelante, enfrenta tu pena. Date tiempo. Permite las lágrimas. Dios lo entiende. Conoce la tristeza de la tumba. Enterró a su Hijo. Pero también conoce la alegría de la resurrección. Y, por su poder, tú también lo conocerás.

# 152.

MI MARIDO Y YO SUFRIMOS INFERTILIDAD DURANTE CINCO AÑOS. FUIMOS TAN FELICES EL AÑO PASADO CUANDO POR FIN TUVIMOS UNA NIÑA, PERO SOLO VIVIÓ DOS MESES. LA PÉRDIDA DE NUESTRA HIJA ES CASI MÁS DE LO QUE PUEDO SOPORTAR. MIS BRAZOS ANHELAN ABRAZAR A MI BEBÉ. ¿CÓMO PUEDO VIVIR CON ESTA PENA?

La sociedad nos dice una forma de enfrentar la pena.

«No llores».

«Guarda la compostura».

«Sé fuerte».

Nuestros corazones nos mandan un mensaje distinto.

«Sácalo todo».

«Llora a moco tendido».

La Biblia está de acuerdo con nuestros corazones. Cuando leo las Escrituras veo toda clase de emociones provocadas por el dolor y la pena. David clamó a Dios. Jesús lloró la muerte de Lázaro. Hay un libro entero llamado Lamentaciones. El setenta por ciento de los salmos habla de tristezas.

Lamentarse es una válvula de escape de las emociones. Así que siéntete en libertad. Está bien.

No te presiones a ti mismo para ponerte bien pronto. No tienes por qué animarte hasta que estés preparado. La muerte es un golpe al sistema, pone tu mundo patas arriba. Una parte vital de tu vida te ha sido arrebatada y necesitas tiempo para reorientarte hacia una forma nueva de vivir, para reenfocar tus metas y soñar nuevos sueños.

Salomón explicaba: «Hay [...] un tiempo para llorar» (Ec 3.1, 4). La vida enfrenta sus estaciones invernales, pero cada invierno está seguido de una primavera. Pablo exhortó a los tesalonicenses a lamentarse, pero no quería que los cristianos «se entristezcan como los otros que no tienen esperanza» (1 Ts 4.13).

Por último, nunca olvides que... hay esperanza. La tumba gana batallas, pero nunca ganará la guerra. Como descubrieron las mujeres en el sepulcro y los discípulos en el aposento alto, algún día todas nuestras lágrimas serán enjugadas, nuestro dolor se convertirá en gozo cuando nos reencontremos en el cielo con aquellos que perdimos en la tierra, y la muerte se convertirá finalmente en un lejano recuerdo del pasado (Mt 28.8–9; Jn 20.19–20).

# 153.

Mi abuela se está muriendo de una afección sanguínea poco común. Sufre mucho y creo que para ella sería misericordioso morir, ya que está preparada para encontrarse con Jesús. Pero mi madre quiere que ore para que Dios mantenga a la abuela con vida. ¿Cómo puedo saber la manera correcta de orar en situaciones como ésta?

> Todo estaba ya escrito en tu libro;
> todos mis días se estaban diseñando,
> aunque no existía uno solo de ellos. (Salmo 139.16 NBD)

Todos tenemos una fecha de inicio y una fecha de finalización, que Dios conocía antes de que naciéramos. El reloj comenzó a hacer tictac en el momento en que fuimos concebidos en la matriz.

No somos nosotros (afortunadamente) quienes determinamos la vida y la muerte. ¿Por qué? No podemos ver lo que pasaría si viviéramos un día más o un día menos. Dios puede ver todo eso y determina el mejor momento para nuestro funeral. ¿Quién sabe lo que podría pasar si tu ser querido muriera un miércoles o un viernes en lugar de un jueves? Es demasiado para que lo sopesemos nosotros. Demasiadas variables y preguntas que no podemos responder.

> La vida de ustedes es como la niebla que aparece por un momento y luego desaparece. (Santiago 4.14 NBD)

La vida nunca es demasiado larga ni demasiado corta. Es decir, no es nunca lo bastante larga como para decir adiós a nuestros seres queridos ni nunca lo bastante corta cuando los vemos sufrir.

A este lado de la tumba la muerte es definitiva y muy difícil.

Llegará un momento, sin embargo, en que la muerte será arrojada a la basura. Apocalipsis 20.14 dice que la muerte y la tumba serán cosas del pasado y serán lanzadas al incinerador. Noticias de ayer. Ya no pensaremos más en el concepto de la muerte. ¿Piensas en la basura que tiraste la semana pasada? Así será con la muerte.

Tu abuela estará con nosotros en el cielo, viva y bien. La muerte no nos acorta la vida. Nos transporta a la siguiente.

# 154.

He estado leyendo un libro sobre el más allá y me pregunto cómo serán nuestros cuerpos resucitados. He luchado durante años con un problema de peso, ¡así que desde luego espero tener un cuerpo distinto en el cielo!

Me encanta vender mi coche viejo y comprar uno nuevo. Ese olor a coche nuevo. La conducción silenciosa. El interior limpio. Todas esas manchas desaparecidas. No más ruidos misteriosos. No más neumáticos gastados.

Cuando muramos y Jesús resucite nuestros cuerpos, tendremos un canje de físico. Los viejos abollados se irán y los últimos modelos saldrán rodando.

«Él transformará nuestro cuerpo miserable para que sea como su cuerpo glorioso» (Fil 3.21 NBD). Jesús, en la resurrección, nos mostró el cuerpo resucitado prometido que un día recibiremos.

La promesa no es de una nueva marca, sino de un nuevo modelo. Nuevecito. Limpio. Sin manchas. Sin piezas sueltas. Sin desgastes ni rasguños. Estará diseñado para la eternidad y tendrá un rendimiento óptimo. Además, viene con garantía de por vida.

Eso significa que tus ojos siempre funcionarán como se supone que deben hacerlo. No más gafas.

Tus piernas tendrán exactamente la misma longitud. No más zapatos correctores.

Tu lengua formará las palabras de la manera apropiada. No más tartamudeos.

Tu columna estará perfectamente alineada. No más muletas.

Tu metabolismo quemará las calorías al ritmo para el que fue diseñado. No más problemas de peso.

¿Tendremos cicatrices? Jesús conservaba las suyas, pero nos sirven de recordatorio de alabanza de lo que hizo por nosotros en la cruz. Nuestras cicatrices hablan de los horrores y del mal de este mundo. No nos las quedaremos.

No fuimos diseñados para ser mentalmente inestables, lisiados o ciegos. De hecho, cuando Jesús encontraba a personas que eran discapacitadas, los sanaba. ¿Por qué? Las discapacidades no formaban parte del plan original de Dios. Si el hombre que nació ciego hubiera estado destinado a ser ciego, Jesús lo habría dejado así.

Todos tendremos la talla óptima que tengamos que tener. Quizá los bajos serán un poco más altos y los altos, un poco más bajos. Quizá la gente delgada pesará un poco más. Hay cambios en nuestro proyecto de diseño debido a un código genético imperfecto. Sea cual sea el cuerpo que estemos destinados a tener, nos será dado. Y todo lo que hace Dios es bueno.

# 155.
MI MARIDO TRABAJA MUY DURO COMO PASTOR DE UNA
PEQUEÑA IGLESIA Y NO RECIBE MUCHO AGRADECIMIENTO
NI CIERTAMENTE UNA GRAN RECOMPENSA ECONÓMICA.
CONTINUAMENTE LE RECUERDO QUE SERÁ RECOMPENSADO EN EL
CIELO. ¿PUEDES HABLARME DE ESAS RECOMPENSAS?

Las recompensas celestiales no se limitan a unos pocos escogidos, sino que se entregan «a todos los que con amor hayan esperado su venida» (2 Ti 4.8 NVI). La palabra de cinco letras *todos* es un tesoro. El círculo de los ganadores no está reservado para un puñado de la élite, sino que es para un cielo lleno de los hijos de Dios que recibirán «la corona de vida que Dios ha prometido a quienes lo aman» (Stg 1.12).

De entre todo lo que no sabemos sobre la próxima vida, esto sí es seguro. El día que Cristo venga será un día de recompensa. Aquellos que fueron desconocidos en la tierra serán conocidos en el cielo. Aquellos que nunca oyeron las aclamaciones de la gente oirán las aclamaciones de los ángeles. Aquellos a quienes les faltó la bendición de un padre oirán la bendición de su Padre celestial.

El pequeño será grande. El olvidado será recordado. El ignorado será coronado y el fiel será honrado. «Sé fiel hasta la muerte, y yo te daré la corona de la vida» (Ap 2.10).

Tu día llegará. Lo que el mundo ha pasado por alto, tu Padre lo recuerda, y antes de lo que puedas imaginar te bendecirá. Mira esta promesa de la pluma de Pablo: «Cada uno recibirá su alabanza de Dios» (1 Co 4.5).

Que frase tan increíble. Cada uno recibirá su alabanza de Dios. No «los mejores» ni «unos pocos» ni «los triunfadores», sino que «cada uno recibirá su alabanza de Dios».

No te quedarás fuera. Dios se encargará de ello. De hecho, Dios mismo dará la alabanza. Cuando se trata de dar reconocimiento, Dios no delega la tarea. Miguel no reparte las coronas. Gabriel no habla en nombre del trono. Dios mismo hace los honores. Dios mismo alabará a sus hijos.

Aunque no estamos seguros de cuáles son exactamente esas recompensas, sabemos que incluyen un aplauso celestial, la aprobación de Dios y la vida eterna. ¿Qué más se puede querer?

# 156.

¿Qué piensa Dios de las víctimas de suicidio? ¿Qué implicaciones tiene para su salvación? ¿Para nuestros recuerdos? ¿Para nuestra paz mental?

Las víctimas de suicidio pelean las batallas más injustas de la vida. A menudo sufrían una o varias enfermedades mentales y sentían el peligro de la fatiga mental. Lo que tú y yo damos por sentado ellos lo codiciaban. Optimismo. Esperanza. Confianza en que todo irá bien. Después de su lluvia no sale el sol; sus tormentas no tienen arcoíris.

¿No nos preguntábamos: *Por qué no se sacude esta depresión... sale ya del bache... alegra esa cara y sigue adelante?* Por supuesto, si su lucha hubiera sido física no nos habríamos hecho esas preguntas. De los pacientes de cáncer no preguntamos: «¿Por qué no se libra de ese melanoma?» Entendemos el poder del cáncer. Puede que no entendamos el misterio de la enfermedad mental. Desde luego yo no. Pero esto lo he visto. La depresión hace que gente buena tome una mala decisión.

Seamos claros: el suicidio es una mala decisión. La fecha de nuestra muerte la escoge Dios, no nosotros. Él da la vida, y él la quita. Cuando las personas orquestan su propia muerte toman una mala decisión.

Pero, ¿es un error espiritual fatal? ¿Desesperamos de toda esperanza en su salvación eterna? ¿Se nos deja con la conclusión de pesadilla de que en el cielo no hay lugar para ellos?

De ninguna manera. Porque aunque el suicidio sea una mala decisión, ¿no hemos tomado todos malas decisiones? ¿Y no vino Cristo por personas como nosotros? Enfoca sus vidas de la forma adecuada. Recuerda las buenas decisiones. Cataloga los días dorados. Jesús dijo: «Vengan a mí todos ustedes que están cansados de sus trabajos y cargas, y yo los haré descansar» (Mt 11.28 DHH). Dios no evalúa a una persona por una sola decisión, y nosotros tampoco deberíamos.

# 157. ¿QUÉ PASARÁ EN EL DÍA DEL JUICIO FINAL? CUANDO CRISTO REGRESE, ¿TODO EL MUNDO LO VERÁ?

La Biblia nos atrae con las imágenes y los sonidos de ese día. Primero, el grito. «El Señor mismo bajará del cielo con voz de mando» (1 Ts 4.16 NBD).

Después, la resurrección de los cuerpos. «Los muertos oirán la voz del Hijo de Dios [...] todos los que están en los sepulcros oirán su voz, y saldrán de allí» (Jn 5.25, 28–29).

El grito de Dios desencadenará la «voz de arcángel y [...] trompeta de Dios» (1 Ts 4.16).

¡Ángeles por todas partes! «El Señor viene con millares y millares de sus ángeles para someter a juicio a todos» (Jud 1.14–15 NVI).

¡Y personas por todas partes! «Serán reunidas delante de él todas las naciones» (Mt 25.32).

En algún punto de este gran repertorio, nuestros espíritus se reunirán con nuestros cuerpos. «Ocurrirá en un abrir y cerrar de ojos, cuando suene la trompeta final. Cuando esa trompeta suene, los que hayan muerto resucitarán con cuerpos nuevos que jamás morirán; y los que estemos vivos seremos transformados. Porque es imprescindible que este cuerpo corruptible se convierta en un cuerpo incorruptible, y que lo mortal sea inmortal» (1 Co 15.52–53 NBD).

El ruido estallará a nuestro alrededor. «El día del Señor vendrá como un ladrón. Entonces los cielos se desharán con un ruido espantoso, los elementos serán destruidos por el fuego, y la tierra, con todo lo que hay en ella, quedará sometida al juicio de Dios» (2 P 3.10 DHH).

Entonces, lo más destacado: «Verán al Hijo del hombre venir sobre las nubes del cielo con poder y gran gloria» (Mt 24.30 NVI). «Para que en el nombre de Jesús se doble toda rodilla de los que están en los cielos, en la tierra y debajo de la tierra; y toda lengua confiese que Jesucristo es el Señor» (Fil 2.10–11 RVR1995).

Mantente preparado. No sabemos cuándo vendrá, pero sabemos que vendrá. Que nos encuentre vigilantes.

# 158.

¿ES VERDAD QUE TODOS NUESTROS PECADOS SE REVELARÁN EN EL JUICIO? SI ES ASÍ, ME MORIRÉ DE VERGÜENZA.

Jesús dijo: «Nada hay encubierto, que no haya de ser manifestado; ni oculto, que no haya de saberse» (Mt 10.26).

Esas palabras parecerían un motivo para el pánico. ¿A quién de nosotros le gustaría que nuestro secreto se hiciera público? ¿Quién querría que se publicaran nuestros pecados privados? ¿A quién le emocionaría la idea de que todas las malas obras que hemos hecho se anunciaran ante todo el mundo?

Tienes razón; a nadie.

Romanos 2.16 es un versículo clave en este tema. Deja escapar un suspiro de alivio al subrayar estas cuatro palabras: «Así sucederá el día en que, *por medio de Jesucristo*, Dios juzgará los secretos de toda persona» (cursivas mías).

¿Has visto? Jesús es la pantalla a través de la cual mira Dios cuando juzga nuestros pecados.

Cuando Dios mira a aquellos que han creído no los ve a ellos; ve a Aquel que los rodea. Eso significa que el fracaso no es un problema para ti. Tu victoria está asegurada.

# 159.

UNA DE MIS AMIGAS DE LA ESCUELA SECUNDARIA CREE EN EL PURGATORIO. ENCIENDE VELAS Y ORA PARA QUE SUS FAMILIARES MUERTOS VAYAN AL CIELO. ¿PODEMOS ORAR PARA QUE LOS MUERTOS SEAN SALVOS? ¿EXISTE DE VERDAD EL PURGATORIO?

La idea de que todos tengamos una segunda oportunidad, sentados en la sala de espera de los espíritus, de aclararnos con nuestras vidas, de ver dónde nos equivocamos y de solucionar nuestros problemas, les da algo de esperanza a los afligidos. Creemos firmemente que una vez que nos deshagamos de este cuerpo, nos libremos de nuestras apretadas agendas y tengamos algo de tiempo para pensar, tomaremos las decisiones correctas.

Por desgracia, no encontramos base para ese lugar en la Biblia.

Jesús nunca mencionó el purgatorio. Habló solo de dos lugares en el más allá: el cielo y el infierno. Nada en medio.

El purgatorio se describe como un lugar en el que se nos purga o limpia de nuestros pecados. Sus defensores afirman que en el purgatorio la gente recibe el castigo que merece, sufren las consecuencias, salen después de un periodo de tiempo —una vez que han aprendido la lección—, y entran preparados y renovados en el paraíso.

Si ese es el caso, entonces, ¿qué hizo Jesús en la cruz? ¿No murió y sufrió por nuestros pecados? No sufrió por sus propios pecados, eso lo sé. ¿No ofrecía su sacrificio un cien por ciento de perdón a aquellos que creen? ¿O era solo el setenta, ochenta o noventa por ciento y tenemos que compensar la diferencia?

En esa cruz Jesús se volvió hacia su seguidor más reciente, el ladrón, y le dijo: «Hoy estarás conmigo en el paraíso» (Lc 23.43); no le dijo: «Hoy te veré en el purgatorio donde podrás sufrir un poco más». La palabra *paraíso* indica ausencia de sufrimiento. Por eso lo llamamos paraíso.

Jesús también dijo: «Todo se ha cumplido», cuando se deslizaba hacia la muerte (Jn 19.30 NVI). ¿Había algo más en esa afirmación? ¿Quería decir: «Todo se ha cumplido... hasta que vayas al purgatorio y termines la obra que he comenzado», pero se cortó?

¡«Todo se ha cumplido» significa que todo se ha cumplido! No más cosas que hacer. ¡*The End!* ¡*Finito!*

Romanos 6.23 dice que la paga del pecado es muerte. ¿Cómo íbamos a resistir el castigo de muerte que merecemos? El castigo es la muerte y en el purgatorio la gente ya está muerta.

Hay quien sugiere que el purgatorio es como un infierno con esperanza. ¿Qué esperanza podemos encontrar en pagar por nuestros pecados? ¿Cuánto tiempo llevará eso? ¿Somos golpeados para someternos hasta que aceptemos a Cristo? ¿Fe por coacción?

La buena noticia es que Jesús ya nos purgó de nuestros pecados. El calvario fue nuestro purgatorio. Cuando un creyente se quita el traje humano y se pone las limpias vestiduras celestiales, lo hace con la seguridad de que Jesucristo lo pagó todo. El paraíso, no el purgatorio, aguarda.

## 160.

En nuestra clase de escuela dominical hubo el otro día una discusión sobre el cielo. Unos decían que nuestra prioridad allí será alabar a Dios. Otros decían que estaremos trabajando para Dios. ¿Qué haremos en el cielo?

Aunque la adoración y la alabanza dominen el itinerario en el cielo, ¿significa eso que cantaremos del amor de Dios para siempre? La adoración y la alabanza no siempre significan cantar. De hecho, podemos adorar y alabar a Dios recogiendo fruta y nombrando animales.

Eso es lo que hacían Adán y Eva. En cuanto salieron de la cadena de montaje, Dios les dio el deber del huerto. «Que tenga dominio» (Gn 1.26 NVI). Les dio responsabilidad «sobre los peces del mar, y sobre las aves del cielo; sobre los animales domésticos, sobre los animales salvajes, y sobre todos los reptiles que se arrastran por el suelo» (v. 26). Dios nombró a Adán ejecutivo al cargo del mantenimiento y crecimiento del huerto (2.15).

Así que, si Dios nos puso en la tierra para trabajar, ¿es el cielo nuestro plan de jubilación? ¿Un crucero eterno disfrutando de la luz del Señor mientras los ángeles nos sirven bebidas?

Dios creó a las personas para servir, y ese servicio no termina cuando morimos. Cuando nos levantemos de la tumba, en el cielo nuevo y la tierra nueva, tendremos el privilegio de servir al Señor y a los demás, usando los talentos que Dios nos dio, mientras exploramos nuestras pasiones en el cielo, en la tierra y, quién sabe, quizá en todo el universo.

Quizá le sirvas con la habilidad con la que le sirves ahora en la iglesia: maestro, hospitalidad, música, teatro. Quizá tu trabajo en el cielo refleje tu trabajo en la tierra: diseñador, contratista, chef, decorador, ingeniero, conserje, animador. Quizá por fin descubras esa pasión escondida, adormecida durante mucho tiempo, que fuiste incapaz de explorar en la tierra para que la puedas disfrutar en el cielo.

Dios tiene planes de expansión en el futuro. «Se extenderán su soberanía y su paz, y no tendrán fin» (Is 9.7 NVI). La eternidad está llena de extensión: regiones inexploradas, horizontes que se expanden, colores infinitos, listas sin fin de canciones. Quizá Dios siga creando y nosotros sigamos disfrutando.

Fuimos creados para trabajar y fuimos creados para alabar. Une ambas cosas y tienes tu itinerario eterno en el cielo.

# 161.

Nuestra querida hija adolescente se mató en un accidente de moto hace unos meses. Sabemos que está con Jesús, pero nos preguntamos cómo será ella ahora. ¿La reconoceremos en el cielo? ¿O será distinta?

En el cielo todos cambiaremos, en un abrir y cerrar de ojos. En ese momento nuestros cuerpos, mejorados para la eternidad, se reunirán con nuestros espíritus.

En ese espíritu está nuestro corazón, alma y mente, la esencia de lo que nos hace ser quien somos. ¿Seremos, tú y yo y tu hija, exactamente iguales que en la tierra?

Espero que no.

Seremos mejores.

Habrá desaparecido de nuestra personalidad el mal y la suciedad. «Nunca entrará en ella [la ciudad] nada impuro» (Ap 21.27 nvi). Todo el pecado que ennegrecía nuestros corazones será lavado. Todos los comentarios hirientes que llenaban nuestras mentes se dejarán en la puerta.

Habrá desparecido todo el dolor que daba forma a nuestra perspectiva de la vida, todas las dolencias que nos alejaban de la esperanza.

Lo que surgirá es un hijo de Dios mejor, más brillante y más puro, con décadas de desperdicio terrenal eliminadas. La personalidad que entre en el cielo será la que Dios vio siempre en nosotros, la versión limpia que solo necesitaba un buen baño celestial.

¡Darás lo mejor de ti, para siempre!

¡Y disfrutarás de todas las demás personas en su condición óptima! Como es ahora, uno de nosotros siempre va un paso por detrás. El mal humor infecta a las mejores familias. Las quejas oscurecen el más claro de los días. Las malas manzanas nos echan a perder a muchos, pero la fruta podrida no se clasifica para el departamento de producción del cielo. Cristo habrá completado su obra redentora. Todo el chismorreo extirpado y toda la envidia extraída. Succionará la última gota de mal genio de los rincones más remotos de nuestras almas. Te encantará el resultado. Nadie dudará de tu palabra, ni cuestionará tus motivaciones, ni hablará mal de ti a tus espaldas. La purga de Dios del pecado suspende todo conflicto.

En el cielo claro que reconocerás a tu hija, tan dulce como pueda ser, más dulce de lo que puedas imaginar.

# 162.

MI PROBLEMA ES QUE, POR UN LADO, ESTOY CONTENTO DE TENER LA SEGURIDAD DE QUE IRÉ AL CIELO. PERO, POR OTRO LADO, ME DA MIEDO NO SER YO EN EL CIELO. ¿CÓMO PUEDO TENER GANAS DE IR AL CIELO CUANDO TENGO ESTE MIEDO A LO DESCONOCIDO?

Tendrás que ser tú en el cielo por varias razones.

Dios te salvó a ti de tus pecados. No a tu doble de rodaje. No a tu hermano gemelo. No a un tipo con el mismo nombre que tú en Facebook. Sino a ti.

Es de ti de quien se enamoró. No de un holograma o avatar de ti en el futuro. ¿Por qué iba a querer estar con un impostor por la eternidad? Se esforzó mucho en llamar tu atención y desarrollar una relación contigo en la tierra. Dios te quiere a ti con él para siempre.

Si no fueras tú en el cielo, ¿por qué ibas a alabar a Dios? El itinerario de la eternidad está lleno de devoción a Jesús por salvarnos de nuestros pecados. Si no eres tú, entonces no sabes si Dios te ha salvado. Como no sabes de lo que te han salvado, no tienes ninguna razón para alabar a Dios.

Sin nuestras identidades en el cielo no habría reencuentros. Los cónyuges se convertirían en extraños. Nuestros hijos serían forasteros. Tendríamos una extraña sensación de *déjà vu* con ese tipo que cree que fue vecino nuestro. Dios se trata de relaciones y de reconciliación en la tierra. ¿Por qué iba a cambiar de parecer en el cielo?

En Lucas 16 Jesús contó una historia sobre un rico en el infierno. Le ruega a Abraham que le dé algo de alivio. Abraham se niega. «Hijo, recuerda que durante tu vida te fue muy bien» (v. 25 NVI). Abraham sabía que el rico podía recordar su vida.

El rico lo intenta con otra solicitud. «Él respondió: "Entonces te ruego, padre, que mandes a Lázaro a la casa de mi padre, para que advierta a mis cinco hermanos y no vengan ellos también a este lugar de tormento"» (vv. 27–28 NVI). El rico, en su incómodo estado consciente, sabe que tiene relaciones en la tierra: su padre, sus hermanos. No sufre amnesia eterna.

Estas normas de conciencia del infierno se deben de aplicar también en el cielo.

Apocalipsis habla de tu nombre escrito en el Libro de la Vida, el registro de reservas eternas.

El que venciere será vestido de vestiduras blancas; y no borraré su nombre del libro de la vida, y confesaré su nombre delante de mi Padre, y delante de sus ángeles. (Apocalipsis 3.5)

Cuando pasemos, recibiremos unas etiquetas identificativas, pero no cambiarán nuestra identidad.

Al que venciere, yo lo haré columna en el templo de mi Dios, y nunca más saldrá de allí; y escribiré sobre él el nombre de mi Dios, y el nombre de la ciudad de mi Dios, la nueva Jerusalén, la cual desciende del cielo, de mi Dios, y mi nombre nuevo. (v. 12)

Como una caja durante el envío, marcada con etiquetas, recibimos una identificación para movernos en el proceso. Se nos pone el sello de «Propiedad de Dios», «Destinado al cielo» y «Perteneciente a Jesús».

Aunque los sellos que nos pongan sean nuevos, somos nosotros en el interior, la misma persona de antes, de la que Jesús se enamoró antes de que naciéramos, redimida y hecha nueva en Cristo.

# 163. PARA SER SINCERO, EL CIELO NO ME ENTUSIASMA, LA IDEA DE LAS NUBES Y LAS ARPAS Y EL CANTO SIN FIN. ¿QUÉ ESTOY PASANDO POR ALTO?

Estás pasando por alto un detalle importante del cielo. Olvídate de los querubines y de los espíritus incorpóreos. El cielo será lo mejor de este mundo. Dios no ha olvidado el Edén. Toda la naturaleza espera ser liberada. A salvo en su matriz está el cosmos a punto de nacer. «La creación aguarda con ansiedad el día» (Ro 8.19 NBD). El mundo material de Dios no desaparecerá, sino que reaparecerá con su forma perfecta.

¿Por qué iba Dios a abandonar su planeta? Él nunca ha renunciado a su obra. Más bien al contrario. Promete restaurarla: «He aquí que yo crearé nuevos cielos y nueva tierra» (Is 65.17 RVR1995). La lengua griega tiene dos palabras para *nuevo*. Una sugiere cronología; la otra sugiere calidad. La lengua española ofrece las mismas opciones. La expresión «cocina nueva» puede significar «nuevecita», como una que no había existido antes. O puede significar «nuevo y mejorado» como en una con nuevos electrodomésticos y aparatos. Cuando Juan dice: «Vi un cielo nuevo y una tierra nueva» (Ap 21.1), ¿qué *nuevo* supones que utiliza?

Elige calidad, no cronología. Él no ve una tierra que nunca ha existido, sino una tierra que no había sido tan espléndida desde los días del Edén.

¿Por qué te iba a dar Dios ese amor por su tierra si solo pretendiera destruirla? El claro del bosque. El imponente roble. Las estrellas que brillan como gotas de rocío en el cielo. ¿Por qué nos da amor por su creación? Porque nos atrae. Nos corteja. Cuelga una catarata de Yosemite o una costa caribeña delante de nosotros y dice: «Esto es solo una muestra de lo que te espera. Lo mejor de este mundo es una postal del próximo». La tierra es la bandeja de entrantes de Dios.

¿Copos de nieve en el cielo? ¿Jirafas y marmotas? ¿Claros de bosque llenos de niebla y noches tachonadas de estrellas? Sí, eso y mucho más. Deja que la gloria de esta vida te abra el apetito para la próxima. El universo es una creación encinta. Pero dará a luz... y cuando lo haga, Dios será un Padre orgulloso.

# 164.

En el devocional familiar la otra noche mi pequeña preguntó si en el cielo tendremos habitación propia. No tengo respuesta para eso. ¿Qué debería decirle?

No se angustien. Confíen en Dios, y confíen también en mí. En la casa de mi Padre hay muchas viviendas; si no fuera así, no les habría dicho que voy a prepararles un lugar. Y si me voy a prepararles un lugar, volveré para llevármelos conmigo. Así ustedes estarán donde yo esté. (Juan 14.1–3 NBD)

Jesús nos da la dirección de su casa y nos invita a la mejor fiesta de inauguración en el cielo. Como extra, hasta nos ofrece construirnos un lugar para vivir y hacer sitio para nosotros.

En los tiempos judíos, una persona construía su casa o la recibía de su padre como herencia. Cuando la familia crecía, el padre añadía nuevas habitaciones a la casa para alojar a sus hijos y sus familias, esposas y nietos. Quizá a una hermana le empezaban a ir mal las cosas. Bueno, hacían sitio para ella. Incluso podía haber una habitación para visitantes que pasaban por el pueblo.

En el centro de la casa había un patio que servía de cocina para las cenas familiares o de lugar para estar juntos y charlar simplemente.

Jesús llama al cielo la casa del Padre. Transmite la idea de una habitación principal para el Padre, un salón del trono quizá, con pequeñas habitaciones construidas alrededor del lugar de encuentro central. Allí podremos celebrar veladas de alabanza o cenar en esos grandes banquetes que Jesús prometió o simplemente pasar juntos un tiempo de calidad eterno.

Esto es solo una imagen de la comodidad y la cercanía que sentiremos con nuestro Padre en el cielo. Será más que una casa. Será un hogar.

¿Tendremos habitaciones propias separadas donde podamos desaparecer y relajarnos? Si Dios cree que las necesitamos, entonces, seguro, las tendremos. Por desgracia, para muchos las habitaciones provocan aislamiento y separación. El cielo no se trata de eso. El cielo no se trata de relaciones, no de muros.

Pero si los planos del cielo incluyen habitaciones privadas sabremos que eso es exactamente lo que Dios cree que necesitamos. Simplemente dile a tu hija que se asegure de poner un póster de Jesús en la pared y no el de una estrella del *rock*.

# 165.

A UN COMPAÑERO MÍO DEL EJÉRCITO LO MATARON CON UN ARTEFACTO EXPLOSIVO. YO LE HABÍA TESTIFICADO, PERO NUNCA QUISO TENER NADA QUE VER CON DIOS. EL COLMO DE MI PENA ES QUE ME PREOCUPA QUE ESTÉ EN EL INFIERNO.

En Marcos 4 Jesús les habló a sus apóstoles de cuatro tipos de terreno y cómo responden a las semillas. Comparó esos terrenos con los corazones que reciben la Palabra de Dios. Tres de ellos, porque olvidaron cuidarla, protegerla, regarla y arrancar los espinos, no permitieron que la verdad floreciera.

En cuanto a tu situación, ante todo, creo que Jesús te agradecería que testificaras a tus amigos. Incluso a los indiferentes. Especialmente a los amigos a los que les da igual. Mostraste un valor tremendo al arriesgar tu relación por amor a tu amigo y a tu Salvador.

Además, por favor, no te tortures. Tu tarea es lanzar semillas. Eso es todo. Esas semillas caen en toda clase de lugares. Depende de otros, tus amigos, aceptar o rechazar ese grano de verdad.

He descubierto que las personas que dicen que no quieren tener nada que ver con Cristo a veces sí que quieren. Sus defensas externas dicen que no, pero su corazón interno dice que sí.

No tienes ni idea de cuán profundamente echaron raíces y crecieron esas semillas. No es cosa nuestra saberlo. Solo debemos lanzar. Dejemos que Dios las haga crecer.

Por último, Dios juzgará a tu amigo basándose en cuánto recibió, cuánto comprendió, cuánto rechazó y cuánto aceptó. Es el juicio más justo que cualquiera de nosotros experimentará jamás.

# 166.

UN AMIGO MÍO SE HA DISTANCIADO DE DIOS. DICE QUE LE ENSEÑARON DE NIÑO QUE DIOS ESCOGE A QUIENES SERÁN SALVOS, Y SE IMAGINA QUE DIOS NO LO HA ESCOGIDO A ÉL. ¿PUEDES AYUDARME A ENTENDERLO? ¿ESCOGEMOS A DIOS, O DIOS NOS ESCOGE A NOSOTROS?

En Mateo 22 Jesús contó la historia de un banquete de bodas que celebró un rey para su hijo. Los invitados de honor recibieron una invitación para ir, pero el gran día nadie apareció. Los invitados rechazaron de lleno la oportunidad. El rey, lógicamente enfadado (eh, es el rey, y los reyes suelen montar grandes fiestas), les dijo a los sirvientes que llevaran las invitaciones a las calles, y que invitaran a cualquiera que quisiera ir. La respuesta fue abrumadora. El salón de bodas se llenó de invitados que querían estar allí con el rey y su hijo.

Mientras se celebraban las festividades el rey descubrió a un tipo sin el atuendo apropiado. ¡Se había colado! ¡Alerta, un intruso! El rey llamó a los gorilas y lo echaron a la calle, diciéndole: «Muchos son los invitados, pero pocos los escogidos» (v. 14).

Entonces, ¿quién consigue la invitación para pasar la eternidad con Dios, nuestro Rey, y Jesús, su hijo? Los primeros en leer las Escrituras fueron el primer intento. Los fariseos y los líderes religiosos leyeron las invitaciones esbozadas claramente en el Antiguo Testamento: las profecías y las promesas. Las vieron con sus propios ojos, pero rehusaron ir a la fiesta de cumpleaños de Jesús.

Entonces los sirvientes —los apóstoles, discípulos, evangelistas, pastores— llevaron el mensaje a las calles de Jerusalén, Nazaret, Jericó, Nueva York, São Paulo, Bangladés, Nairobi y Varsovia, e invitaron a cualquiera que quisiera ir. Durante un par de miles de años, millones han aceptado la invitación.

Entonces, ¿quién hace la elección, Dios o nosotros?

En la parábola el rey elige invitar a otros. Los anfitriones eligen a quién invitar. Y los invitados eligen si aceptar o no. La elección tiene lugar a muchos niveles.

«Tanto amó Dios al mundo», dice Juan 3.16. No «Tanto amó Dios solo a ciertas personas del mundo». Todo el mundo está invitado. «El Señor no tarda en cumplir su promesa, según entienden algunos la tardanza. Más bien, él tiene paciencia con ustedes, porque no quiere que nadie perezca sino que todos se arrepientan» (2 P 3.9 NVI). Dios quiere que todos vayan a la fiesta eterna.

Sin embargo, la parábola termina con una nota extraña. ¿Qué significa ese comentario?: «Muchos son los invitados, pero pocos los escogidos».

La puerta está abierta para que venga cualquiera, pero algunos invitados violan la política de «Sin camisa ni zapatos no hay servicio». Intentan entrar, pero su ropa está sucia y mugrienta de pecado. La norma de etiqueta del cielo exige pura santidad, blanca como la nieve. Es la política de Dios. Él elige.

Dios elige que todos vayamos, pero en su omnisciencia sabe quiénes aceptarán la invitación. Muchos la rechazarán. Muchos la aceptarán. Algunos intentarán colarse, pero Dios elige hacer cumplir su política de Solo Perdonados Autorizados: solo los que hayan aceptado a Jesús como su Salvador podrán pasar.

# 167.

¿Qué pasa con las personas que nunca han oído de Dios? ¿Cómo puede Dios juzgarlos por lo que no saben?

La verdad es que hay millones. Los americanos nativos que nunca supieron de Belén ni del Calvario. El granjero de la Edad de Bronce que precedió al apóstol Pablo. El adulto con trastornos emocionales o el niño con discapacidad mental. ¿Qué pasa con los bebés? ¿Castigará Dios a los que murieron cuando eran bebés o niños y no vivieron lo suficiente como para comprender la gracia de Dios?

No. No lo hará. La población del cielo incluye multitudes de personas que aprendieron el nombre de su Salvador cuando se despertaron en su hogar celestial. Creo esto por varias razones. «El Señor [...] lo que quiere es que nadie se pierda, [...] que todos se arrepientan» (1 P 3.9 NBD). Su misericordia es tan extensa como su mundo. Su lista de invitados es tan larga como su lista de creados. ¿Iba Dios a predestinar a una persona a la perdición por razón de geografía o genealogía?

El grado de revelación varía de una persona a otra. Él no envía el mensaje del evangelio a todos los individuos de la misma forma, en el mismo grado ni con la misma intensidad. Dios les dio a los apóstoles momentos de testigo presencial. Jesús dejó que Tomás le tocara las heridas y que Pedro viera su tumba vacía (Jn 20.26–28; 20.1–7). Le ofreció a Pedro una dramática visión celestial (2 Co 12.1–4). Le dio a Max Lucado acceso a la Biblia, padres temerosos de Dios, y la gran influencia de amigos temerosos de Dios. No recibí lo que Pablo, pero recibí lo que necesitaba para hacer mi elección.

¿Recibe alguien menos? El ciudadano de Mongolia y el niño autista, ¿recibirán menos de lo que necesitan para poner su fe en Dios? ¿Cómo puede ser la respuesta distinta de no? Dios, que ama a todos, les dará, a todos, todo lo que necesitan para tomar una decisión por o contra él.

Como mínimo tienen el testimonio de la creación y la conciencia. «Lo que se puede conocer de Dios, ellos lo conocen, pues Dios mismo se los ha revelado. Desde que el mundo fue creado, la humanidad ha contemplado toda la creación que le muestra el eterno poder de Dios y el hecho de que él es verdaderamente Dios. Así, lo invisible de Dios se deja ver por medio de la creación visible, por lo que nadie podrá excusarse diciendo que no sabía si Dios existía o no» (Ro 1.19–20 NBD).

El universo a nuestro alrededor. Las convicciones en nuestro interior. Lo que vemos y lo que sentimos transmite la esencia del carácter de Dios a toda persona. Si eso es todo lo que tiene alguien, eso es todo lo que necesita.

¿Es posible, entonces, que algunos santos salvos aprendan el nombre de su Salvador en el cielo? Absolutamente. La Biblia enseña que el cielo tiene residentes «de todas las naciones, tribus, pueblos y lenguas» (Ap 7.9 NBD).

Todas las etnias y lenguas están representadas. Eso debe de incluir personas que respondieron, en fe, al Salvador que aún tenían que conocer. Hebreos 9.15 explica que «Jesucristo [...] con su muerte libra a los hombres de los pecados cometidos bajo la primera alianza» (DHH). La gracia de Jesús se extiende desde la cruz en todas las direcciones.

# 168.

NO ME GUSTA LA ESTRECHEZ DE MENTE DE LOS CRISTIANOS. ES ABSURDO DECIR QUE JESÚS ES EL ÚNICO CAMINO AL CIELO.

Tenemos que aceptarnos los unos a los otros. Estoy de acuerdo. Tenemos que ser cívicos, respetuosos y amables. Pero no tenemos por qué pasar por alto nuestras diferencias. El cristianismo es muy distinto de otras religiones.

Todas las religiones no cristianas dicen: «Puedes salvarte a ti mismo». Jesús dice: «Mi muerte en la cruz te salva» (ver Juan 10.9).

¿Cómo pueden todas las religiones llevar a Dios cuando son tan diferentes? No toleramos algo tan ilógico en otras cuestiones. No pretendemos que todas las carreteras lleven a Londres ni que todos los barcos naveguen a Australia. Todos los vuelos no aterrizan en Roma. Imagina tu respuesta a un agente de viajes que afirme que lo hacen. Le dices que tienes que volar a Roma, Italia, así que mira su pantalla.

—Bueno, hay un vuelo a Sídney, Australia, que sale a las 6:00 de la mañana.

—¿Va a Roma?

—No, pero ofrece una maravillosa cena a bordo, y películas.

—Pero yo tengo que ir a Roma.

—Entonces déjeme que le sugiera Aerolíneas Southwest.

—¿Aerolíneas Southwest vuela a Roma?

—No, pero han ganado con asiduidad premios por llegadas puntuales. Te estás frustrando.

—Necesito una aerolínea que me lleve a un lugar: Roma.

El agente parece ofendido.

—Señor, todos los vuelos van a Roma.

Tú sabes que no. Vuelos distintos tienen destinos distintos. No es una conclusión terca, sino sincera. Todos los vuelos no van a Roma. Todos los caminos no llevan a Dios. Las religiones del mundo son inherentemente distintas.

- El judaísmo niega el Nuevo Testamento y ve la salvación como una decisión del día del Juicio Final basada en la moralidad. El Mesías, creen, traerá paz a Israel... algún día.
- El hinduismo anticipa múltiples reencarnaciones en el viaje del alma a través del universo. Creen en muchos dioses, todos ellos impersonales.

- El budismo clasifica tu vida según las Cuatro Nobles Verdades y el Noble Óctuple Sendero. El cielo es el nirvana y es todo tuyo tras múltiples reencarnaciones.
- Los musulmanes se labran su propio camino hacia Alá cumpliendo los deberes de los Cinco Pilares de la Fe. Dicen que Jesús no fue crucificado, niegan la Trinidad y elevan a Mahoma por encima de cualquier otro profeta.

En cambio, Jesús abre un camino independiente carente de autosalvación. Despejó un corredor único en su especie libre del esfuerzo humano. Cristo vino no por el fuerte, sino por el débil; no por el santo, sino por el pecador. Entramos en su camino por la confesión de nuestra necesidad, no por la culminación de nuestras obras. Ofrece una invitación suya en exclusiva en la que él obra y nosotros confiamos, él muere y nosotros vivimos, él invita y nosotros creemos.

# 169.

¿DURA EL INFIERNO PARA SIEMPRE? OIGO A ALGUNA GENTE HABLAR DE UN CASTIGO ACORTADO. ¿TIENE RAZÓN?

El lenguaje del Nuevo Testamento ha llevado a algunos académicos devotos a creer que el infierno tiene fecha final.

> Teman más bien al que puede destruir alma y cuerpo en el infierno. (Mateo 10.28 NVI)

> Todo aquel que cree en él no muera. (Juan 3.16)

*Destruir. Morir.* ¿No implican estas palabras un final del sufrimiento? Me gustaría poder decir que es así. No hay otro punto en el que estaría más gustosamente equivocado que en la duración eterna del infierno. Si Dios, el día del Juicio Final, extinguiera a los malvados, celebraría mi malinterpretación de sus palabras. Pero la aniquilación parece inconsistente con la Escritura. Dios hace formales sus advertencias con un lenguaje eterno. Considera la descripción de Juan de los malvados en Apocalipsis 14.11: «El humo de su tormento se elevará eternamente [...] y no tendrá alivio ni de día ni de noche» (NBD). ¿Cómo puede ser que el alma aniquilada no tenga «alivio ni de día ni de noche»?

Jesús comparó el infierno con el *gehena*, un vertedero fuera de los muros del suroeste de Jerusalén, tristemente célebre por su abrasamiento y su descomposición interminables. Utiliza *gehena* como una descripción visual del infierno, el lugar en el que «los gusanos no mueren y el fuego no se apaga» (Mc 9.48 DHH). Un gusano que no muere y un fuego inextinguible, por muy simbólicas que sean estas expresiones, suenan a un continuo consumirse de algo. Jesús habló de pecadores que son echados «afuera, a la oscuridad, donde habrá llanto y rechinar de dientes» (Mt 8.12). ¿Cómo puede una persona inexistente llorar o rechinar los dientes?

Jesús describió la duración del cielo y del infierno con el mismo adjetivo: *eterno*. «Aquéllos irán al castigo eterno, y los justos a la vida eterna» (Mt 25.46 NVI). El infierno dura tanto como el cielo.

Muchas cosas mueren en el infierno. La esperanza muere. La felicidad muere. Pero el cuerpo y el alma de los que niegan a Dios habitan para siempre allí.

# 170.

He estado hablando con un amigo de la escuela y parece muy interesado en aprender de Dios y de la salvación, pero vuelve una y otra vez sobre la misma pregunta: «¿Cómo puede un Dios de amor enviar gente al infierno?» ¿Puedes ayudarme a responder esta pregunta?

Primero, Dios no *envía* gente al infierno. Solo hace honor a su elección. El infierno es la expresión definitiva de la alta estima que tiene Dios por la dignidad de los humanos. Él nunca nos forzó a elegirle, incluso cuando eso significa que elegimos el infierno en su lugar. Como afirmaba C. S. Lewis: «En última instancia no hay más que dos clases de personas, las que dicen a Dios "hágase Tu voluntad" y aquellas a las que Dios dice, a la postre, "hágase tu voluntad". Todos estos están en el infierno, lo eligen».[2] En otro libro Lewis lo decía así: «Creo de buen grado que los condenados son, en cierto sentido, victoriosos y rebeldes hasta el fin, que las puertas del infierno están cerradas *por dentro*».[3]

No, Dios no «envía» gente al infierno. Tampoco envía «gente» al infierno.

La palabra gente es neutra, implica inocencia. En ningún sitio enseña la Escritura que la gente inocente sea condenada. La gente no va al infierno. Van los pecadores. Van los rebeldes. Van los egocéntricos. Entonces, ¿cómo puede un Dios de amor enviar gente al infierno? No lo hace. Solo hace honor a la elección de los pecadores. El infierno declara la justicia de Dios.

Si no hay infierno, Dios no es justo. Si no hay castigo del pecado, el cielo es apático hacia los violadores y los saqueadores y los asesinos en masa de la sociedad. Si no hay infierno, Dios es ciego a las víctimas y les ha dado la espalda a los que oran pidiendo alivio. Si no hay ira contra el mal, entonces Dios no es amor, porque el amor odia lo que es malo. Por mucho que nos resistamos a la idea, ¿no es la ausencia de infierno aún peor?

Al final Dios salva a los que quieren ser salvos y desecha a los que no quieren.

# 171.

¿DÓNDE ESTÁ EL INFIERNO EXACTAMENTE? ¿ESTÁ EN EL CENTRO DE LA TIERRA? ¿EN EL ESPACIO EXTERIOR? ¿DÓNDE EXISTE?

El infierno existe en la misma esfera que el cielo. Ahora mismo es una dirección espiritual, dónde ningún cartero terrenal puede repartir, ningún astronauta puede acoplarse y ningún extractor de petróleo puede perforar. Así como no puedes subir por una escalera y apoyar su extremo en una nube cumulonimbo para subirte y ver a Moisés, tampoco puedes hacer el salto del ángel en una caverna y esperar aterrizar sobre la espalda del demonio.

Jesús dio una clave escalofriante sobre la dirección del infierno: está afuera. «Átenlo de pies y manos, y échenlo afuera, a la oscuridad» (Mt 22.13 NVI).

¿Fuera de qué? Fuera de las fronteras del cielo, por un lado.

Abraham, en el paraíso, le dijo al rico atormentado: «Hay un gran abismo entre nosotros y ustedes, de modo que los que quieren pasar de aquí para allá no pueden, ni tampoco pueden los de allá para acá» (Lc 16.26 NVI).

El infierno está fuera de la voluntad de Dios. Dios desea que todos lo conozcan y acepten a su Hijo. Aquellos que habitan el infierno se alejaron de la voluntad de Dios y se volvieron hacia su deseada aceptación de sí mismos como medio de salvación.

El infierno está fuera del amor de Dios. Dios envía tarjetas de San Valentín a las personas cada día, a cada momento, anunciándoles su amor por ellas. Son devueltas al remitente. Rechazadas. Prefieren el amor del mundo.

El infierno está fuera de la productividad eterna. En el infierno todos los sueños, logros, premios, esperanzas y monumentos del mundo se queman. Nadie conserva sus medallas. Todas van a la basura. Solo las cosas eternas entran en la eternidad. Tú, yo, y las almas que traíamos.

El infierno está fuera de la bendición de Dios. Allí donde vive Dios viven también la esperanza y la felicidad, la risa y el ánimo. Él es el alma de la fiesta. Allí donde no está él, el ambiente es lúgubre.

El infierno está fuera de la iluminación de Dios. La descripción más común del infierno es la oscuridad. Allí nadie puede ver con claridad, y tropiezan consigo mismos y sus pecados.

Aunque ahora mismo el infierno es un lugar espiritual, llegará un día en el que se volverá real y tangible. Apocalipsis 20.14 nos cuenta que después de la resurrección, la muerte y el sepulcro serán arrojados al lago de fuego. Esta es la segunda muerte. La primera muerte es la muerte de la persona en la tierra, que lo separa de su cuerpo. La segunda muerte une el alma con un cuerpo eterno, pero separa a la persona eternamente, para siempre, de Dios y del nuevo cielo y la nueva tierra.

El infierno es separación, estar fuera de Dios.

Lo sé... es un pensamiento muy espantoso.

# 172.

Con la agitación actual en el mundo mi amigo dice que está seguro de que Jesús vendrá pronto. Así que ha dejado su trabajo y se pasa el día orando y esperando a que Jesús vuelva. Suena noble, pero también un poco loco. ¿Es eso lo que hay que hacer?

Por supuesto que no. El regreso inminente de Jesús no nos da permiso para claudicar, sino que es una invitación a ponerse a trabajar. Hay *trabajo* que hacer, porque cuando Jesús regrese se acabó. El *The End* final. El tañido de la campana.

Mientras trabajamos debemos *esperar*. Pablo dice: «Esperamos recibir algo que todavía no vemos, tenemos que esperarlo con paciencia» (Ro 8.25 TLA). Simeón es nuestro modelo. Mientras esperaba al Mesías no estaba tan consumido por el «aún no» como para ignorar el «ahora mismo» (Lc 2.25–35). Lucas dice que Simeón era «justo y devoto» (v. 25). Nuestro trabajo es esperar, pero trabajamos con anticipación y expectación.

Mientras esperamos, debemos *vigilar*. «Pero el día del Señor vendrá como ladrón, en el cual los cielos pasarán con gran estruendo, y los elementos serán destruidos con fuego intenso, y la tierra y las obras que hay en ella serán quemadas. Puesto que todas estas cosas han de ser destruidas de esta manera, ¡qué clase de personas no debéis ser vosotros!» (2 P 3.10–11 BLA)

Una gran pregunta, Pedro. ¿Qué clase de personas deberíamos ser?

Mientras vigilamos debemos ser *testigos*. Pedro nos dice: «Vivir como Dios manda y tener una conducta que nadie pueda reprochar. [...] Sí, deberíamos vivir esperando la venida del día» (vv. 11–12 NBD).

La esperanza en el futuro no es una licencia para la irresponsabilidad en el presente. No debemos volvernos tan pacientes que nos volvamos complacientes o demasiado conformistas.

Era a aquellos de nosotros que somos fuertes en esperar y débiles en vigilar a quienes se dirigía nuestro Señor cuando dijo: «Nadie, ni siquiera los ángeles, sabe el día ni la hora del fin. Solo el Padre lo sabe. [...] Por lo tanto, deben estar listos, porque no saben cuándo vendrá el Señor. [...] Deben estar vigilantes para que mi regreso no los sorprenda» (Mt 24.36, 42, 44 NBD).

Simeón nos recuerda que debemos esperar mirando hacia delante. Pacientes y vigilantes. No tan pacientes que perdamos la vigilancia. No tan vigilantes que perdamos la paciencia.

# Anexo

## Cosas de la escritura

En nuestro despacho recibimos muchas preguntas sobre la escritura: cómo escribir, cuándo escribir, quién puede publicar, quién puede editar. No pasa ni una semana en la que no recibamos una pregunta sobre la escritura. Así que escribí unos cuantos pensamientos. Espero que te sean de utilidad.[1]

Nos gusta imaginárnoslo como un anciano con ojos juveniles, pelo alborotado y pluma furiosa. Escribió a la luz de una lámpara, al socaire de una choza, con la furia de un profeta. Su pluma apenas podía seguir el ritmo de sus pensamientos.

Ésta es la revelación que Dios le dio a Jesucristo para que él le muestre a sus servidores los acontecimientos que ocurrirán pronto. Jesucristo se los reveló por medio de un ángel a su siervo Juan. Juan puso por escrito la palabra de Dios y el testimonio de Jesucristo, y narró con veracidad todo lo que vio y oyó. Bendito el que lee esta profecía y benditos los que la oyen y le hacen caso, porque la hora de su cumplimiento se aproxima. (Apocalipsis 1.1–3 NBD)

El viejo apóstol se detuvo solo para recuperar el aliento y mojar su pluma. Se levantó solo para mirar por una ventana abierta a los cielos recién abiertos. Si cerraba los ojos era solo para rebuscar en su cofre del tesoro de palabras una que se adecuara a la visión de un Cristo a menudo coronado o con unas vestiduras empapadas de sangre. Ningún verbo comodín, ningún adjetivo soso. Esta puerta refulgía de perlas, y las calles hablaban de oro. Era la revelación de Dios. Juan era el revelador de Dios. Así que Juan escribía.

Lo mismo hacía Pablo. Pero Pablo no escribía por acción celestial, sino por angustia congregacional. Tito necesitaba dirección; los efesios necesitaban seguridad. Timoteo luchaba, los corintios reñían y los gálatas parloteaban. Así que Pablo les escribió.

Qué música hacía con sus palabras. Convertía las epístolas en partituras de una sala de conciertos. «Si yo hablara lenguas humanas y angélicas, y no tengo amor, vengo a ser como metal que resuena o címbalo que retiñe» (1 Co 13.1 RVR 1995). Era como si mojara su pluma en miel. Podía sonar como un poeta en el séptimo cielo.

También podía sonar como un pastor un lunes por la mañana. Cansado, frustrado. Comenzar oraciones y no terminarlas. Empezar con un segundo pensamiento antes de completar el primero. Lanzando ideas a bulto en vez de con lírica. Pero estaba bien. No estaba escribiendo la Biblia. Estaba escribiéndole a Filemón. No estaba creando epístolas; estaba solucionando problemas. Pablo no escribía para la eternidad; escribía para las iglesias. Escribía para las almas.

Lo mismo hacía Lucas. ¿Recuerdan las primeras palabras de su evangelio?

Además, distinguido Teófilo, yo mismo investigué con mucho cuidado los acontecimientos desde su origen, y ahora te los describo en orden, para que confirmes la verdad de lo que se te ha enseñado. (Lucas 1.3–4 NBD)

Nos preguntamos quién era Teófilo y dónde vivía Teófilo y si a Teófilo le pareció raro recibir una carta de dos volúmenes. Nos preguntamos qué convenció a Lucas para clavarse a su silla de madera junto a una ventana cerrada el tiempo suficiente para escribir un evangelio. ¿Qué impulsó al doctor Lucas a cambiar su escalpelo por la pluma, las multitudes por el rincón silencioso? ¿Cuándo se percató de su misión como escribiente del reino?

Nos lo preguntamos porque nos preguntamos si Dios nos usaría para hacer lo mismo.

Conocemos a un Teófilo o dos. Hemos visto la confusión en Éfeso y oído de los problemas en Creta. Y hemos notado las arenas de Patmos bajo nuestros pies, su fuego en nuestros corazones. Y hemos escrito: artículos, *blogs*, libros, historias. No como Lucas, Pablo y Juan. Pero tampoco distinto a ellos.

Hemos tenido nuestros momentos de inspiración. Encajonados entre horas de transpiración, por supuesto. Pero hemos tenidos nuestros momentos, momentos místicos de corazón palpitante y teclado palpitante. Hemos sentido el viento en la espalda y notado una mano santa guiando la nuestra. Nosotros, como nuestro Creador, hemos contemplado nuestras creaciones y declarado: «Es bueno». (O al menos: «No está tan mal».) Y nos hemos preguntado: ¿es este nuestro llamado? ¿Nuestra tarea? ¿Usar palabras para moldear almas?

Me arriesgué con esa pregunta por primera vez bajo el templado cielo de Miami, Florida. Era un ministro novato en 1979. La iglesia en la que servía publicaba un boletín semanal. Muchos pastores les tienen terror a tareas así, pero yo llegué a apreciarla. Los martes por la tarde se convirtieron en las noches de mi cita con el cuaderno. Me apartaba con la libreta y el bolígrafo y me sentaba hasta que pasara algo. Una vez a la semana me ponía de parto y daba a luz una idea. ¿Hay momento más dulce que cuando escribes la última frase?

De hecho lo hay. El aprecio de la misma. Cuando Edith Hayes, de ochenta años, me dio las gracias en el vestíbulo de la iglesia por mi artículo sobre la oración. Cuando Joe, el constructor de barcos, le dio copias a su tripulación. Cuando el pastor de California me animó a escribir para publicarlo. Sonreí durante días. Una cosa es escribir. Otra muy distinta es que te lean.

Llegué a creerlo: las buenas palabras merecen el esfuerzo. Las palabras bien escritas pueden cambiar una vida. Las palabras van adonde nosotros nunca vamos. África. Australia. Indonesia. Mi hija estuvo en Bangalore, India, el verano pasado, y vio mis libros en el escaparate de una tienda.

Las palabras escritas van a lugares a los que nunca irás.

... y descienden a profundidades que nunca conocerás.

Los lectores invitan al autor a un momento íntimo. Despejan su agenda, encuentran un rincón, encienden la lámpara, apagan la televisión, sirven el té, se ponen la bata, mandan callar al perro, echan a los niños. Preparan la mesa, sacan la silla y te invitan: «Ven, habla conmigo un rato».

Así que acepta la invitación. Necesitamos tus escritos. Recoge las plumas que dejaron Pablo, Juan y Lucas y escribe para las almas. Ellos nos muestran cómo.

Por ejemplo, primero siempre practicaban lo que predicaban. ¿Lo has notado?

Escribían con sus vidas primero. Vivían el mensaje antes de escribirlo. Juan ardía de pasión por su fe. «... estaba en la isla llamada Patmos»

(Ap 1.9). Exiliado por su pasión. Roma lo encerró porque no podían hacerlo callar. ¿Y Pablo? Hacía sus escritos y su reflexión sobre Dios en medio del desorden del mundo. En un barco cruzando el mar o en la celda de una cárcel encadenado a un guardia. Lucas, parece, tenía dos amores, Jesús y Teófilo. Y escribió cincuenta y dos capítulos con la esperanza de que el último conociera al primero.

No habitaban torres de marfil ni se ponían en cuarentena en un mundo de preguntas sin respuesta. «Ustedes saben cómo me porté todo el tiempo que estuve con ustedes» (Hch 20.18 nvi). Antes de escribir sobre Cristo, vivió a Cristo. Respondió a un mundo real con palabras reales. Hagamos lo mismo.

Que tu vida sea tu primer borrador. ¿No deberían los escritores cristianos ser *cristianos* escritores? Ama a los vecinos gruñones. Da de comer a los hambrientos. Ayuda a la iglesia que lo está pasando mal. Paga las facturas, tus deudas, y presta atención a tu cónyuge. Nunca escribirás mejor de lo que vivas. Vive con integridad.

Y cuando llegue el momento de escribir, hazlo con claridad.

Un buen escrito refleja un pensamiento claro. Ahí va un truco:

Aprecia la claridad. Ponte la meta de resumir el libro entero en una oración. Destila el mensaje en una frase y protégela. Ponte en guardia. Desafía a los intrusos. Ningún párrafo entra en el juego a no ser que contribuya al mensaje del libro.

Sigue el ejemplo de Juan.

Jesús hizo muchas otras señales milagrosas en presencia de sus discípulos, las cuales no están registradas en este libro. Pero estas se han escrito para que ustedes crean que Jesús es el Cristo, el Hijo de Dios. (Juan 20.30–31 nvi)

Juan se autocorregía. Les hacía audiciones a sus historias para que encajaran en el manuscrito. Cubrió el suelo de párrafos revisados.

Los buenos escritores hacen eso. Presionan la tecla de «Suprimir» y destilan el texto. Lo minimizan y desnudan. Cortan lo que sobra y conservan lo esencial. Conciso (pero no afectado). Claro (pero no superficial). Suficiente (pero no demasiado).

Haz que cada palabra se gane su lugar en la página. No solo una vez o dos, sino muchas veces. Las oraciones pueden ser como peces recién atrapados: atrevidas hoy y apestosas mañana. Relee hasta que hayas desechado todas las apestosas. Reescribe hasta que tengas o bien una obra maestra o un editor enojado. Revisa mientras puedas. «Las palabras de Jehová son palabras limpias, como plata refinada en horno de tierra, purificada siete veces» (Sal 12.6).

Ernest Hemingway propugnaba la reescritura: «Me levanto al amanecer [...] y empiezo releyendo y corrigiendo todo lo que he escrito hasta el punto en el que lo dejé. De ese modo repaso el libro que estoy escribiendo varios cientos de veces [...]. La mayoría de los escritores se quitan de encima la parte más complicada, pero la más importante de su oficio: corregir su material, afilándolo y afilándolo hasta que tenga una punta como el estoque de un torero, la espada mortal». Al describir *Adiós a las armas*, Hemingway decía: «He reescrito el final treinta y nueve veces en el manuscrito y [...] he trabajado en él más de treinta veces en la galerada, intentando que quedara bien».[2]

Me he dado cuenta de que ayuda leer la obra en voz alta. Primero a mí mismo, después a cualquiera que sea lo bastante amable como para escuchar. Varío los lugares de la lectura. Lo que suena bien en el estudio puede no sonar bien en el porche. Lo que me suena bien a mí puede no sonarle bien a mis editores. Desde luego, corregir duele. Igual que una visita al dentista. Pero alguien tiene que encontrar las caries.

Deja que los editores hagan su trabajo. Renuncia al control sobre el manuscrito. Un poco de tinta roja no te hará daño. Un montón de tinta roja podría salvarte. Mi último manuscrito me lo devolvieron achicharrado de rojo. Sangraba como un filete crudo. De sus catorce capítulos, trece necesitaban una revisión completa. Estuve deprimido durante una semana. No obstante, el libro es mejor gracias a los editores.

¿Y no es ese nuestro objetivo? ¿El mejor libro posible? Necesitamos buenos libros. Necesitamos sus mejores libros. Al soltero... al pastor solitario... al misionero estresado... necesitamos que les den sus mejores palabras. Necesitamos que escriban.

Tener la intención de escribir no es escribir. Investigar no es escribir. Decirle a la gente que quieres escribir no es escribir. Escribir es escribir. Peter De Vries dijo: «Escribo cuando estoy inspirado, y me encargo de estar inspirado a las nueve en punto cada mañana».[3]

Una frase enmarcada me saluda cada vez que me siento en mi escritorio. «¿Quieres escribir? Pon el trasero en esa silla y quédate ahí sentado un buen, buen rato». Escribir no es un trabajo glamuroso.

Pero es un trabajo noble. Un trabajo apreciado. Un trabajo valioso. Un trabajo sagrado. «¡Cuántos hombres —se preguntaba Thoreau— han iniciado una nueva era en su vida a partir de la lectura de un libro!»[4]

Ojalá escribas libros así, ojalá hagas nacer nuevas eras. Ojalá veas los cielos como Juan, ames las iglesias como Pablo y toques las almas como Lucas. Ojalá recojas sus plumas y escribas para el alma.

# Notas

Esperanza: Dios, la gracia y «¿Por qué estoy aquí?»

1. El sueldo de un día.
2. J. A. Motyer, *The Message of Philippians: Jesus Our Joy* (Downers Grove, IL: Inter-Varsity Press, 1984), p. 166 [*El mensaje de Filipenses: Jesucristo, nuestro regocijo* (Grand Rapids: Portavoz, 1992)].
3. Ronald J. Sider, *Rich Christians in an Age of Hunger: Moving from Affluence to Generosity* (Nashville: Thomas Nelson, 2005), p. 10.
4. Ibid., p. 35.
5. UNICEF, *The State of the World's Children 2009: Maternal and Newborn Health*, p. 133, www.unicef.org/sowc09/report/report.php [*El estado mundial de la infancia 2009. Salud materna y neonatal*, http://www.unicef.org/spanish/sowc09/report/report.php].
6. El porcentaje de cristianos en Estados Unidos en 2009 era aproximadamente un 76.8%, y la población de Estados Unidos en 2009 era aproximadamente 307,212,000, según la CIA, *The World Factbook*, 2009, https://www.cia.gov/library/publications/the-world-factbook/geos/us.html.
7. Programa Mundial de Alimentos de las Naciones Unidas, *WFP Facts Blast, December 2009*, http://home.wfp.org/stellent/groups/public/documents/communications/wfp187701.pdf.
8. Anup Shah, "Today, Over 25,000 Children Died Around the World", *Global Issues*, www.globalissues.org/article/715/today-over-25000-children-died-around-the-world.

Dolor: Conflictos, calamidades y «¿Por qué a mí?»

1. C. S. Lewis, *Mero cristianismo* (Madrid: RIALP, 2005), pp. 131–32.
2. M. Paul Lewis, ed., *Ethnologue: Languages of the World*, 16a ed. (Dallas: SIL International, 2009), www.ethnologue.com.

Ayuda: La oración, la Escritura y «¿Por qué la iglesia?»

1. Hermano Lorenzo, *La práctica de la presencia de Dios* (Buenos Aires: Peniel, 2006), p. 33.
2. "U.S. & World Population Clocks", U.S. Census Bureau, www.census.gov/main/www/popclock.html (acceso 28 julio 2010).

Él y ella: Sexo, romance y «¿Es posible una segunda oportunidad?»
1. "Gender Differences in Our Approach to Sex", Marriage Missions International, www.marriagemissions.com/gender-differences-in-our-approach-to-sex.
2. David F. Greenberg, *The Construction of Homosexuality* (Chicago: University of Chicago Press, 1988), p. 195.

Ricos y pobres: Trabajo, dinero y «¿Dónde está el salvavidas?»
1. Bob Russell con Rusty Russell, *Money: A User's Manual* (Sisters, OR: Multnomah, 1997), p. 82.
2. Linda Kulman, "Our Consuming Interest", *U.S. News & World Report*, 28 junio–5 julio 2004, p. 59.

Más allá: Cementerios, el cielo, el infierno y «¿Quién va adónde?»
1. Ann Kaiser Stearns, *Living Through Personal Crisis* (1984; reimpr., Enumclaw, WA: Idyll Arbor, Inc., 2010), p. 6.
2. C. S. Lewis, *El gran divorcio* (Madrid: RIALP, 2003), p. 91.
3. C. S. Lewis, *El problema del dolor* (Madrid: RIALP, 1997), pp. 128–29.

Anexo: Cosas de la escritura
1. "The Write Stuff" se presentó originalmente en la Jerry Jenkins's Christian Writers Guild Conference, Denver, CO, 18 febrero 2010.
2. E. Hotchner, *Papa Hemingway: A Personal Memoir* (Cambridge, MA: Da Capo, 2005), pp. 114, 43.
3. Peter De Vries, ThinkExist.com, http://thinkexist.com/quotation/i_write_when_i-m_inspired-and_i_see_to_it_that_i/186988.html.
4. Henry David Thoreau, *Walden* (Nashville: American Renaissance, 2009), p. 56 [Henry David Thoreau, *Walden* (Madrid: Cátedra, 2005)].

# Índice temático

# Índice bíblico

# Guía del lector de Lucado

Descubre . . . Dentro de cada libro de Max Lucado encontrarás palabras de ánimo e inspiración que te llevarán a una experiencia más profunda con Jesús y a encontrar tesoros para tu caminar con Dios. ¿Qué descubrirás tú?

**3.16: Los números de la esperanza**
. . . las 26 palabras que pueden cambiar tu vida.
Texto bíblico clave: Juan 3.16

**Y los ángeles guardaron silencio**
. . . lo que los últimos días de Jesucristo pueden enseñarte acerca de lo que es lo más importante.
Texto bíblico clave: Mateo 20–27

**Aplauso del cielo**
. . . el secreto de una vida verdaderamente satisfactoria.
Texto bíblico clave: las Bienaventuranzas, Mateo 5.1–10

**Acércate sediento**
. . . cómo rehidratar tu corazón y sumergirte en el manantial del amor de Dios.
Texto bíblico clave: Juan 7.37–38

**Cura para la vida común**
. . . las cosas excepcionales que hacer con tu vida para las que Dios te ha diseñado.
Texto bíblico clave: 1 Corintios 12.7

**Cada día merece una oportunidad**
. . . cómo vivir con propósito te ayudará a confiar más y a estresarte menos.
Texto bíblico clave: Salmos 118.24

**Enfrenta tus gigantes**
. . . si Dios está de tu lado, ningún reto es demasiado grande.
Texto bíblico clave: 1 y 2 Samuel

**Sin temor**
. . . cómo la fe es el antídoto al miedo en tu vida.
Texto bíblico clave: Juan 41.1, 3

**El trueno apacible**
. . . el Dios que hará lo que haga falta para guiar a sus hijos de vuelta a Él.
Texto bíblico clave: Salmo 81.7

**La gran casa de Dios**
. . . un plano guía para la paz, el gozo y el amor que se encuentran en el Padre Nuestro.
texto bíblico clave: el Padre Nuestro, Mateo 6.9–13

**Dios se acercó**
. . . un amor tan grande que dejó el cielo para convertirse en parte de tu mundo.
Texto bíblico clave: Juan 1.14

**Él escogió los clavos**
. . . un amor tan profundo que escogió la muerte en una cruz solo para ganar tu corazón.
Texto bíblico clave: 1 Pedro 1.18–20

**Todavía remueve piedras**
. . . el Dios que todavía hace lo imposible . . . en tu vida.
Texto bíblico clave: Mateo 12.20

**En el ojo de la tormenta**
. . . paz en las tormentas de tu vida.
Texto bíblico clave: Juan 6

**En manos de la gracia**
. . . el mayor regalo de todos: la gracia de Dios.
Texto bíblico clave: Romanos

**No se trata de mí**
. . . por qué enfocarte en Dios le dará sentido a tu vida.
Texto bíblico clave: 2 Corintios 3.18

**Como Jesús**
. . . una vida libre de culpa, temor y ansiedad.
Texto bíblico clave: Efesios 4.23–24

**Un amor que puedes compartir**
. . . cómo vivir siendo amado te libera para amar a otros.
Texto bíblico clave: 1 Corintios 13

**Mi Salvador y vecino**
. . . un Dios que pasó por las pruebas más duras de la vida, y que aún camina contigo a través de las tuyas.
Texto bíblico clave: Mateo 16.13–16

**Con razón lo llaman el Salvador**
. . . esperanza en el lugar más inesperado: en la cruz.
Texto bíblico clave: Romanos 5.15

**Más allá de tu vida**
. . . que un Dios grande te creó para hacer grandes cosas.
Texto bíblico clave: Hechos 1

**Seis horas de un viernes**
. . . perdón y sanidad en medio de la pérdida y el fracaso.
Texto bíblico clave: Juan 19–20

**Aligere su equipaje**
. . . el poder para despojarte de las cargas que nunca debiste llevar.
Texto bíblico clave: Salmo 23

**Cuando Dios susurra tu nombre**
. . . el camino a la esperanza de saber que Dios te conoce, nunca se olvida de ti y se preocupa por los detalles de tu vida.
Texto bíblico clave: Juan 10.3

**Cuando Cristo venga**
. . . por qué lo mejor está por llegar.
Texto bíblico clave: 1 Corintios 15.23

# Acerca del autor

Max Lucado es ministro que escribe y autor que predica. Con su esposa Denalyn, sirve en la iglesia Oak Hills en San Antonio, Texas. Tienen tres hijas adultas, Jenna, Andrea y Sara; un yerno, Brett; y Molly, una perra cobrador dorado tan dulce como perezosa.